中公新書 2705

倉本一宏著

平　氏——公家の盛衰、武家の興亡

中央公論新社刊

はじめに――平氏とは何か

「平氏《へいし》（平家《へいけ》）」と聞いて、真っ先に思い浮かべる言葉は、「驕《おご》る平家は久しからず」ということわざではないだろうか。これは『平家物語《へいけものがたり》』の「驕れる人も久しからず、ただ春の夜の夢のごとし」から来たもので、「地位や財力を鼻にかけ、驕り高ぶる者は、その身を長く保つことができないということ」である。江戸時代から使われ始めたようであるが、現在でもしばしば耳にする言いようである。

このように、平氏というとほとんどは否定的なニュアンスで語られることが多いのだが、実はこれは、日本史における貴族と武士の問題、京都と関東の問題など、さまざまな問題を背景に抱えているのである。武士のくせに京都で貴族化し、遊興に耽《ふけ》っていたせいで堕落し、関東から来た正義の使者である武士にやすやすと敗れてしまった、という（世間様でも研究者の間でも）一般的な価値観を極度に体現していたのが、平氏であると考えられてきた。

ところが、平氏の歴史の中で、「驕り高ぶっていた」と見られていたのは清盛《きよもり》とその子供や孫の世代だけに過ぎず（私は彼らが「驕り高ぶっていた」とは考えていないが）、他の平氏はそういった地位にあったわけではない。

また、これは学界では誰でも知っていることだが、平氏とはいっても、いわゆる武家平氏の高望《たかもち》流桓武《かんむ》平氏（高見《たかみ》王の系統。『今鏡《いまかがみ》』のいう「世の固めでおられる筋」）と、「公家平氏」と称される高棟《たかむね》流桓武平氏（『今鏡』のいう「日記《にき》の家」）がある。さらには、桓武平氏にも葛原《かずらわら》親王流ではない仲野《なかの》親王流・万多《まんた》親王流・賀陽《かや》親王流があり、加えて桓武平氏ではない仁明《にんみょう》平氏・文徳《もんとく》平氏・光孝《こうこう》平氏もいたのであるから、話がややこしい。

なお、「堂上《とうしょう》平氏」とは、武家の平氏となった高望流の系統ではなく、蔵人《くろうど》や検非違使《けびいし》、弁官《べんかん》などの中下級官人を勤めて「日記の家」となった高棟王の末裔《まつえい》のことである（堂上とは殿上間《てんじょうのま》に昇殿《しょうでん》する殿上人《てんじょうびと》のこと）。

これら数多くの系統の平氏のうち、たまたま一時期、政権の座にあった清盛家（六波羅《ろくはら》家）だけを取りあげて、「驕る平家」云々《うんぬん》と言われても、他の平氏の人たちは迷惑であろう。また、清盛家を滅ぼした坂東《ばんどう》武者たちの多くは、実は高望流桓武平氏を称する人たちであった。つまり「源平合戦」というのは、坂東武者たちがトップに据《す》えた源頼朝《よりとも》やその弟たちを除けば、実態は「平平合戦」に近かったのである。「源平合戦」（学界では「治承《じしょう》・寿永《じゅえい》の乱」と言う）で滅ぼされたのは清盛家の人びとだったのであり、その後も他の系統の平氏の人たちはほとんど生き残り（清盛家で生き残った人もいる）、相変わらず堂上平氏や鎌倉《かまくら》御家人《ごけにん》として活動していた。平氏が「驕って」いたのは、せいぜいが仁安《にんあん》二年（一一六七）ごろの平家政権の成立から寿永二年（一一八三）の都落ちまでの、十数年のことに過ぎなかったのである。なお、「驕って」いた清盛家の人びとを他と区別して「平家」と称することもある。

この本では、これらさまざまな系統の平氏の人びとがどのように生き、そして死んでいったかを、各系統ごとに眺めていき、その全体像を古代から中世へと移行する時代相とともに考えていきたい。

まず「第一章　桓武平氏の誕生」では、各系統の桓武平氏の成立を説明する。公家平氏となった桓武平氏（高棟流）のほか、はからずも武家平氏となった桓武平氏（高望流）の成立を、平安時代初期の皇親《こうしん》政策と合わせて見ていく。

次いで「第二章　その他の平氏」では、まず他の系統の桓武平氏、つまり葛原親王流ではない桓武平氏としての仲野親王流・万多親王流・賀陽親王流について、ここでまとめて後の時代まで見ていきたい。そして意外に知られていない、桓武天皇を祖としていない平氏、つまり仁明平氏・文徳平氏・光孝平氏について、これもここでまとめて後の時代まで説明する。意外に知られていないとはいっても、案外に有名な人もいるので、お楽しみいただきたい。

そのうえで「第三章　公家平氏の人びと」では、まずは公卿《くぎょう》に任じられていた時代の公家平氏、次いで蔵人や検非違使、弁官といった実務官人として活動した公家平氏について説明したうえで、日記（古記録《こきろく》）を記し続けて「日記の家」と称された人びとについて、その日記とともに紹介する。

また「第四章　武家平氏の葛藤」では、関東にも地盤を持った武家平氏について、都における活動、関東における活動、そして伊勢《いせ》における活動の具体相を眺めていく。

そして「第五章　公家平氏と武家平氏の邂逅《かいこう》」では、清盛の時代にふたたび巡りあった公家平氏と武家平氏について、その結合の様相を見るとともに、平家王権誕生と崩壊の様子、そしてその意義を考える。

最後に、中世以後の平氏について、簡単に追っていくこととする。

なお、ちょうど同じ平安時代、政権を担い続けた藤原《ふじわら》氏と、同じく皇親として賜姓《しせい》を受けた公家源氏《くげげんじ》については、すでに同じく中公新書で論じている（藤原氏以前に政権の座にあった蘇我《そが》氏も）。合わせてお読みいただければ幸いである。

目次

写真／著者撮影
DTP／市川真樹子
地図作製／ケー・アイ・プランニング（一六三頁）

1 内裏
2 大極殿
3 朝堂院（八省院）
4 豊楽院
5 一条院（藤原師輔→伊尹・為光）→一条天皇・後一条天皇
6 染殿（藤原良房→基経→忠平→師輔）
7 土御門殿（藤原道長→彰子）
8 （平家弘）
9 近衛殿（藤原忠通→基実→基通→家実）
10 枇杷殿（藤原基経→仲平→道長→妍子）
11 （藤原成親）
12 （平範家）
13 高陽院（藤原頼通→師実）
14 松殿（藤原基房）
15 （平実親）
16 賀陽宮（賀陽親王）
17 大炊御門第（藤原隆家→実資→基家・信隆）
18 大炊御門高倉殿（藤原頼長→二条天皇）
19 （平正盛）?
20 大炊御門京極殿（源頼政）
21 小野宮（藤原実頼→実資）
22 （平維将）→二条富小路殿（鳥羽上皇・藤原璋子）
23 堀河院（藤原基経→兼通→顕光）
24 閑院（藤原冬嗣→基経→公季）
25 東三条院（藤原忠平→兼家→道長）
26 二条第（藤原道隆→伊周）・二条宮（藤原定子）
27 小二条殿（藤原高子→師尹→教通）→二条東洞院殿（鳥羽天皇）
28 鴨院（藤原師実→忠実）
29 押小路東洞院内裏（二条天皇）
30 竹三条宮（平生昌）→小二条殿（藤原教通）に吸収
31 蛟松殿（源師房→藤原師実）
32 姉小路西洞院第（藤原通憲〔信西〕）
33 高松殿（藤原顕季→白河法皇・鳥羽上皇・後白河天皇）
34 （平頼盛）
35 三条第（藤原行成）
36 三条西洞院第（崇徳上皇→近衛天皇）
37 三条西殿（白河法皇・平滋子）→二条烏丸第（平経盛）
38 三条東殿（白河法皇・鳥羽上皇・後白河天皇）
39 三条宮（以仁王）
40 三条京極第（崇徳天皇・藤原璋子）
41 南院（是忠親王）
42 四条東洞院内裏（鳥羽天皇・近衛天皇）
43 四条宮（藤原頼忠→公任→頼通）
44 （平重盛）
45 （平正盛．1/4 町）→五条東洞院内裏（六条天皇・高倉天皇・安徳天皇）
46 六条内裏（白河天皇）
47 六条殿（藤原師実→師通）
48 六条堀川殿（近衛基通．源義仲宿所）
49 （平業忠．1/4 町）→六条殿（後白河天皇）
50 六条水閣（平兼盛．1/4 町）
51 （平資孝・資基）
52 六条第（藤原顕季→実行）
53 （平信範）
54 六条第（平時忠）
55 （平資盛）
56 （平信基）
57 八条宮（本康親王）
58 西八条第
59 八条坊門櫛笥第（平清盛・時子）
60 水閣（平盛子）
61 小松殿（平重盛）
62 池殿（平頼盛）
63 （平宗盛）
64 （平重衡）
65 九条殿（藤原基経→師輔→能長）
66 九条第（藤原忠通→兼実）
67 （平国盛）
68 法成寺
69 白河北殿
70 白河南殿
71 得長寿院
72 尊勝寺
73 最勝寺
74 延勝寺
75 成勝寺
76 円勝寺
77 泉殿（平清盛）
78 六波羅蜜寺
79 池殿（平頼盛）
80 門脇殿（平教盛）
81 小松殿（平重盛）
82 （平盛国）

『平安京提要』『よみがえる平安京』『平清盛　福原の夢』「平安京オーバーレイマップ」他を基に，加筆して作成

平安京略図

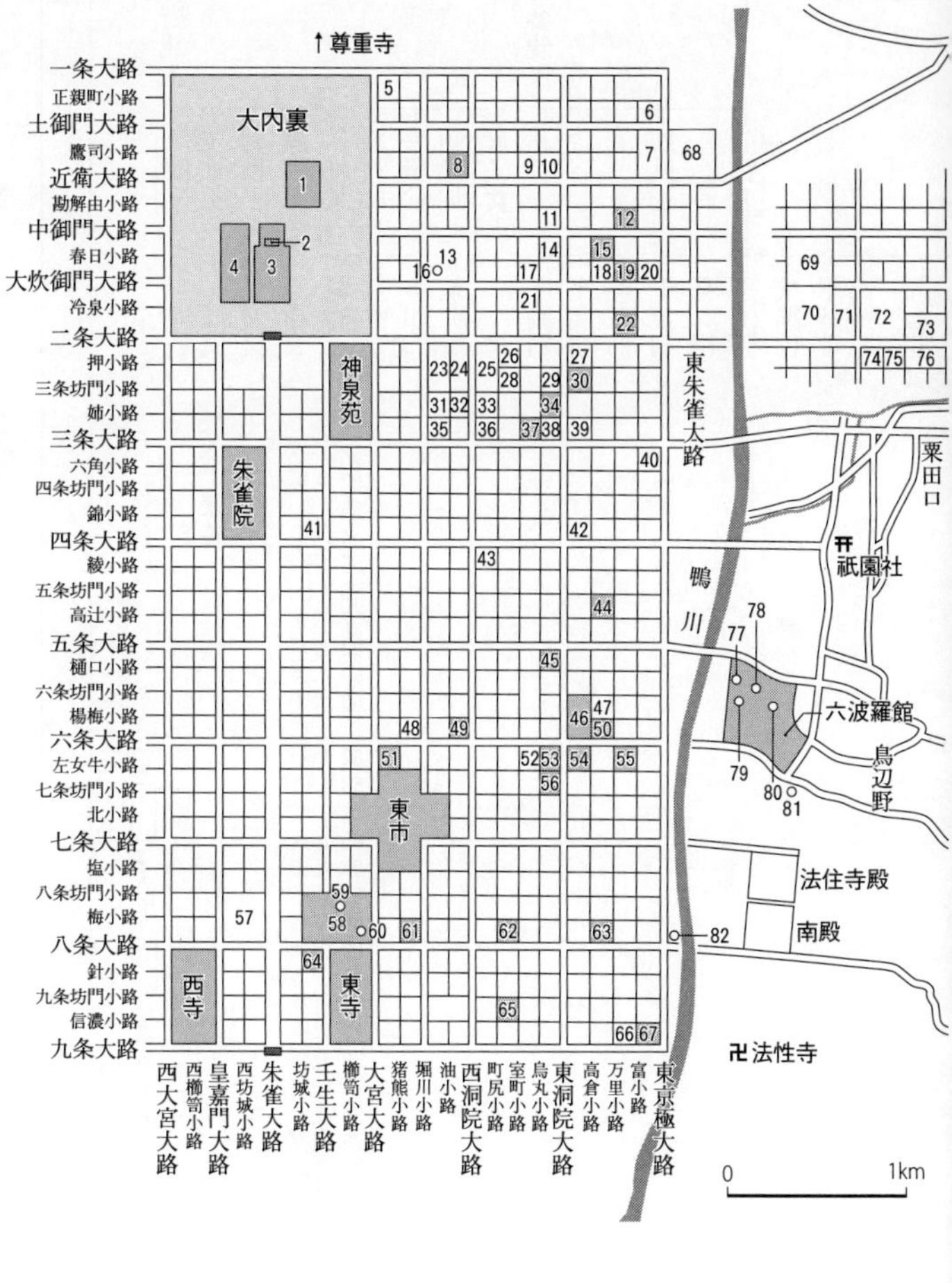
↑尊重寺
一条大路
正親町小路
土御門大路
鷹司小路
近衛大路
勘解由小路
中御門大路
春日小路
大炊御門大路
冷泉小路
二条大路
押小路
三条坊門小路
姉小路
三条大路
六角小路
四条坊門小路
錦小路
四条大路
綾小路
五条坊門小路
高辻小路
五条大路
樋口小路
六条坊門小路
楊梅小路
六条大路
左女牛小路
七条坊門小路
北小路
七条大路
塩小路
八条坊門小路
梅小路
八条大路
針小路
九条坊門小路
信濃小路
九条大路
西大宮大路
西櫛笥小路
皇嘉門大路
西坊城小路
朱雀大路
坊城小路
壬生大路
櫛笥小路
大宮大路
猪熊小路
堀川小路
油小路
西洞院大路
町尻小路
室町小路
烏丸小路
東洞院大路
高倉小路
万里小路
富小路
東京極大路
大内裏
神泉苑
朱雀院
東市
西寺
東寺
東朱雀大路
鴨川
粟田口
祇園社
六波羅館
鳥辺野
法住寺殿
南殿
法性寺
0
1km
1
2
3
4
5
6
7
8
9
10
11
12
13
14
15
16
17
18
19
20
21
22
23
24
25
26
27
28
29
30
31
32
33
34
35
36
37
38
39
40
41
42
43
44
45
46
47
48
49
50
51
52
53
54
55
56
57
58
59
60
61
62
63
64
65
66
67
68
69
70
71
72
73
74
75
76
77
78
79
80
81
82

平氏系図

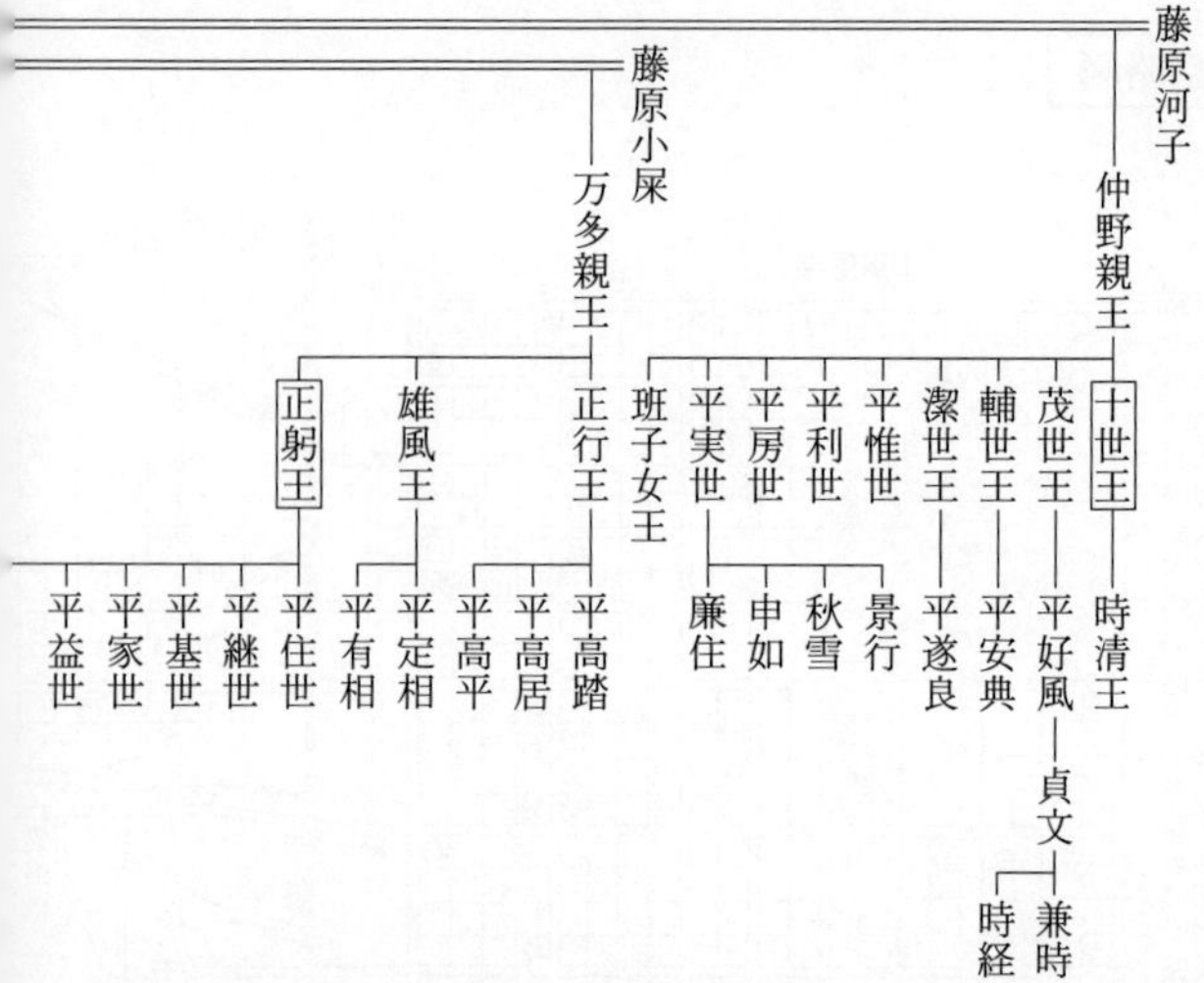

＊□は大臣、□は議政官、□は三位に上った者、
傍線の——は『平記』の記主、……は坂東八平氏

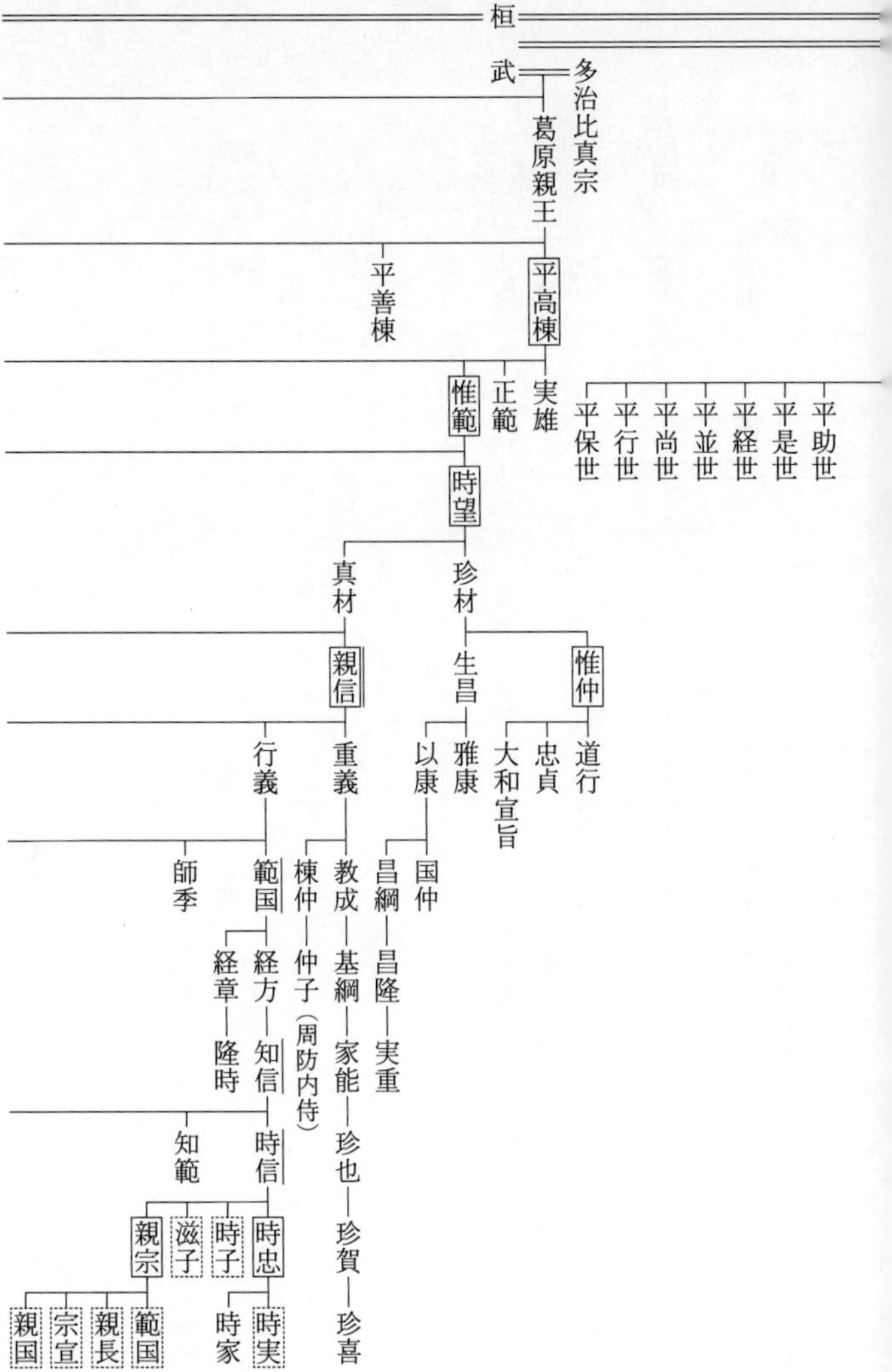

桓武
多治比真宗
葛原親王
平高棟
平善棟
実雄
正範
惟範
平助世
平是世
平経世
平並世
平尚世
平行世
平保世
時望
珍材
真材
惟仲
生昌
親信
道行
忠貞
大和宣旨
雅康
以康
重義
行義
国仲
昌綱
昌隆
実重
教成
基綱
家能
珍也
珍賀
珍喜
棟仲
仲子（周防内侍）
範国
師季
経方
知信
経章
隆時
時信
知範
時忠
時子
滋子
親宗
時実
時家
範国
親長
宗宣
親国

賀陽親王—忠貞王—平幸身
忠貞王—平時身
賀陽親王—利基王—平潔行

高見王—平高望—国香—貞盛—維将—維時—直方—聖範—時直—時家—時方—時政（北条氏）
直方—維方—盛方—直貞—直実（熊谷氏）
平春香？

貞盛—維叙—貞叙—信盛
維叙—永成
貞盛—維敏—千公—信盛
貞盛—維衡—正輔
維衡—正度—維盛—盛基—盛時—正時—基時
正度—貞季—兼季—盛兼—信兼—兼隆（山木氏）
正度—季衡—盛光—盛行—頼宗—頼俊—俊経

季長—中興—元規

伊望—統理
伊望—善理—覚慶
伊望—実望—道方

季信—出羽弁

理義—定親
孝義

行親—定家—時範—実親—範家—親範
範家—行範
範家—棟範

信範—信国—時兼
信範—信基—親輔
信範—信実—宗清
信範—信広—信継

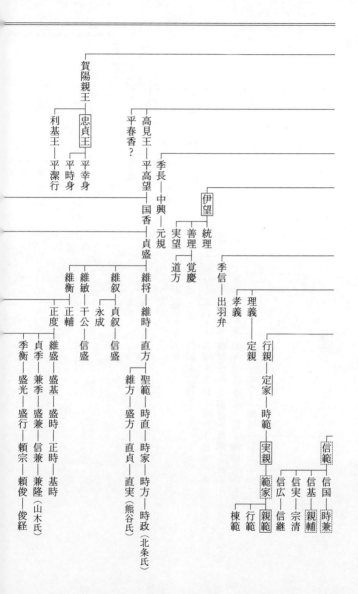

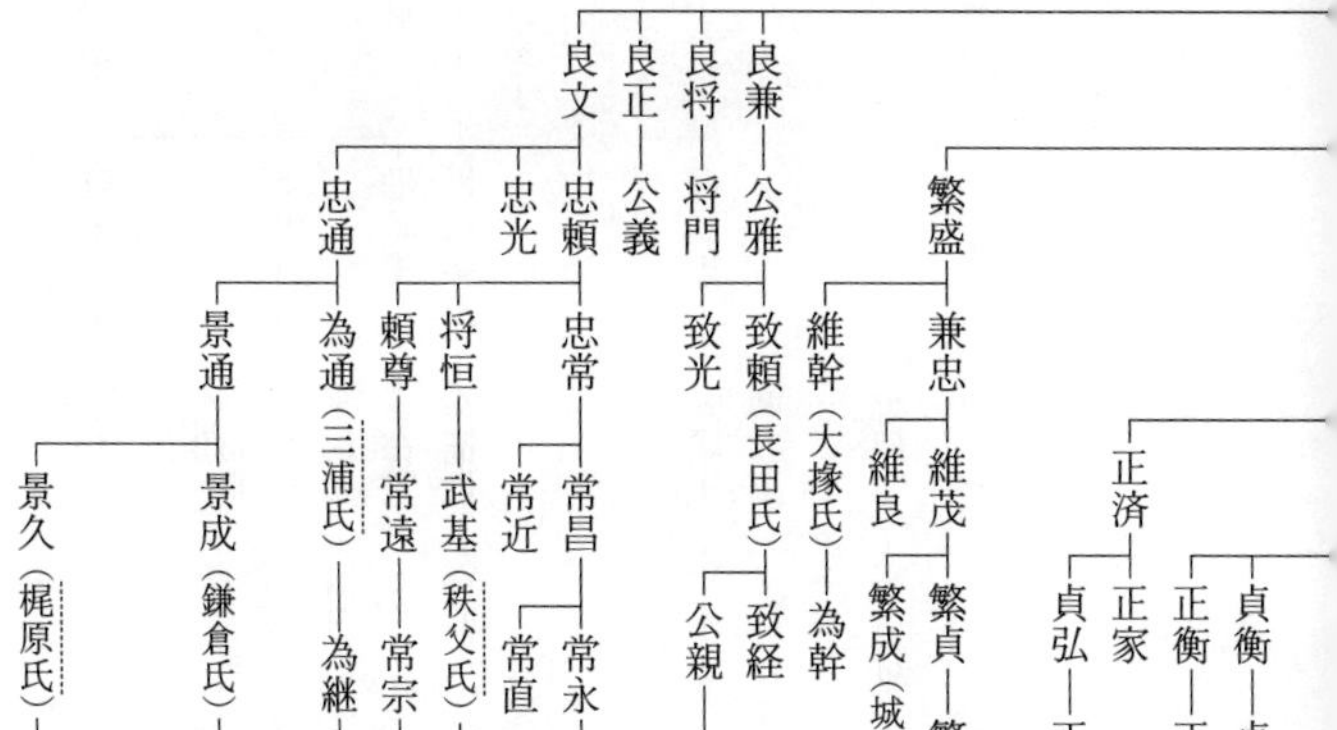

貞衡—貞清—清綱—維綱—良平—桓平
正衡—正盛—忠盛
忠正
清盛—重盛—維盛
宗盛—清宗
知盛—知章
重衡
経盛
教盛
頼盛
正済—正家
貞弘—正弘—家弘
繁盛—兼忠—維茂—繁貞—繁清—維貞—繁賢—実繁—繁雅
維良
繁成（城氏）—貞成
維幹（大掾氏）—為幹
良兼—公雅—致頼（長田氏）—致経
公親—公経
致光
良将—将門
良正—公義
良文—忠頼—忠常—常昌—常永—常時（上総氏）—常澄—広常—能常
常兼（千葉氏）—常重—常胤—胤正
常直
常近
将恒—武基（秩父氏）—武綱—重綱—重弘—重能（畠山氏）
頼尊—常遠—常宗—宗平（中村氏）—実平（土肥氏）
忠光
忠通—為通（三浦氏）—為継—義継—義明—義宗—義盛（和田氏）
義澄—義村
景通—景成（鎌倉氏）—景政—景経—景忠（大庭氏）—景義
景親
景次—景行（長尾氏）—為景
景久（梶原氏）—景長—景清—景時—景季

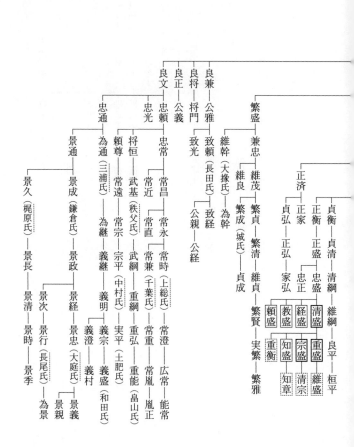

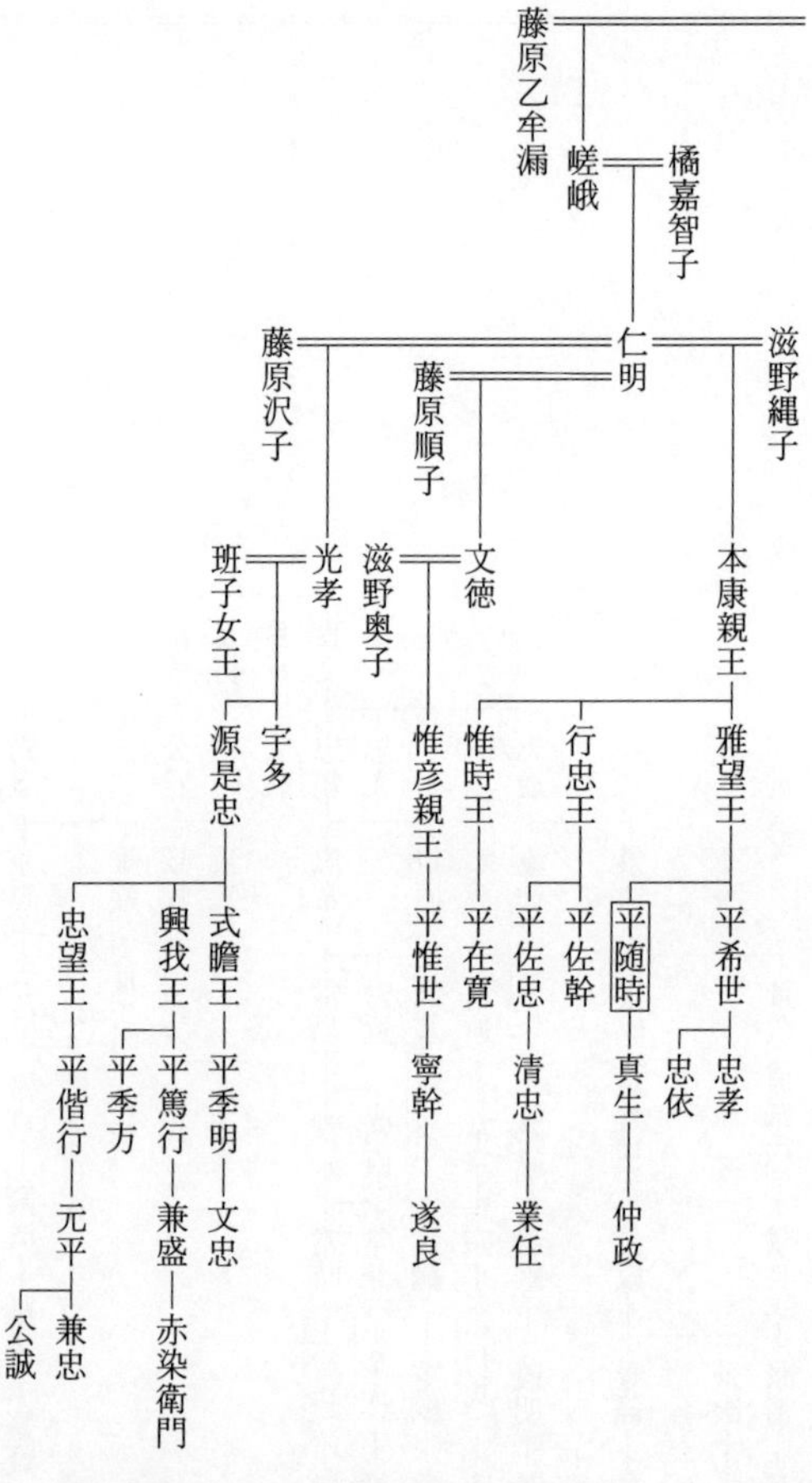

藤原乙牟漏
嵯峨
橘嘉智子
滋野縄子
仁明
藤原順子
藤原沢子
本康親王
文徳
滋野奥子
光孝
班子女王
雅望王
行忠王
惟時王
惟彦親王
宇多
源是忠
平希世
平随時
平佐幹
平佐忠
平在寛
平惟世
式瞻王
興我王
忠望王
忠孝
忠依
真生
清忠
寧幹
平季明
平篤行
平季方
平偕行
仲政
業任
遂良
文忠
兼盛
元平
赤染衛門
兼忠
公誠

平氏——公家の盛衰、武家の興亡

第一章　桓武平氏の誕生

平氏は源氏と並んで、皇親《こうしん》（天皇の親族）が賜姓《しせい》を受けて成立した氏族である。平氏は桓武平氏という言葉がよく知られているように、桓武天皇の子孫から始まる。一方、源氏は清和《せいわ》源氏の方は武家源氏で、公家源氏は嵯峨《さが》天皇の皇子女が賜姓を受けた嵯峨源氏に始まる。

嵯峨天皇は桓武天皇の皇子であるから、源氏よりも平氏の方が早く臣籍《しんせき》に降下したかというと、さにあらず、実は嵯峨源氏の成立の方が先なのである。

何故かというと、嵯峨源氏は嵯峨天皇が在位中の弘仁《こうにん》五年（八一四）にみずからの皇子女八人に源朝臣《みなもとのあそん》の姓を賜わって臣籍に降下させたことに始まるのに対し（倉本一宏『公家源氏 王権を支えた名族』）、桓武平氏はそれから一一年後の淳和《じゅんな》天皇（嵯峨の異母弟）の時代、天長《てんちょう》二年（八二五）に、桓武天皇の第三皇子である葛原親王が、その男女（つまり二世王〔孫王《そんおう》とも〕）に平《たいら》朝臣の姓を賜わることを上表《じょうひょう》し、それが許されたことに始まるからである。

つまり天皇との世系《せけい》で言うと、嵯峨源氏の初代が嵯峨天皇の皇子女（一世王）であるのに対し、桓武平氏の初代は桓武天皇の二世王という違いがある。また、嵯峨源氏は現役の天皇がその意思でみずからの皇子女を臣籍に降下させたのに、桓武平氏は親王の側が、みずからの子女を臣籍に降下させることを当時の天皇に願い出て、それが許されたという違いもある。

このあたりの違いが、後世にいたるまで源氏と平氏の差となって影響してくるのである。まずは桓武平氏の成立について、臣籍降下の事情をからめて考えてみよう。

1 桓武平氏の成立

平安時代の皇親賜姓

桓武天皇の即位以降の皇親に対する賜姓としては、延暦《えんりゃく》六年（七八七）に光仁《こうにん》天皇皇子が広根《ひろね》朝臣、桓武天皇皇子が長岡《ながおか》朝臣を賜わり（『続日本紀《しょくにほんぎ》』）、延暦二十一年（八〇二）に桓武天皇皇子が良峯《よしみね》朝臣を賜わっている（『新撰姓氏録《しんせんしょうじろく》』『公卿補任《くぎょうぶにん》』）。

弘仁五年（八一四）に嵯峨天皇の皇子女が源朝臣を賜わった（『類聚三代格《るいじゅうさんだいきゃく》』）のに続いて、弘仁年間（八一〇～八二四）から天長三年（八二六）にかけて、平城《へいぜい》天皇二世王の善淵《よしふち》・安《やす》貞《さだ》・行平《ゆきひら》・業平《なりひら》らが在原《ありはら》朝臣（『日本三代実録《にほんさんだいじつろく》』）、弘仁九年（八一八）に桓武天皇の皇子である明日香《あすか》親王の子女が久賀《こが》朝臣（『日本紀略《にほんきりゃく》』所引『日本後紀《にほんこうき》』）を、それぞれ賜わって、臣籍に降下した。

なお、天長二年に桓武天皇の皇子である葛原親王の男女が平朝臣の姓を賜わった後も、天長九年（八三二）に淳和天皇の皇女が統《むね》朝臣を賜わっている（林陸朗「賜姓源氏の成立事情」）。

この時点では、源朝臣も平朝臣も、さまざまな氏の名を賜わる皇親賜姓の一環として、一過性の措置であった可能性が高い。しかし、承和《じょうわ》二年（八三五）に仁明天皇が、親王宣下《しんのうせんげ》を下さなかった皇子に対して源氏賜姓の勅《ちょく》を発した（『類聚三代格』）。統朝臣ではなく、嵯峨が賜わったものと同じ源朝臣を賜わったことによって、源氏が復活し、源氏という集団が成立したのである（倉本一宏『公家源氏　王権を支えた名族』）。

桓武平氏の誕生

さていよいよ、桓武平氏の誕生を見ていくことにしよう。淳和天皇の天長二年三月二十四日、葛原親王が上表して、みずからの男女に平朝臣を賜わることを請うたが、淳和天皇はこれを許さなかった（『日本紀略』所引『日本後紀』）。日本古代の常識として、上表は一度では認められないのが通例であるので、この時は却下されたのであろう。なお、『日本後紀』は欠巻が多く、これを抄出した『日本紀略』に基づいて考えるしかなく、これが全文であるとは限らない。

　二品《にほん》行《ぎょう》弾正尹《だんじょうのかみ》葛原親王が上表したことには、「臣《やつがれ》（葛原）の男女に、一同に皆、姓平朝臣を賜わらんことを」と。許さなかった。

　これによると、平朝臣という姓は、葛原親王がみずから申請した氏の名であることがわかる。この名は、父である桓武天皇が平安京《へいあんきょう》（「多比良《たいら》」京）を定めたことに由来すると言われているが（太田亮『姓氏家系大辞典』、佐伯有清『新撰姓氏録の研究』など）、源氏の「源」の由来が、北魏《ほくぎ》の太武《たいぶ》帝（世祖《せいそ》）が南涼《なんりょう》王の子の禿髪破羌《とくはつはきょう》に源姓を与えて源賀《げんが》と名乗らせたという故事（『魏書《ぎしょ》』）であることから、安田政彦氏が推測されたように、「平」の由来も、何らかの漢籍を引用したものと考えてもよいであろう（安田政彦「平氏賜姓」）。

　ここで平朝臣の賜姓が認められなかったのは、葛原親王がその男女に皆、賜姓を申請したからでもあろうとされる（安田政彦「平氏賜姓」）。

そして同じ天長二年の七月六日、ふたたび葛原親王が子息の一部を臣籍に降下させることを上表すると、今度は許された。『日本紀略』所引『日本後紀』は、次のように記している。

二品行弾正尹兼大宰帥《だざいのそち》葛原親王が上表したことには、「子息を割愛して、願わくは王号を捨てることを」と。これを許した。

葛原親王墓伝承地

この葛原親王というのは、桓武天皇の第三皇子。生母は参議《さんぎ》多治比長野《たじひのながの》の女《むすめ》で桓武天皇夫人《ぶにん》の真宗《まむね》。淳和天皇（大伴《おおとも》親王。生母は参議藤原百《もも》川《かわ》の女の桓武天皇夫人旅子《りょし》）とは同年生まれの異母兄弟ということになる。天長二年当時は四十歳。すでに治部卿《じぶきょう》・大蔵卿《おおくらきょう》・弾正尹・式部卿《しきぶきょう》・大宰帥・中務卿《なかつかさきょう》を歴任し、天長八年（八三一）には一品《いっぽん》に上った。その後も常陸太守《ひたちのたいしゅ》・上野太守《こうずけのたいしゅ》などを勤め、承和十年（八四三）に平高棟を介して職を辞すことを上表したが許されず、仁寿《にんじゅ》三年（八五三）に六十八歳で死去した。薨伝《こうでん》によると、「幼少時より賢く、史伝を歴覧し、つねに古今の成敗を戒めとした。人となりは恭倹《きょうけん》で傲《おご》るところがなかった。久しく式部卿の地位に就いていたので職務に精通し、旧典に練達していたため朝廷の者が残らずこれを重んじた」という（『日本文徳天皇実録《にほんもんとくてんのうじつろく》』）。京都府乙訓《おとくに》郡大山崎《おおやまざき》町円明寺《えんみょうじ》に丸山という墓の伝承地がある。

桓武平氏誕生の背景

この時に平朝臣を賜わったのは、葛原親王一男で二十二歳の高棟王（『新撰姓氏録』）、二男の善棟《よしむね》王（『類聚国史《るいじゅうこくし》』）、それに春香《はるか》王と推定されている（安田政彦「平氏賜姓」、林陸朗「桓武平氏の誕生」）。しかし、この時点で高棟王と善棟王がすでに二世王として従四位下に叙されているのに対し、平春香は承和七年（八四〇）に正六位上から従五位下に叙爵《じょしゃく》されていることから、おそらくは三世王ではないかと思われる。

葛原親王が平氏賜姓を申請した背景としては、「人となり恭倹」である人柄からして、嵯峨源氏誕生の趣旨と同じく国庫財政への配慮と考えることも可能である（林陸朗「桓武平氏の誕生」)。

それに加えて、葛原親王が高棟王と善棟王を二世王(孫王)の特権(選叙令《せんじょりょう》・蔭皇親条)を利用して若年で従四位下に叙させておいて、皇親のままでは昇叙《しょうじょ》が望めず、任官も閑職への補任が多いことから、その後に臣籍に降下させて、従四位下に相当する高官に就かせようとしたという思惑も存在したのではないだろうか。こちらは「式部卿として職務に精通」していたという能力を発揮したことになる。

平高棟については後に述べることとして、平善棟は賜姓の四年後の天長六年(八二九)に死去してしまい、官職に就くことはなく、子孫も伝えられていない。善棟が長命を得て、その子孫が善棟流桓武平氏となれば、どのような活躍を見せたのか、興味は尽きない。

なお、高棟と善棟の弟に、高見王というのがいる。武家平氏の祖とされる人物である。この高見王も長命を得れば平朝臣を賜わっていたかもしれないが、賜姓される前に無位無官で死去している(『尊卑分脈《そんぴぶんみゃく》』)。高見王の子が高望《もう》王で、賜姓を受けて平高望となるのであるから、高見王は男子を儲けたものの、叙爵される前に死去したことになる。これをもって、高見王の実在性を疑う意見もあるが、叙爵前に結婚する例はいくらでもあるので、そこまで考える必要もなかろう。

高棟王と高見王との中央政界での地位の違いが、中央の中堅官僚として安住する公家平氏と、在地の武者として地方に新しい世界をひらき、後に中央に進出して平清盛を出す武家平氏とが、まったく異なる道を歩むことになった原因となったのである（福田豊彦『平将門の乱』）。この表現にも、京都と貴族に対する宿意が感じられるが。

2　高棟流桓武平氏の成立

平高棟の一生

天長二年に平朝臣を賜姓された二人のうち、蔵人《くろうど》や弁官《べんかん》などの文官《ぶんかん》、検非違使《けびいし》などの中央武官《ぶかん》を輩出して後に「堂上《とうしょう》平氏」と称されるようになった高棟流桓武平氏の成立について、まず見ていくことにしよう。

平朝臣となって臣籍に降下した高棟は、それ以前は従四位下大学頭《だいがくのかみ》であったが（『公卿補任』）、その後は中務大輔《なかつかさのたいふ》・兵部大輔《ひょうぶのたいふ》・大舎人頭《おおとねりのかみ》・大蔵卿・刑部卿《ぎょうぶきょう》といった要職を歴任した。やはり淳和天皇の甥《おい》、仁明天皇の従兄弟《いとこ》というミウチ意識によるものであろう。また、その薨伝に、「身長六尺（約一八〇センチ）、鬚髯《しゅぜん》が美しく、幼くして聡悟《そうご》で、好んで書伝を読んだ」「天性、性質は温厚であった。事は華飾することなく、政はなお寛容であった」

桓武平氏（高棟流）系図①

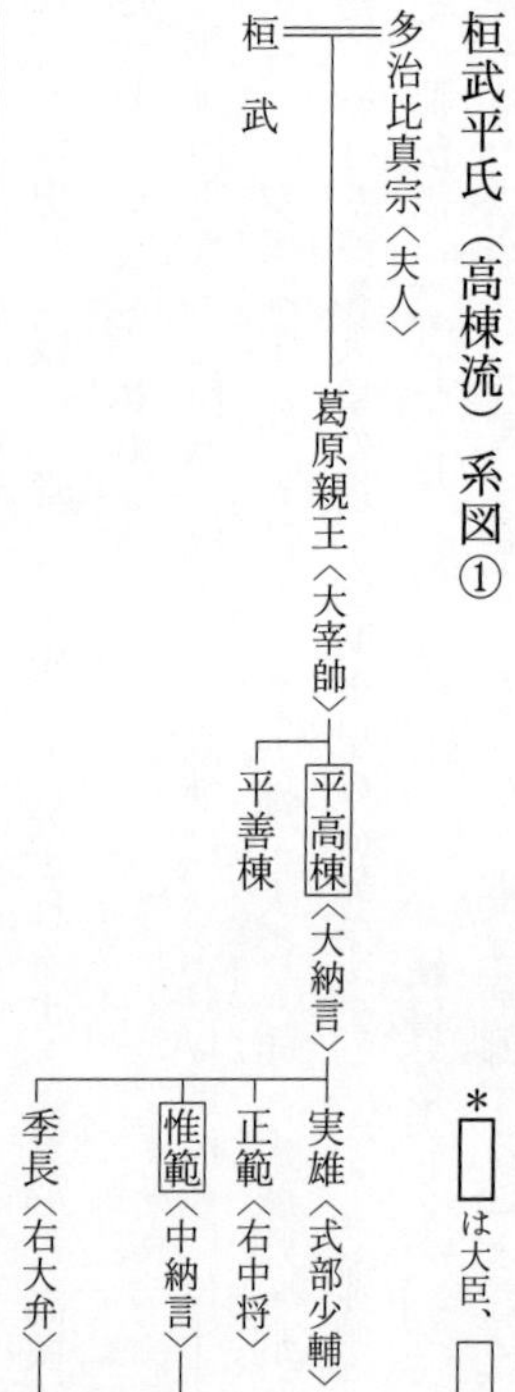

（『日本三代実録』）と称されたような個人的資質も、その昇進に寄与したのであろう。

そして承和十年に従三位に叙され、仁寿元年（八五一）に参議に任じられて議政官《ぎせいかん》となり、公卿《くぎょう》に列した。二世王のままでいては、なかなか望めない地位であったに違いない。その後も清和天皇の天安《てんあん》二年（八五八）に正三位権中納言《ごんちゅうなごん》、貞観《じょうがん》二年（八六〇）に中納言《ちゅうなごん》、貞観六年（八六四）に六十一歳で大納言《だいなごん》に上った。

太政大臣《だいじょうだいじん》藤原良房《よしふさ》（六十一歳）、左大臣《さだいじん》源信《まこと》（嵯峨天皇皇子、五十五歳）、右大臣《うだいじん》藤原良相《よしみ》（四十八歳）、大納言伴善男《とものよしお》（五十四歳）といった錚々《そうそう》たる廟堂《びょうどう》構成のなかで、高棟は精一杯、政務に励んだことであろう。

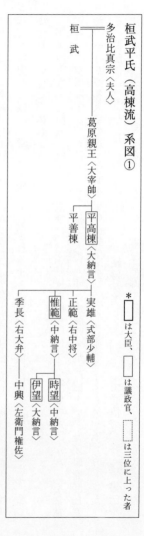

晩年は深く仏教に帰依《きえ》したということで、貞観元年（八五九）には、山城国葛野郡《やましろかどの》にあった別荘を道場として、平等寺《びょうどうじ》の門額を賜わることを奏請《そうせい》し、これを許されている。その地は現在の京都市右京《うきょう》区嵯峨野《さがの》の西野町《にしのまち》遺跡がそれと言われており、千代ノ道《ちよのみち》古墳（枡室）と称される「古墳」は、実は平等寺かそれ以前の徳願寺《とくがんじ》の土壇であるという。現在、スーパーマーケットの駐車場となっている場所に、土盛りが遺《のこ》っている。

平等寺故地

そして三年後の貞観九年（八六七）五月十九日、高棟は六十四歳で死去した。子供は一七人いたとあるが、名が知られている男子は、実雄《さねお》・正範《まさのり》・惟範《これのり》・季長《すえなが》の四人であるという（『日本三代実録』）。藤原房雄《ふさお》の室となった女子もいた。

高棟流平氏の第二世代

このように、上級公卿として生を全うした平高棟であったが、その子の世代となると、どうだったのであろうか。たとえば公家源氏では、天皇の皇子だと大臣をはじめとする高い地位に就くものの、その子の世代からは大きく地位を低下させている。世代が降るにしたがって、各時代の天皇との世系も隔たるようになり、それぞれの時期の天皇とのミウチ意識が低下するためであった（倉本一宏『公家源氏　王権を支えた名族』）。

高棟の子孫も、これを免れることはなかった。いや、公家源氏の場合は、歴代の天皇がそれぞれの皇子を臣籍に降下させて新たな源氏を創出した結果、源氏全体としては高い地位を保ち続けているように見えていた。しかし、基本的には桓武天皇の子孫に賜わった平氏の方は、歴代の天皇との世系は時代とともに離れるばかりであり、その没落の度合いも大きかったのである。

一七人いたという高棟の子のうち、一男とされる実雄は、生没年不詳。文徳天皇の仁寿三年に従五位下に叙爵され、治部少輔《じぶのしょう》に任じられたものの、その年のうちに信濃守《しなののかみ》として地方官に転じた。天安二年に弾正少弼《だんじょうのしょうひつ》として中央官に復帰すると、清和天皇の貞観二年に式《しき》部権少輔《ぶのごんのしょう》、貞観五年（八六三）に式部少輔《しきぶのしょう》と式部省《しきぶしょう》の官人を歴任した。父譲りの有能な実務官人の姿が思い浮かぶが、やはり公卿であった高棟の推挽《すいばん》にもよるものだったのであろう。貞観七年（八六五）に式部省の郡司読奏《ぐんじどくそう》（郡司選考の儀式）において、式部少輔として名簿《みょうぶ》を読み上げている記事が見えるが（『日本三代実録』）、これ以降は史料から姿を消す。この年にはまだ高棟は存命しているのだが、おそらくは実雄はほどなく死去したものと思われる。

子孫は伝わっていない。

二男とされる正範も、生没年不詳である。清和天皇の貞観九年に正六位上左近将監《さこんのしょうげん》から従五位下に叙爵され、翌貞観十年（八六八）に近江権介《おうみのごんのすけ》に任じられた。その後、右近少《うこんのしょう》将《しょう》に任じられ、陽成《ようぜい》天皇の元慶《がんぎょう》七年（八八三）には、渤海使《ぼっかいし》を郊労《こうろう》（外国の使節を郊外でねぎらうこと）するために山城国宇治《うじ》郡山階野《やましなの》に派遣されている（『日本三代実録』）。父親譲りの学識によるものであろう。光孝天皇の元慶八年（八八四）には蔵人頭《くろうどのとう》に補され（『蔵人補《くろうどぶ》任《にん》』）、出世の道が開けたかと思われたが、翌元慶九年（八八五）に阿波権守《あわのごんのかみ》に任じられて地方官となった。しかし、光孝天皇の仁和《にんな》二年（八八六）に右近中将《うこんのちゅうじょう》に任じられ、中央に復帰した。『尊卑分脈』では、左近中将《さこんのちゅうじょう》に任じられたとされているが、誤写かもしれない。

正範に関する史料は、これで終わる。これも子孫は伝わっていない。

『公卿補任』に三男とある惟範は、斉衡《さいこう》二年（八五五）の生まれ。母は藤原冬嗣《ふゆつぐ》長男である長良《ながら》の女で典侍《ないしのすけ》を勤めていた有子《ゆうし》。惟範の妻は仁明天皇第四皇子の人康《さねやす》親王の女である。これらの華麗な姻戚《いんせき》関係のおかげか、高棟の子のなかでこの惟範のみが公卿に上り、その子の時望《ときもち》や伊望《これもち》も公卿となっていることからも、惟範が平氏の嫡流となったことがうかがえる。

惟範は清和天皇の貞観十六年（八七四）に従五位下に直爵《ちょくしゃく》され、同年、蔵人に補された。その後、皇太后宮権亮《こうたいごうぐうごんのすけ》・太皇太后宮権亮《たいこうたいごうぐうごんのすけ》として藤原明子《めいし》（文徳天皇の女御《にょうご》で良房の女）に仕え、仁和三年（八八七）に民部大輔《みんぶのたいふ》、宇多《うだ》天皇の寛平《かんぴょう》二年（八九〇）に式部大輔《しきぶのたいふ》、寛平九年（八九七）に大蔵卿に任じられ、醍醐《だいご》天皇の延喜《えんぎ》二年（九〇二）に参議に任じられて、公卿の座に上った。延喜八年（九〇八）に従三位中納言に上ったが、翌延喜九年（九〇九）九月十八日に死去した。五十五歳。

この間、仁和四年（八八八）には宇多天皇の要請を受けて、封事七箇条《ふうじななかじょう》を奏上しているなど（『日本紀略』）、宇多天皇の政治改革に寄与している。また、醍醐天皇の命によって、貞観から延喜までの詔勅《しょうちょく》類をまとめた『延喜格《えんぎきゃく》』の編纂に参画した。

漢詩や和歌にも長じ、仁和四年に画師巨勢金岡《こせのかなおか》が御所の南廂《みなみびさし》の障子に当代の優れた弘仁以後の詩作の儒者を描いた際（「古人の真」）、惟範もその一人に選ばれている。また、翌寛平元年（八八九）に行なわれた残菊宴《ざんぎくのえん》で作った漢詩も伝わっている（『雑言奉和《ざつげんほうわ》』）。和歌の方では、延喜六年（九〇六）の日本紀竟宴《にほんぎきょうえん》の席において歌を詠んでいる（『日本紀竟宴和歌《にほんぎきょうえんわか》』）。

高望流の武家平氏ではなく、この惟範の家流《かりゅう》が本来の平氏の嫡流であり、後世、その子孫たちが堂上平氏として活躍することになる。

四男とされる季長は、生年が不詳である。清和天皇の貞観十四年（八七二）に、正六位上式部少丞《しきぶのしょうじょう》として渤海使《ぼっかいし》の接待にあたった。その後、従五位下に叙爵されたようで、陽成天皇の元慶二年（八七八）には従五位下兵部少輔《ひょうぶのしょう》として見える。元慶六年（八八二）には左《さ》近権少将《こんのごんのしょうしょう》兼陸奥守《むつのかみ》として陸奥《むつ》に赴任し、元慶の乱（俘囚《ふしゅう》〔帰服した蝦夷《えみし》〕の叛乱）の後始末にあたった。光孝天皇の仁和二年に右中弁《うちゅうべん》として中央に復帰し（『日本三代実録』）、宇多天皇の寛平三年（八九一）に蔵人、寛平六年（八九四）に山城国問民苦使《やましろのくにもんみんくし》、寛平八年（八九六）に蔵人頭に補され（『蔵人補任』）、側近として宇多の政治改革を支えるかと思われた。しかし、それも束《つか》の間、翌寛平九年に卒去してしまう（『日本紀略』）。

早くから同じ宇多天皇側近の菅原道真《すがわらのみちざね》と親交を持ち、道真から「宮中に要須《ようす》の人である」と評された（『菅家文草《かんけぶんそう》』）。仁和四年の阿衡《あこう》の紛議《ふんぎ》の際には、道真とともに意見書を提出している。宇多天皇が醍醐天皇に譲位した際に授けた『寛平御遺誡《かんぴょうのごゆいかい》』では、宇多天皇は季長のことを、「深く公事《くじ》に精通している」として、藤原時平《ときひら》・道真・紀長谷雄《きのはせお》とともに、重用するよう命じている。

なお、季長の死によって、宇多上皇の政治力は大きな打撃を受け、やがて延喜元年（九〇一）の道真の失脚につながることとなる。

高棟流平氏の第三世代

その次の世代では、惟範の子としては、時望と伊望が知られる。二人とも母は人康親王の女である。この女性の姉妹は藤原基経《もとつね》の妻となっている。つまり時望と伊望は、藤原時平・

忠平《ただひら》・穏子《おんし》（醍醐天皇中宮《ちゅうぐう》で、朱雀《すざく》・村上《むらかみ》天皇の生母）とは従兄弟ということになるのである。

時望は惟範の一男で、元慶元年（八七七）生まれ。寛平七年（八九五）に周防権介《すおうのごんのすけ》に任じられた後、寛平九年に二十一歳で従五位下に叙爵された。民部少輔《みんぶのしょう》・大蔵大輔《おおくらのたいふ》・左少弁《さしょうべん》などを経て、延長《えんちょう》五年（九二七）に蔵人頭に補され、延長八年（九三〇）に参議に任じられて、公卿に上った。承平《じょうへい》七年（九三七）に五人を超越《ちょうおつ》して中納言に任じられた。

しかし、翌天慶《てんぎょう》元年（九三八）に死去した。六十二歳。如意寺《にょいじ》で七々日法事が営まれている（『貞信公記抄《ていしんこうきしょう》』）。如意寺については後に述べるが、この記事が確実な初見である。

何故か昇進は同母弟の伊望よりも遅れていたが、室である参議藤原菅根《すがね》の女の元姫《もとひめ》が産んだ珍材《うづき》と、生母不明の真材《まさき》の子孫が、それぞれ公家平氏として後世にまで家流を伝えた。

また、仁和四年に宇多天皇に漢詩を奉ったほか（『日本紀略』）、和歌が「時望妻《ときもちのつま》」とともに一首ずつ、『後撰和歌集《ごせんわかしゅう》』に採られている。承平年間には比叡《ひえい》山に善学院《ぜんがくいん》を創立している（『山門堂舎記《さんもんどうしゃき》』）。

二男の伊望は、元慶五年（八八一）生まれ。寛平九年に十七歳で従五位下に叙爵され、早くも兄の時望に並んだ。勘解由長官《かげゆのかみ》・左近少将《さこんのしょうしょう》・春宮亮《とうぐうのすけ》などを歴任し、延喜二十一年（九二一）に時望に先んじて蔵人頭に補された。延長五年に参議に任じられ、承平四年（九三四）に中納言に上った。天慶元年、時望が死去した年に大納言に上り、藤原忠平・仲平《なかひら》兄弟に次ぐ序列となったが、翌天慶二年（九三九）に死去した。五十九歳。

承平六年（九三六）に六国史《りっこくし》に続く『新国史《しんこくし》』編纂のために撰国史所《せんこくししょ》が設置されると、伊望は別当《べっとう》に補された。しかし結局、『新国史』は完成せず、日本は個人による古記録《こきろく》の時代を迎えることとなった。

伊望の男には、統理《むねまさ》・善理《よしまさ》・実望《さねもち》らがいる。第三世代では時望よりも伊望の方が官位昇進で先んじていたものの、統理は従五位下陸奥守、善理は従四位下木工頭《もくのかみ》で終わっており（『尊卑分脈』）、実望は官位不明である。結局、公家平氏はすべて時望の子孫ということになった。

この世代ではもう一人、季長の一男である中興《なかき》がいる。光孝平氏で神祇伯忠望王《じんぎはくただもち》の養子となった。昌泰《しょうたい》元年（八九八）に六位蔵人《ろくいのくろうど》となり、忠望王の譲りによって文章生《もんじょうしょう》に補され、少内記《しょうないき》、次いで大内記《だいないき》に任じられた。その後は位階《いかい》は正五位下に上り、延喜四年（九〇四）の遠江守《とおとうみのかみ》を皮切りに、延喜十年（九一〇）に讃岐守《さぬきのかみ》、延喜十五年（九一五）に近江守《おうみのかみ》と、諸国の守を歴任した（『古今和歌集目録《こきんわかしゅうもくろく》』）。

延喜十九年（九一九）に左衛門権佐《さえもんのごんのすけ》に任じられて中央に復帰したが、延喜二十二年（九二二）に美濃権守《みののごんのかみ》としてふたたび地方官となった。地方官の多さを藤原兼輔《かねすけ》に訴嘆《そたん》した歌が、『後撰和歌集』に載っている。他に『後撰和歌集』に一首、『古今和歌集《こきんわかしゅう》』に二首が採られた歌人でもあった。

中興は延長八年に卒去した（『勅撰作者部類《ちょくせんさくしゃぶるい》』）。その子の元規《もとのり》は六位の左衛門大尉《さえもんのだいじょう》とさらに地位を低下させたが、女子（平中興女《なかきのむすめ》）は歌人として有名である。形よく心高い女であり（『元良親王御集《もとよししんのうぎょしゅう》』）、中興はこの女を天皇に奉ろうとしたが、僧の浄蔵《じょうぞう》との関係が生じたので断念したという（『大和物語《やまとものがたり》』）。『後撰和歌集』に三首、『新勅撰集《しんちょくせんしゅう》』に一首が採られている。中興の死後は没落して地方に住んだという（『大和物語』）。

この世代以降の高棟流桓武平氏（公家平氏）については、また章を改めて見ていくことにするが、それにしても気になるのは、この頃、坂東《ばんどう》では同じ桓武平氏ではありながら高望流の人びとが抗争・合戦を繰りひろげていたことである。高棟流桓武平氏の人びとは、この間の動きを、都でどのように見ていたのであろうか。

3　高望流桓武平氏の成立

高望王の坂東下向と高望流桓武平氏の誕生

無位無官で早世した高見王には、高望王しか子はいなかったようである。この高望王が寛

飯香岡八幡宮（上総国総社）

平元年に従五位下に叙爵されて平朝臣の姓を賜わり、上総介《かずさのすけ》として下向し、そのまま坂東に勢力を扶植《ふしょく》したとされる。上総《かずさ》国は親王任国《しんのうにんごく》といって、親王が名目上の守（太守《たいしゅ》）となり、介が任国に赴任して支配を行なうのである。

当時の坂東は、九世紀半ば以降、群盗《ぐんとう》（党）や俘囚といった武装騎馬集団の蜂起が相つぎ、「凶猾《きょうかつ》が党を成し、群盗が山に満ちている」という状況となっていた（『日本三代実録』）。このような状況に対処するため、政府は魚名《うおな》流藤原北家の利仁《としひと》・秀郷《ひでさと》や、この平高望といった武人的性格を帯びた貴族を派遣して、群盗の鎮圧にあたらせた。もはや中央の貴族社会に参入する見込みがなくなった彼らは、勲功の恩賞《おんしょう》によって貴族社会に復帰することを夢みて、反乱鎮圧に志願したものと考えられる（下向井龍彦

桓武平氏（高望流）系図①

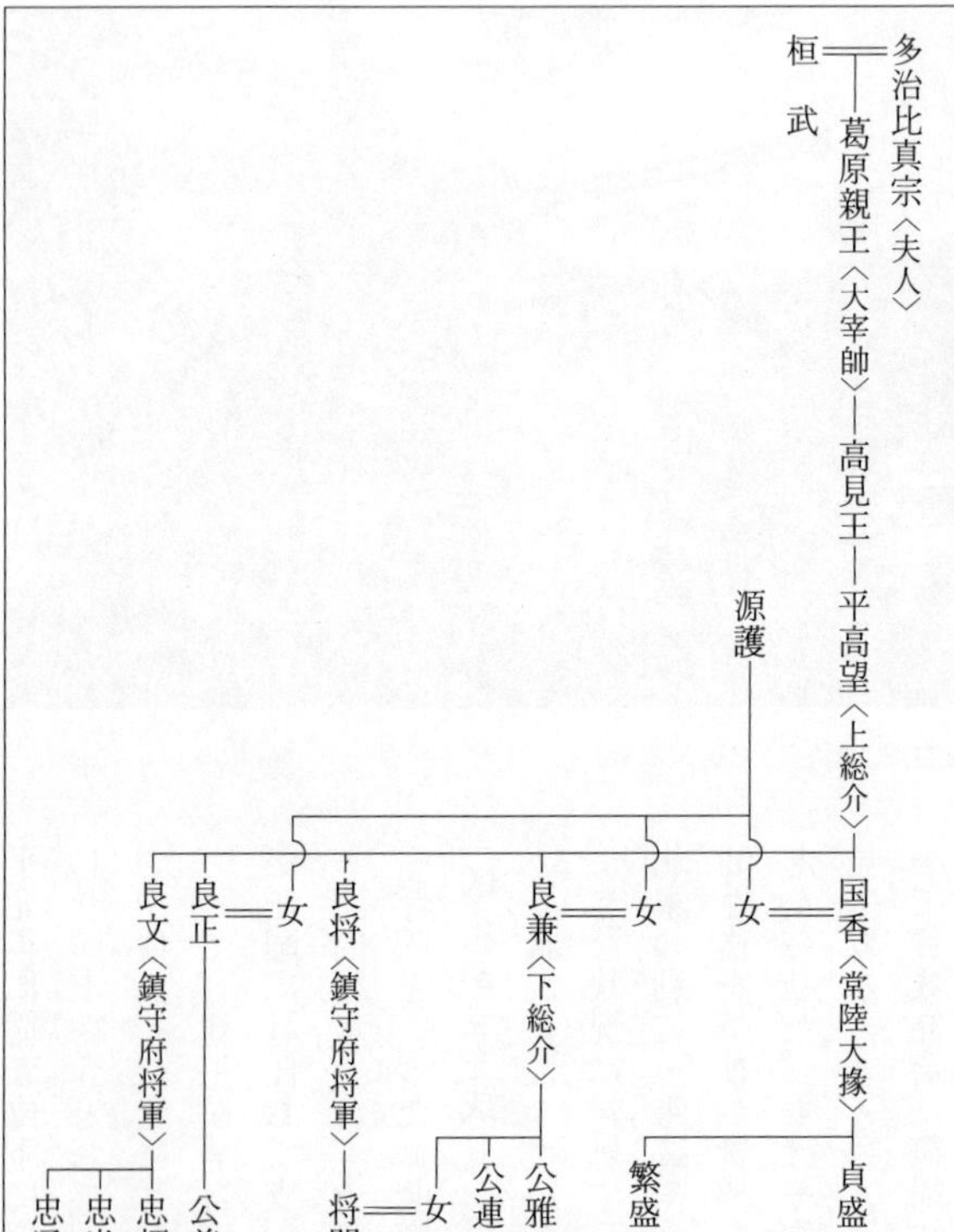

桓武
多治比真宗〈夫人〉
葛原親王〈大宰帥〉
高見王
平高望〈上総介〉
源護
国香〈常陸大掾〉
女
良兼〈下総介〉
女
良将〈鎮守府将軍〉
女
良正
良文〈鎮守府将軍〉
貞盛〈鎮守府将軍〉
繁盛〈陸奥守〉
公雅〈武蔵守〉
公連〈下総権少掾〉
女
将門
公義
忠頼〈陸奥介〉
忠光
忠通
維将〈肥後守〉
維叙〈陸奥守〉
維敏〈陸奥守〉
維衡〈常陸介〉
兼忠〈上総介〉
維幹
為幹
致成〈出羽守〉
致頼〈備中掾〉
致光（致行）
女
忠常〈上総権介〉

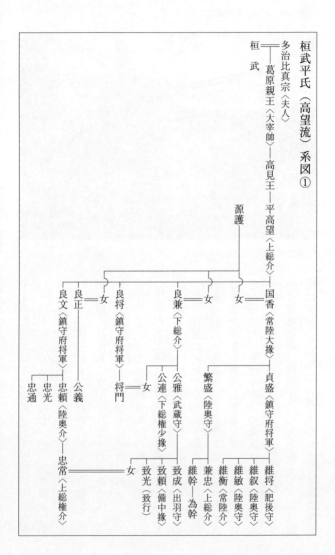

『武士の成長と院政』)。

彼らは群盗鎮圧後も現地に留まり、郡司や任用国司《にんようこくし》などの在地豪族層《ざいちごうぞく》との婚姻を通してそれらを統率・組織し、勢力を浸透させていった。当時の在地豪族の婚姻形態は明らかではないが、彼ら都から下向してきた貴族が、都と同様の婿取婚《むことりこん》を持ちこんだことは疑いのないところである。貴族たちは在地豪族の家に婿として入り、生まれた子は自分と同じ姓を名乗って、在地豪族の家で養育されていたのであろう。こうして伝統的な在地豪族の勢力は、源氏・平氏・藤原氏へと切り替えられていったものと思われる(福田豊彦『平将門の乱』)。

彼らは現地に土着《どちゃく》して地方豪族に同化してしまったわけではなく、朝廷への出仕も継続して中央政界との関係を保持し続けていた。このような立場を、完全に地方豪族化する土着と区別して「留住《りゅうじゅう》」と呼び、彼らを各地方の国衙《こくが》から自立した公的存在として、「辺境軍事貴族《へんきょうぐんじきぞく》」と称する(元木泰雄『武士の成立』)。在地で勢力を扶植し、「営所《えいしょ》」と呼ばれる拠点を中心に、直営方式の農業経営を行なっていた。また、馬を飼養すると同時に、製鉄にも関与していたと見られている(福田豊彦『平将門の乱』)。

高望の場合、同じく常陸大掾《ひたちのだいじょう》を勤めた後に常陸《ひたち》に留住していた嵯峨源氏(か仁明源氏)の源護《まもる》の女と、子息たちの婚姻関係を結んだ。高望の子息である国香《くにか》・良兼《よしかね》・良正《よしまさ》は、それぞれ護の女と結婚したのである。高望よりも天皇との世系が近い護の方が、より上位の皇親氏族だったのであり（嵯峨源氏も仁明源氏も大臣を輩出している）、護家との姻戚関係の構築は、坂東における新たな「貴種《きしゅ》」の創出という意味もあったのである。この一家が、高望流桓武平氏（武家平氏）ということになり、やがて子孫が日本の歴史に深い刻印を刻むことになる。

なお、将門《まさかど》の父でおそらく高望の三男にあたる良将《よしまさ》（良持《よしもち》とも）は、護との姻戚関係を持っていなかった。このことが、良将家を一族のなかで孤立させ、やがて将門の乱の発端となる一族の紛争につながる要因となる（倉本一宏『内戦の日本古代史』）。

この後の高望の動向は、確実な史料では不明で、没年も不詳である。おそらくは坂東の地で、生を終えたのであろう。高望の子息の名前や系譜についても、各史料で混乱を極めているが、次に高望流桓武平氏第二世代について説明することとする。

平高望の子供たち

高望の子息たちは、源護の女と結婚し、坂東に勢力を扶植した。一男の国香は、本名は良《よし》望《もち》であったが（『尊卑分脈』）、後に国香と改めたようである。生母を大蔵大輔藤原良方《よしまさ》の女とする系図もあるが、実際には不明である。高望とともに平朝臣を賜わり、上総に下向した後、護の女と結婚し、常陸を地盤とした。筑波《つくば》山西麓《さんせいろく》の常陸国石田荘《いしだのしょう》（現茨城県筑西《ちくせい》市〔旧真壁《まかべ》郡明野町《あけのまち》〕東石田《ひがしいした》）に「平国香館跡《たち》」「平国香墓」と称する伝承地がある（『新編常陸国誌《しんぺんひたちこくし》』）。

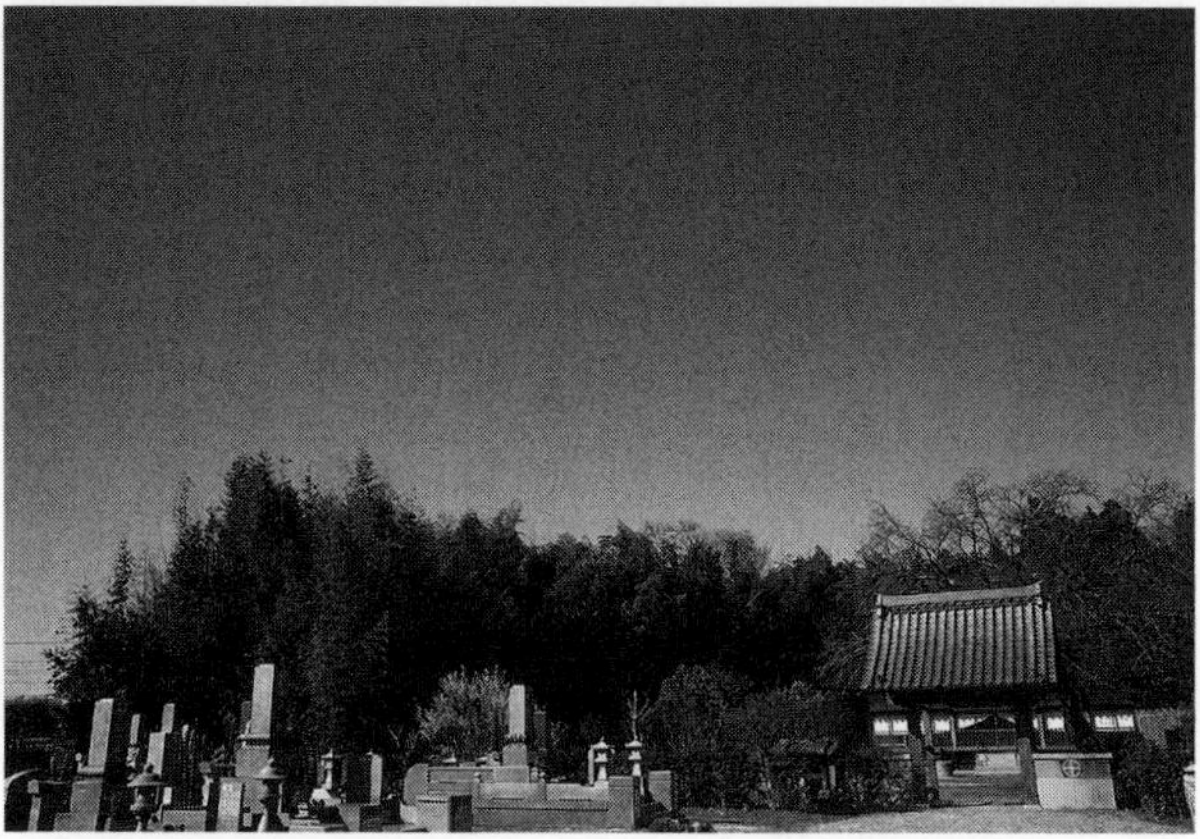

平国香館伝承地

国香は護の常陸大掾の地位を継承するとともに、鎮守府《ちんじゅふ》将軍《しょうぐん》にも任じられ、辺境軍事貴族としての地位を確立した。しかし、承平五年（九三五）、護の子の三兄弟である扶《たすく》・隆《たかし》・繁《しげる》は将門と合戦し、討ち取られたうえに、国香家の本拠地は焼き尽くされた。この過程で、国香は石田営所で討ち死にしたと思われる（『和漢合《わかんごう》図抜萃《ずばっすい》』）。その子の貞盛《さだもり》や繁盛《しげもり》については、後に述べることとしよう。

高望の二男かと思われる良兼も、生母は不明である。これも護の女と結婚している。従五位上に叙され、下総介《しもうさのすけ》に任じられた（『尊卑分脈』）。『将門記《しょうもんき》』によると、承平元年（九三一）に良兼の女と甥の将門が結婚したが、おそらくその際に「女論《にょろん》」が起こった（『将門記《しょうもんき》略《りゃく》』）。『将門記』では良兼の女は将門の本拠地で同居しており、将門が「嫁」としたのであるが、良兼は貴族らしく将門を「婿」として迎えたかったのであろう。

その後、将門の父である良将が死去すると、その遺領をめぐって、国香・良兼・良正といった兄弟は将門と対立し(「田畠ノ諍《あらそい》」)、一族同士の争いを引き起こした(『今昔物語集《こんじゃくものがたりしゅう》』)。承平五年から良正と将門が合戦を行ない、良正に請われた良兼も参戦した。国香の一男である貞盛も説得して軍に組み入れたが、承平六年十月に下野国庁《しもつけこくちょう》(現栃木県栃木市田村町《たむらまち》・宮ノ辺)付近で将門に敗れた。翌承平七年八月の子飼《こかい》の渡《わたし》(現下妻市《しもつま》〔旧結城郡《ゆうき》千代川村《ちよかわ》〕から つくば市〔旧筑波郡大穂町《おおほまち》〕の間の小貝《こかい》大橋付近)の戦いでは将門に勝利したが、その後も私闘を繰り返した。

その間、承平七年十一月には将門に良兼とその子の公雅《きんまさ》・公連《きんつら》、源護、貞盛らを追捕《ついぶ》させよとの官符《かんぷ》が、武蔵《むさし》・安房《あわ》・上総・常陸・下野国に下されたものの、諸国の国司は官符を手にしても、進んで追捕しようとはしなかった(『将門記』)。この時点では、将門が朝廷の側に立って、私闘を公的な武力で解決する立場にあったことになる。このまま事態が推移していれば、将門と貞盛(およびそれぞれの子孫)の行く末は、まったく逆のものとなっていたはずである。なお、良兼は、天慶二年六月上旬に死去している。

高望の三男であろう良将も、生母は不明である。従四位下に叙され、鎮守府将軍に任じられた（『尊卑分脈』）。この良将は護の女と結婚しておらず、地方豪族である県犬養春枝《あがたのいぬかいのはるえだ》の女を妻とし、下総国《しもうさ》北西部の猿島《さしま》郡や豊田《とよだ》郡（現茨城県西部の坂東《ばんどう》市から五霞町《ごかまち》・境町《さかいまち》・古河《こが》市・八千代町《やちよまち》・常総《じょうそう》市・下妻市）を拠点にしたとされる。嫡男《ちゃくなん》の将門を京に上らせて仕官させようとしていた矢先に死去してしまった。

良正は高望の四男かもしれないが、この辺になると出生順も正確なところはわからない。『将門記』では「高望王の妾《しょう》の子」とある。これも護の女を妻としている。『尊卑分脈』では下野介《しもつけのすけ》に任じられたとある。

護の子息たちと将門が争い、扶たちや国香が討ち死にすると、良正は「一途に外戚《がいせき》の源氏の憂いばかりを気にかけて、たちまち平氏間の肉親の深いつながりを忘れて」（『将門記』）、将門に挑みかかったが、常陸国新治《にいはり》郡川曲《かわわ》村（現茨城県結城郡八千代町野爪《のつめ》）で敗れた。良正は異母兄の良兼に助力を依頼したが、またもや敗れてしまった。その後の動静は『将門記』にも見えない。

この良正を、『尊卑分脈』では三浦《みうら》氏（そして和田《わだ》氏）・大庭《おおば》氏・梶原《かじわら》氏などの武家の祖としているが、武家の系譜については、その信憑性《しんぴょうせい》も含めて、不明な点が多い。『尊卑分脈』のなかで、「平氏系図《へいしけいず》」はもっとも杜撰《ずさん》であり、重複や誤りが多いという指摘もある（安田元久『平家の群像』）。肝心なのは、何ゆえに『尊卑分脈』の原史料《げんしりょう》が国香や良文《よしふみ》ではなく、良正を有力武家の祖とする系譜を作ったかという点であろう。

高望の五男ともされる良文は、他の兄弟にも増して、謎《なぞ》の多い人物である。そのうえに数々の坂東武者の祖とされることから、幾多の伝説に彩られている。ここでは、なるべく確実な史料に依拠して、その実像を考えてみよう。良文は「村岡五郎《むらおかごろう》」と称され、従五位上に叙されて鎮守府将軍に任じられたとある（『尊卑分脈』）。陸奥守という史料もある。

村岡というのは相模《さがみ》国鎌倉《かまくら》郡村岡郷（現神奈川県藤沢《ふじさわ》市）あるいは武蔵国大里《おおさと》郡村岡郷（現埼玉県熊谷《くまがや》市）、または下総国結城《ゆうき》郡村岡（現茨城県下妻市）のことで、これらのどれか、あるいはいくつかを本拠としたのであろう。久安《きゅうあん》二年（一一四六）の「平忠常《ただつね》（良文の孫）寄進状《きしんじょう》」には、良文の所領であった下総国相馬《そうま》郡の地についての記載がある。『今昔物語集』には、武蔵国足立《あだち》郡箕田《みだ》郷の源充《あつる》（嵯峨源氏）と一騎打ちを行なったという説話も載っている。

将門との関連も不明で、『将門記』にはまったく現われてこない。一説には将門と友好的であったという伝えもあるが（『源平闘諍録《げんぺいとうじょうろく》』など）、それは後世に将門を英雄視する関東の風潮に乗って、自分たちの先祖（と主張する）良文は将門と仲がよかったという伝説を造作したものであろう。なお、『大法師浄蔵伝《だいほうしじょうぞうでん》』奥書《おくがき》所引『外記日記《げきにっき》』によれば、将門敗死の第一報を信濃国に伝えたのは良文であったという（川尻秋生『平将門の乱』）。また、良文の子である忠頼《ただより》と忠光《ただみつ》は、将門に敵対した繁盛（貞盛の弟）から「旧敵」と呼ばれている（『続左《ぞくさ》丞抄《じょうしょう》』所引「太政官符案《だいじょうかんぷあん》」）。

後世、上総《かずさ》・千葉《ちば》・秩父《ちちぶ》・畠山《はたけやま》・中村《なかむら》・土肥《どひ》氏をはじめ、三浦・和田・鎌倉《かまくら》・大庭・梶原・長尾《ながお》などの諸氏も、良文の子孫を称した。

高望流桓武平氏第三世代

高望流桓武平氏の第三世代は、貞盛や将門の世代である。彼らはすべて、坂東の地で生を享《う》けたのであろうが、まったく坂東に土着したわけではなく、京に上って摂関家に近侍し、叙位任官を望んでいた。いまだ辺境軍事貴族としての立場は変わらなかったのである。

国香の嫡男である貞盛の生母は、江戸時代末期に作られた『系図纂要《けいずさんよう》』では下野守《しもつけのかみ》藤原村雄《むらお》の女としているが、この村雄は貞盛とともに将門を倒した秀郷の父であり、話ができすぎている。早くから京に上って官職を求め、左馬允《さまのじょう》に任じられている。

承平五年に父国香が将門に殺されたため、常陸に帰国した。『将門記』によれば、貞盛は将門と戦う意思はなかったが、叔父の良兼に説得されて、将門と戦うはめになった。しかし、たびたびの合戦で将門に敗れ、天慶元年二月にはふたたび上京して官途《かんと》を目指すことを決意し、将門を太政官《だいじょうかん》に訴えたところ、糾問官符《きゅうもんかんぷ》を得たので、これを携えて天慶二年六月に東《とう》国《ごく》に下ってきた。そして以前に左馬寮《さめりょう》の上司であった陸奥守平維扶《これすけ》（系譜不詳）に従って陸奥国に下ろうとしたが、これも将門に察知されて果たせず、常陸国に潜伏《せんぷく》した（『将門記』）。

ここまでは一族同士の争いであったのだが、天慶元年二月に将門が武蔵国府《こくふ》の紛争、天慶二年十一月に常陸国府の紛争に介入し、常陸、次いで下野・上野《こうずけ》国府を襲撃して、国家に対する反逆者となった。天慶三年（九四〇）正月、東海《とうかい》・東山道《とうさんどう》の諸国司に宛てて将門追討を命じる官符が出され（『本朝文粋《ほんちょうもんずい》』『扶桑略記《ふそうりゃっき》』）、坂東諸国の掾《じょう》八人が任じられて（『貞信公記抄』）、追捕凶賊使《ついぶきょうぞくし》（押領使《おうりょうし》）とされた（『日本紀略』）。貞盛は常陸掾《ひたちのじょう》、秀郷は下野掾《しもつけのじょう》に任じられ（川尻秋生『平将門の乱』）、ここに貞盛は公的な追討使《ついとうし》の地位に就いたことになる。

天慶三年二月、秀郷の軍略と気象の変化によって、将門は猿島《さしま》郡の北山《きたやま》（比定地不明、現坂東市岩井《いわい》付近）において斃《たお》された（『将門記』）。貞盛の放った矢が当たり、落馬したところを秀郷が駆け寄って首を取ったという史料もある（『扶桑略記』）。

この「功績」によって、貞盛は「天慶勲功者《くんこうしゃ》」として従五位上に叙され、右馬助《うまのすけ》に任じられた。天慶四年（九四一）六月に右近馬場において、滝口《たきぐち》・中戸《なかど》諸家および貞盛の兵士の試《こころみ》が行なわれたが、これは貞盛が国家の治安維持にあたる「都の武者」（中央軍事貴族）としての地位を確立したことを如実に示しているという（野口実『坂東武士団の成立と発展』）。後には鎮守府将軍・丹波守《たんばのかみ》・陸奥守などを歴任して従四位下に上り、永祚《えいそ》元年（九八九）に死去したとされる。『二中歴《にちゅうれき》』で「武者」を列挙した項には、貞盛の名が見える。『今昔物語集』によれば、貞盛は孫や甥、甥の子などを次々と養子とし、その子孫は「兵《つわもの》の家」として、秀郷や源経基《つねもと》（清和源氏）の子孫と並んで、中央軍事貴族の地位を独占した。そのうち、維衡《これひら》を祖とする伊勢《いせ》平氏が都の武者として発展し、やがて平家政権が誕生する端緒となった。貞盛は数々の説話に登場し、抜群の武勇や残忍な性格、見事な処世術が語られたりするが、武者としての実態は不明である。ともあれ、貞盛の「勲功」が後世の武家平氏のすべての根源となったのである。

貞盛の弟である繁盛は、生母は『尊卑分脈』では「家の女房」となっており、いずれにしても貞盛とは異腹のようである。生没年は不詳。

『将門記』にはその名が見えず、乱の鎮圧における功績も定かではない。後に自身が寛和《かんな》二年（九八六）に提出した解状によると、「坂東大乱の時、繁盛は秀郷・貞盛とともに筋骨を尽くし、万死に入って一生に出た。……その勲功によって秀郷・貞盛は恩賞を賜わったが、繁盛は朝恩《ちょうおん》に漏れた」とあるが（『続左丞抄』所引「太政官符案」）、実際にどれほどの功績を挙げたのかは不明である。『尊卑分脈』によると「武略は神に通じる人」であったという。

なお、この解状では、若年時より右大臣藤原師輔《もろすけ》に仕え、すでに白髪の老齢に達し、「聖朝安穏・鎮護国家」のため、金泥《こんでい》で写した大般若経《だいはんにゃきょう》を比叡山に運上しようとしたが、旧敵である良文の子の陸奥介《むつのすけ》平忠頼と忠光に妨害され、これを太政官に訴えている。

この時には従五位下散位《さんい》（位階のみあって官職のない人）であったが、『尊卑分脈』は正五位下陸奥守としている。

貞盛流の繁盛と良文流の忠頼・忠光との抗争は、世代を越えて持ち越され、「先祖以来の敵《かたき》」として維幹《これもと》と忠常に引き継がれた。これが後に忠常の乱の際に、忠常の徹底抗戦と戦乱の膠着《こうちゃく》の原因ともなった。繁盛の子には上総介兼忠《かねただ》と「多気大夫《たけのたいふ》」維幹がおり、維幹は常陸平氏の祖ともなった。

良兼の子の公雅と公連は、生没年不詳。良兼が将門と争うようになると、ともに参戦した。承平七年には、良兼や貞盛らとともに追捕宣旨《ついぶせんじ》の対象となったが、将門が国家に対する反乱を起こすと、天慶三年に将門を追討する「東国の掾八人」として、公雅が上総掾《かずさのじょう》、公連が下総権少掾《しもうさのごんのしょうじょう》に任じられ、追捕凶賊使を兼ねた。

将門が敗死すると、公雅は残党を捜索し、上総国で興世王《おきよ》を討った（『日本紀略』）。その恩賞で従五位上に叙され、安房守《あわのかみ》に任じられた。天慶五年には武蔵守《むさしのかみ》に遷っている。公連は押領使に拝されて、下総国で残党の掃討を行なったが（『扶桑略記』）、乱後の動静は史料に見えない。

良文の子である忠頼は生没年不詳、生母も不詳である。先に挙げた、繁盛が金泥大般若経を比叡山に運上しようとした際に、忠頼と弟の忠光が妨害したというのが（『続左丞抄』所引「太政官符案」）、確実な史料に登場する数少ない例である。

そこでは忠頼は、陸奥介とある。なお、忠頼追捕の官符が下されたが、忠頼は中央の有力者と私的関係を持っていたらしく、この官符を撤回させている。また、『尊卑分脈』には「村岡次郎《むらおかじろう》」と記されていることから、「村岡五郎」良文の武蔵の地盤を受け継いだものと思われる（野口実『坂東武士団の成立と発展』）。『二中歴』の「武者」に名が挙げられている。

なお、忠頼の妻が将門の女の春姫《はるひめ》で、忠常を産んだという伝説もあるが、史実性には乏しい。ただ、忠頼が忠常の父であったことは確実で、その子孫が上総・千葉・相馬《そうま》・秩父・畠山・中村・土肥氏などの有力武士団《ぶしだん》として発展することとなった。

その弟の忠光は、忠頼二男とする系図もある。忠頼とともに繁盛の金泥大般若経運上を妨害したという史料が、信用できる唯一の史料である。この忠光も『二中歴』の「武者」に名が挙げられている。

その弟の忠通《ただみち》（忠道・貞道）は、『今昔物語集』によると、源頼光《よりみつ》、次いでその弟の頼信《よりのぶ》に仕えたという。弓の名手として知られ、頼信の依頼で、ある男を討ち取ったという説話が見える。その子孫が、三浦氏・鎌倉氏をはじめとする相模平氏となっていく。頼光四天王《してんのう》の一人である碓井《うすい》貞光《さだみつ》のモデルとされる。

平将門の乱

いよいよ将門である。将門は良将の嫡男として生まれた。生年を延喜三年（九〇三）と伝えるものもあるが、正確には不詳である。若年時に京に上って、後に摂政《せっしょう》・関白《かんぱく》・太政大臣になる藤原忠平の許《もと》に出仕し、官位を得ようとしていたのだが、貞盛とは違って、官位ともに得ることはできなかった。ただ、『尊卑分脈』では「滝口小二郎《たきぐちこじろう》」と注しているから、内裏《だいり》の滝口の武者として何らかの地位を得ていたのかもしれない。

良将の地盤を受け継ぎ、下総北部の豊田・猿島郡を本拠地とした。しかし、承平元年に「女論」によって伯父良兼と対立し、良将の死後の所領争いから源護一家や良正、そして貞盛とも対立し、合戦を繰り返した。

承平六年には護の訴えによって京に召喚《しょうかん》され、朱雀天皇元服の大赦《たいしゃ》によって帰郷した後も、一族間の争いは激化した。承平七年には良兼とその子の公雅・公連、源護、貞盛らを追捕せよとの官符を得たものの、その実効性はなかった。この承平年間には国家に対する反乱の要素はなく、近年では平将門・藤原純友《すみとも》の乱のことを「天慶の乱」と称する。

天慶元年に武蔵国府の紛争、天慶二年に常陸国府の紛争に介入した。当時、このような国府における紛争は、日本各地で起こり得る性格の問題であって、もともと武蔵国と深い関係を持っていない将門がこれに介入する謂《いわ》れはなかった。

しかし将門は、「武蔵国へ赴きかれら双方の争いを鎮めるために、ひと働きしようと思う」などと語り、この紛争に介入した（『将門記』）。すでに一族の紛争に勝利し、良兼たちに対する追捕官符《ついぶかんぷ》も得ていたという自負から、関係のない国の紛争にも介入してしまったのであろうが、このような紛争を処理できないようでは、坂東に覇《は》を唱えることができないと見なされていたのであろう（倉本一宏『内戦の日本古代史』）。

将門は、天慶二年十一月に常陸、次いで十二月に下野・上野国府を襲撃して、国司を追放し、国府行政の象徴である印鎰《いんやく》（国印《こくいん》と不動倉《ふどうそう》の鎰《かぎ》）を奪った。これで国家に対する反乱に乗りだしたことになる。

逆に天慶三年正月に将門追討を命じる官符が出され、新たに任じられた坂東諸国の掾八人が、追捕凶賊使となった（『日本紀略』）。追討官符には、「たとえ蝦夷・田夫《でんぷ》・野叟《やそう》であっても、将門を討滅《とうめつ》した者が貴族としての位階に上り、功田《こうでん》を賜わって子孫に伝えることができる」とあり、坂東の武者たちにとっては、この上ない餌《えさ》となった。この官符が各国にもたらされた時、将門の運命は決したと称すべきであろう。また、藤原忠文《ただふみ》が征東大将軍《せいとうだいしょうぐん》に任じられたが、結局は征討軍の到着前に、反乱は決着してしまった。

なお、この間、『将門記』は、「吾は八幡大菩薩《はちまんだいぼさつ》の使いであるぞ」と称する昌伎《かんなぎ》（巫女《みこ》）の、

島広山石井営所跡伝承地

「朕の位を蔭子《おんし》平将門に授け奉る。その位記《いき》は、左大臣正二位菅原《すがわら》朝臣（道真《みちざね》）の霊魂《れいこん》が取り次ぎ、上書として捧げ奉るものであるぞ」という託宣《たくせん》によって、将門が「新皇《しんのう》」に即位したことを語っている。これを東国政権の先駆けとして高く評価する論考がほとんどであるが、「新皇」即位とそれに続く左大臣以下や諸国の除目《じもく》、「王城《おうじょう》」の建設というのは、『将門記』の作文と考えておいた方がよかろう。

それはさておき、いまだ従類《じゅうるい》（主人との関係が密接な精鋭の部下）の組織化が未成立で、軍事行動には伴類《ばんるい》（傭兵《ようへい》的に付き従う小集団の長）を招集するしかなかったこの時期にあっては（秀郷や貞盛も同様であったが）、国家から追討を受けている将門に従う兵は少なかった。

こうして、天慶二年十二月の関東制覇からわずか二箇月後の天慶三年二月、将門は猿島郡石井《いわい》の本拠地で討たれることになった。

将門の関東支配はわずかな期間に過ぎなかったが、中央から派遣されて地方豪族や民衆から搾取を続ける国司（受領《ずりょう》）を追放した、そして京都の天皇に対峙《たいじ》して「新皇」に即位したとも伝えられる将門の存在は、特に後世の関東の支配者や民衆に大きな影響を与えた。

将門を英雄として仰ぐ気風は、時代とともに強まった。十世紀末には将門の死後の霊魂説話が形成され始め、十二世紀にはその子孫説話も作られていく。茨城県坂東市の国王《こくおう》神社、結城郡の山川《やまかわ》不動、東京の神田《かんだ》明神をはじめ、将門をまつる社寺は関東に少なくない（『国史大辞典』）。大手町《おおてまち》の将門首塚《くびづか》、日本橋《にほんばし》の兜町《かぶとちょう》、青梅《おうめ》など、将門関連の地名も、枚挙に暇《いとま》がない。これはむしろ、後世の日本人（特に関東の人びと）が将門を英雄として讃《たた》え続けた心性をこそ、考えるべきであろう。

第二章　その他の平氏

平氏と言えば葛原親王流の桓武平氏というのが通り相場だが、葛原親王を始祖としていない桓武平氏や、桓武天皇を祖としていない平氏、つまり他の天皇の子孫が平朝臣の姓を賜わって臣籍《しんせき》に降下した平氏も、少ないながら存在した。仁明平氏・文徳平氏・光孝平氏である。数々の源氏と比べると、質量ともに、はるかに見劣りし、かつ賜姓《しせい》の期間も限定的ではあるのだが、ここではこれら四つの平氏について、見ていくことにしよう。

1　葛原親王流ではない桓武平氏

桓武平氏というと葛原親王の子の高棟王と高見王の子孫という印象が強いが、他の親王から出た桓武平氏も存在した。

桓武天皇は記録に残っているだけでも、二六人の后妃《こうひ》や宮人《みやびと》その他から、合わせて一六人の皇子と一九人の皇女を儲《もう》けた。これらのなかで、即位した小殿《おて》（後に安殿《あて》）親王（後の平城天皇、母は皇后《こうごう》藤原乙牟漏《おとむろ》）・神野《かみの》親王（後の嵯峨天皇、母は藤原乙牟漏）・大伴親王（後の淳和天皇、母は夫人《ぶにん》藤原旅子《りょし》）を除いた一三人の皇子のうち、子孫が平朝臣を賜わったのは、第三皇子葛原親王（母は夫人多治比真宗）のほか、第六皇子万多親王（母は夫人藤原小屎《おくそ》）、第八皇子仲野親王（母は宮人藤原河子《かし》）、第十二皇子賀陽親王（母は多治比真宗）の三人である。

この節では、万多親王流・仲野親王流・賀陽親王流の平氏について、その子孫まで眺めていくこととする。

万多親王流桓武平氏

万多親王は延暦《えんりゃく》七年（七八八）に誕生し、弘仁《こうにん》五年（八一四）に四品中務卿《しほんなかつかさきょう》として藤原園人《そのひと》たちと『新撰姓氏録《しんせんしょうじろく》』を完成させた。後に式部卿《しきぶきょう》や大宰帥《だざいのそち》を勤め、天長《てんちょう》七年（八三〇）に死去した。四十三歳。

万多親王の子としては、正行《まさゆき》王・雄風《おかぜ》王・正躬《まさみ》王が知られるが、第七子とされる正躬王が、実は第一子かと思われる（『国史大辞典』）。正躬王は幼い時から聡明で、大学に入って史書を学び、文筆を能《よ》くした。弘仁七年（八一六）に十八歳で文章生《もんじょうしょう》試《し》に及第した。天長六年（八二九）に二世王として従四位下に叙され、弾正大弼《だんじょうだいひつ》・刑部大輔《ぎょうぶのたいふ》・右京大夫《うきょうたいぶ》を歴任した。承和《じょうわ》七年（八四〇）には参議《さんぎ》に上った。一時は伴善男に告発されて断罪されたものの、貞《じょう》観《がん》三年（八六一）にふたたび参議に復した。貞観五年（八六三）五月に六十五歳で死去した。

その前年の貞観四年（八六二）四月、突然に上表《じょうひょう》し、住世《すみよ》以下一二人の子息（つまり三世王）、およびすでに亡くなっていた兄の正行王の子息（つまり甥）二人、雄風王の子息一人の計一五人に平朝臣の賜姓を請い、許された（『日本三代実録《にほんさんだいじつろく》』）。

その上表文《じょうひょうぶん》は、いかにも秀才の草したに相応《ふさわ》しい文飾に満ちている。「自分は老齢で非才であり、しかも多数の子孫がいる。これらを皇親《こうしん》のままにしていては、公費のことを思うと後ろめたい。禄賞を省くため、自分の男子と兄の男子に平朝臣の姓を賜わりたい」というものである。後に正行王の子息一人、雄風王の子息一人が、追って平朝臣を賜わっている（『日本三代実録』）。なお、正行王は従四位上弾正大弼で天安二年（八五八）、雄風王は従四位

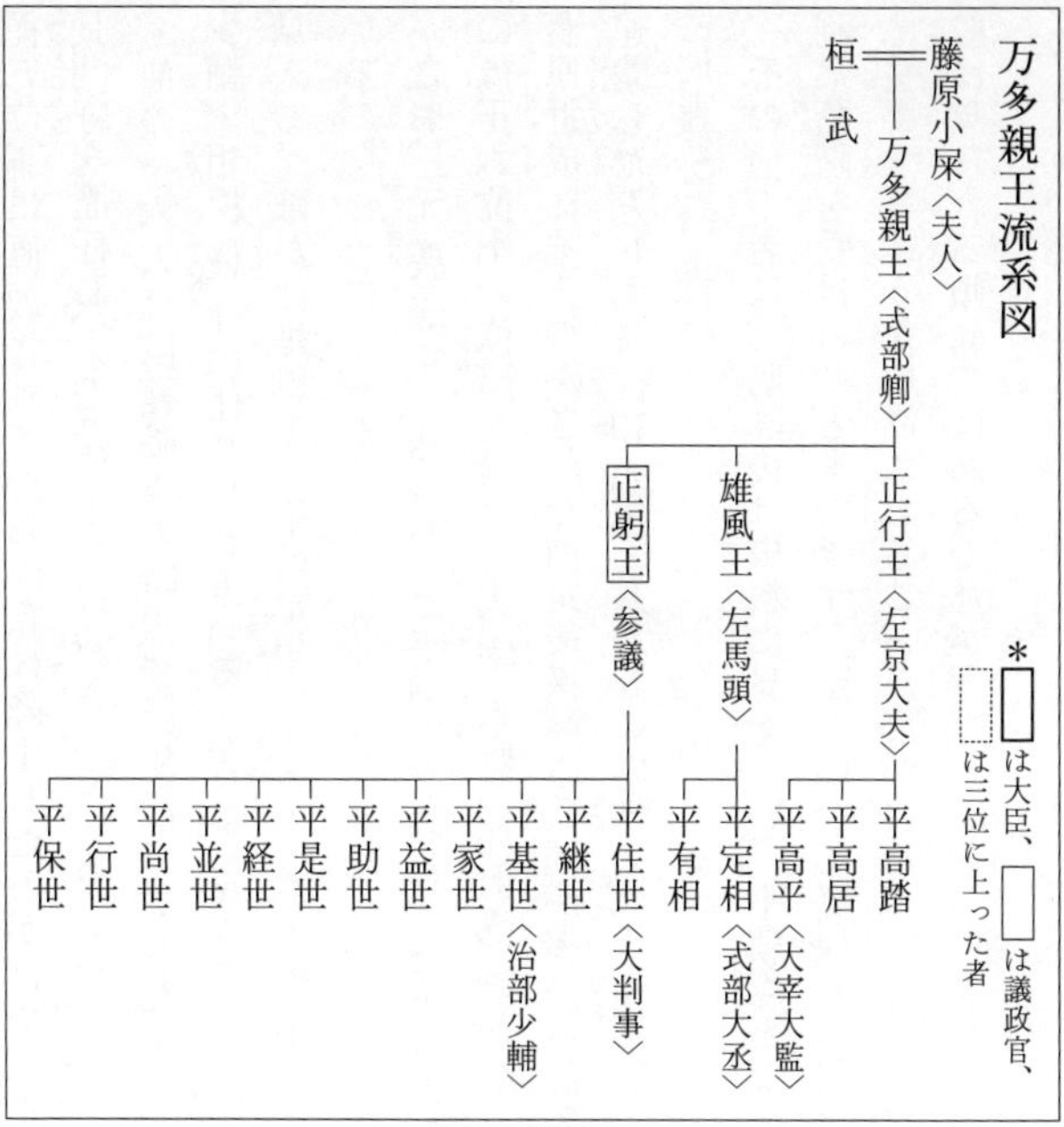

下左馬頭《さまのかみ》で斉衡《さいこう》二年（八五五）に、それぞれ死去している。

この時期にはさまざまな姓の皇親氏族が存在したのであるが、ここで何ゆえに平朝臣を希望したかというと、この年には平高棟が中納言《ちゅうなごん》に列しており、自分の子息にも同じ平朝臣を名乗らせることによって、廟堂《びょうどう》における地位を期待したのであろう（林陸朗「桓武平氏の誕生」）。

しかしながら、親の思惑どおりに子供が育たないのは、世の常である。平朝臣を賜わった計一七人のうち、正躬王一男の住世は、住世王時代の天安二年に従五位下に直叙《ちょくじょ》されてから臣籍に降下したおかげで、正親正《おおぎのかみ》・肥後介《ひごのすけ》・大判事《だいはんじ》・甲斐守《かいのかみ》・長門守《ながとのかみ》を歴任し、従五位上に昇叙《しょうじょ》されている（『尊卑分脈《そんぴぶんみゃく》』）。

他の一六人は臣籍降下の時点では無位であったが、基世《もとよ》は従五位下に叙されて、治部少輔《じぶのしょう》・相模権介《さがみのごんのすけ》に任じられている（『日本三代実録』）。助世《すけよ》は『尊卑分脈』には従五位下と見える。ほかに雄風王の子の定相《さだみ》が式部大丞《しきぶのだいじょう》・越中介《えっちゅうのすけ》に任じられ、従五位上に叙されている。

なお、元慶《がんぎょう》元年（八七七）に平朝臣を賜わった正行王の子の高平《たかひら》は、元慶七年（八八三）には正六位上の位階《いかい》を帯びて大宰大監《だざいのだいげん》の任にあったのだが、筑後守《ちくごのかみ》の都御酉《みやこのみとり》が、筑後掾《ちくごのじょう》藤原近成《ちかなり》にそそのかされた前筑後掾藤原武岡《たけおか》が率いる群盗《ぐんとう》に館《たち》を囲まれて射殺された事件に連繫《れんけい》したとして、仁和《にんな》元年（八八五）に杖《じょう》八〇・贖銅《しょくどう》八斤の処分を受けてしまった（『日本三代実録』）。

その他の者は、賜姓後は史料に見えない。平朝臣となってから出身したのでは、皇親の有利な蔭階《おんかい》を受けることもできず、かといって高棟の「引き」を受けられるわけもなく、史料に登場するような地位に上ることがなかったのであろう。もっとも、これは皇親賜姓氏族一般に見られる傾向ではあるのだが。

仲野親王流桓武平氏

仲野親王は延暦十一年（七九二）の生まれ。大宰帥・弾正尹《だんじょうのかみ》・式部卿・常陸太守《ひたちのたいしゅ》・上総《かずさの》太守《たいしゅ》を歴任し、貞観九年（八六七）に七十六歳で死去した。墓は高畠墓《たかばたけ》といい、山城国《やましろ》葛野《かどの》郡にあったが、京都市右京区太秦《うずまさ》の垂箕山《たるみやま》古墳という六世紀の前方後円墳が治定《じじょう》されている。男子一四人、女子一五人を儲けたが、そのうち班子《はんし》女王は光孝天皇の女御《にょうご》となり、所生の源定省《さだみ》が宇多天皇として践祚《せんそ》（天皇位を継承すること）したので、外祖父《がいそふ》の仲野親王に一品太政大臣《いっぽんだいじょうだいじん》が追贈された。幼少のころから利発で、性格は寛大。寿詞宣命《じゅしせんみょう》を奏する道に優れ、その音儀詞語は当時の模範であったという（『日本三代実録』）。

現仲野親王墓（垂箕山古墳）

　仲野親王の一四人の男子のうち、二世王の段階では、ほとんどが王名を称して皇親のままであったが、貞観五年に房世《ふさよ》王が上表して平朝臣の姓を賜わった。すでに承和十三年（八四六）に従四位下に直叙され、越中権守《えっちゅうのごんのかみ》や越前《えちぜんの》権守《ごんのかみ》に任じられていたが、この年に臣籍に降下し、さらに官僚としての栄達を求めたのであろう。

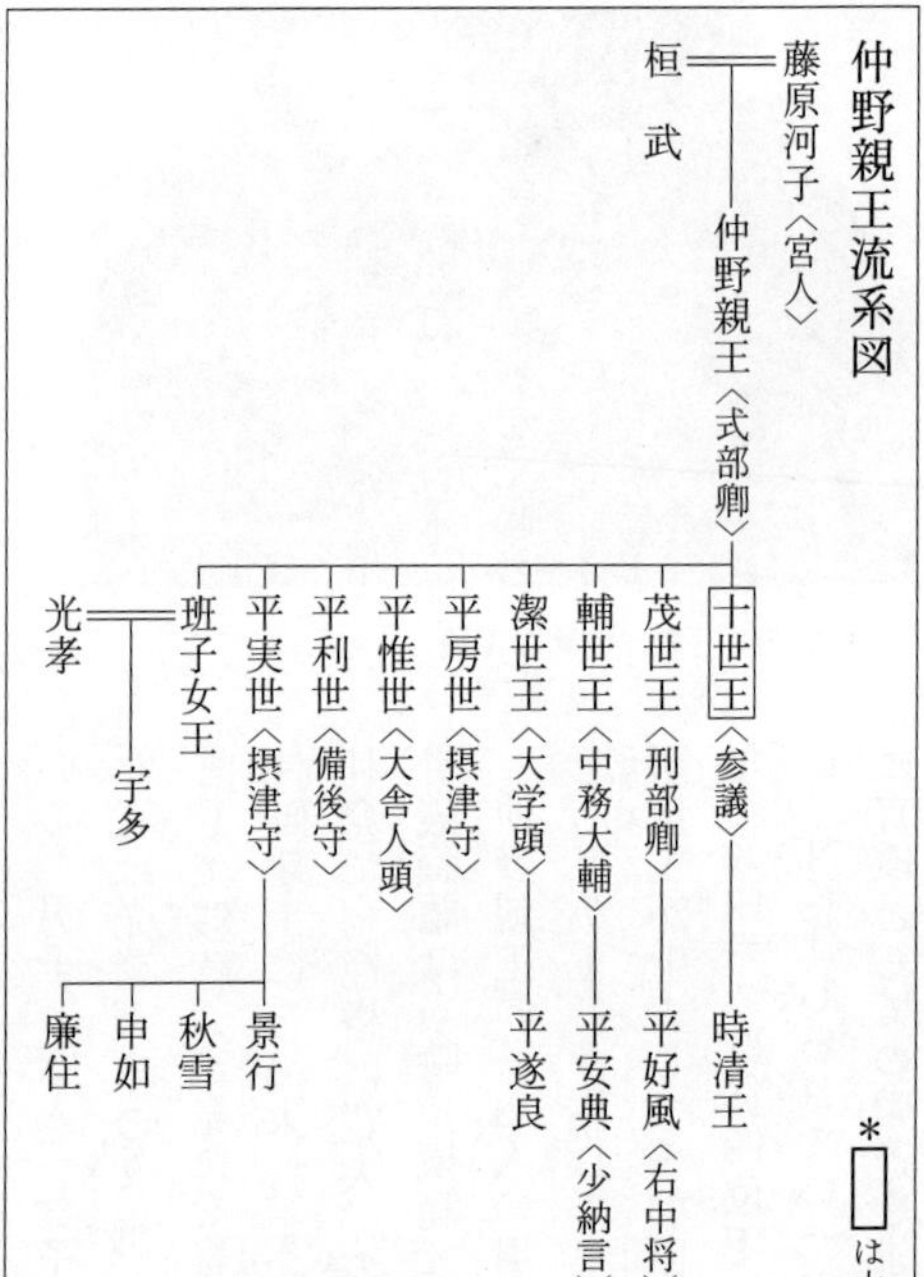

その上表文では、「自分の不才を恥じ、子孫が益も無く国庫を損費するわけにいかないので、姓を賜わりたい。ついては新しい姓ではなく、近い親族と同じ平朝臣の姓を賜わって、平（平安・平静）を得る義を取り、子孫に残す謀《はかりごと》としたい」と言って、これを許されてい

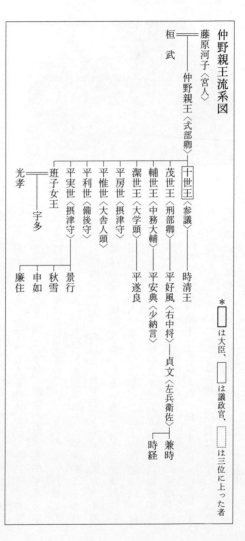

る（『日本三代実録』）。

「平」という氏の名が、平安や平静という意味で使われていることに注目したい。ここでは、どの範囲に賜姓するかが語られていないので、おそらくは房世王一身のみの賜姓を要請したのであろうが、後の仲野親王の薨伝《こうでん》によると、弟の惟世《これよ》王と利世《としよ》王も平朝臣を賜姓され、五位に叙されている（『日本三代実録』）。

その後、平房世は弾正大弼・河内守《かわちのかみ》・摂津守《せっつのかみ》・因幡守《いなばのかみ》を歴任し、正四位下に上って、元慶七年に死去した。上表文で語った思いとは裏腹に、子孫は史料に伝わっていない。

平惟世と平利世は、六国史《りっこくし》では仲野親王の薨伝にしか登場しないが、『尊卑分脈』では、惟世に大舎人頭《おおとねりのかみ》（位階不明）、利世に従五位下備後守《びんごのかみ》と注している。『花鳥余情《かちょうよせい》』所引『宇《う》多《だ》天皇御記《てんのうぎょき》』では、利世は声がよく、蟬歌《せみうた》（しぼり出すような声で歌う歌）に長じ、宇多天皇が時々歌わせて禄を下賜したという。

実世《さねよ》王というのも仲野親王の子として見え、大学頭《だいがくのかみ》や摂津守に任じられていたが、元慶六年（八八二）にその子（三世王）の賜姓を請うた際に、自身も賜姓を受けたようで、以降は平実世として登場する。従四位上に上ったものの、官職は山城権守《やましろのごんのかみ》に任じられたに過ぎない。

三世王の賜姓としては、実世王の子の景行《かげゆき》・秋雪《あきゆき》・中如《かさゆき》・廉仕《やすずみ》が知られる。その際、女子は、前生《ぜんしょう》で王号を帯びているという理屈で、生まれたらすぐに平氏に入れるとしている（『日本三代実録』）。この四人の男子は、この記事にしか登場せず、官位も不明である。

これに先立つ貞観十六年（八七四）、茂世《もちよ》王が上表して、子の好風《よしかぜ》とその子の貞文《さだふん》（四世王）の賜姓を請うて、許されている。その上表文では、これまでの上表と同様、「自分の非才を恥じ、国庫の浪費によって国家の衰耗《すいもう》を救うため、皇親籍を除いて、永く給禄を停められたい」と言っている。ここでもすでに、「女子は一身で子孫が絶えるので、この例に預からない」と言っている（『日本三代実録』）。なお、これらの上表文は、源氏賜姓の詔勅《しょうちょく》にきわめて類似していることが指摘されている（安田政彦「平氏賜姓」）。

この時に賜姓を受けた好風は、越前介《えちぜんのすけ》・大宰少弐《だざいのしょうに》・少納言《しょうなごん》・右中将《うちゅうじょう》を歴任し、従四位下に上った。生没年は不詳である。有名なのは、むしろ同時に賜姓を受けた子の貞文の方である。平貞文となった後、内舎人《うどねり》・右馬権少允《うまのごんのしょうじょう》・右兵衛少尉《うひょうえのしょうじょう》・三河権介《みかわのごんのすけ》・右馬権《うまのごんの》助《すけ》・侍従《じじゅう》・左兵衛佐《さひょうえのすけ》を勤めたが、位階は従五位上が極位《ごくい》であった（『古今和歌集目録《こきんわかしゅうもくろく》』）。

貞文は歌人として有名で、延喜《えんぎ》五年（九〇五）と延喜六年（九〇六）に「平貞文家歌合《たいらのさだふんけうたあわせ》」を主宰した。紀友則《とものり》・紀貫之《つらゆき》・凡河内躬恒《おおしこうちのみつね》・壬生忠岑《みぶのただみね》らの仲間でもあり、『古今和歌集《こきんわかしゅう》』に九首、『後撰和歌集《ごせんわかしゅう》』に六首、『拾遺和歌集《しゅういわかしゅう》』に五首のほか、計二六首が入集し、『中古歌《ちゅうこか》仙三十六人伝《せんさんじゅうろくにんでん》』に入っている。その和歌を基に脚色し、戯画化されたのが『平中物語《へいちゅうものがたり》』

とされる。そこでは、色好みの「平中」と称されながら、ままならぬ恋に翻弄《ほんろう》され、出世もできない貴族の哀感が訴えられている（『平安時代史事典』）。後世にいたっても、本院侍従《ほんいんじじゅう》との「悲恋」を語った『今昔物語集《こんじゃくものがたりしゅう》』の説話を題材とした芥川龍之介《あくたがわりゅうのすけ》の『好色』や、藤原国経《くにつね》の室であった在原棟梁《ありはらのむねはり》の女《むすめ》との恋愛を語った『今昔物語集』の説話を題材とした谷崎潤一郎《たにざきじゅんいちろう》の『少《しょう》将滋幹《しょうしげもと》の母』が作られたりしている。延長《えんちょう》元年（九二三）に死去した（『尊卑分脈』）。

平貞文像（『時代不同歌合絵』断簡．根津美術館蔵）

三世王の世代に話を戻すと、仁和元年に輔世王の子の安典《やすのり》王、元慶八年（八八四）に潔世《きよ》王の子の遂良《なりよし》王が、それぞれ平朝臣を賜わっている（『日本三代実録』）。平安典は従五位下に叙され、少納言や相模守《さがみのかみ》に任じられた。平遂良は木工大允《もくのだいじょう》

（位階不明）に任じられている。

賀陽親王流桓武平氏

賀陽親王は延暦十三年（七九四）の生まれ。葛原親王の同母弟である。刑部卿《ぎょうぶきょう》・大宰帥・治部卿《じぶきょう》・弾正尹・常陸太守・上野太守《こうずけのたいしゅ》を歴任した。貞観十三年（八七一）、七十八歳で死去した。すでに第一子道野《みちの》王と第六子利基《としもと》王を喪《うしな》っていた。邸第《ていだい》は左京二条二坊に所在したが（九条《くじょう》家本『延喜式《えんぎしき》』左京図）、後に藤原頼通《よりみち》に伝領され、高陽院《かやのいん》と称された。また別業《べつぎょう》が山城国紀伊《きい》郡石原《いしはら》郷にあった。

なお、賀陽親王の創案した薫物方《たきものほう》があり、その名にちなんで「賀陽宮《かやのみや》」と名付けられた（『薫集類抄《くんじゅうるいしょう》』）。また、『今昔物語集』によると、賀陽親王は「極めた物の上手の細工であった」と称され、旱魃《かんばつ》の年に賀陽親王が建立した京極寺《きょうごくじ》の寺田《じでん》に丈四尺の童子《どうじ》で左右の手に器を捧げて立っている人形を造り、人がその童子の持っている器に水を入れると、一杯になり次第、顔にそそぐようになっていたので、見る人が面白がって、その器に水を入れたため、田には水が満ちて涸《か》れないですんだという。

残された賀陽親王の子孫である「左京の人幸身《ゆきみ》王と時身《ときみ》王」が、貞観十五年（八七三）に平朝臣の姓を賜わった。「賀陽親王の後（後裔）」とあるが、参議忠貞《ただざだ》王の子、つまり三世王

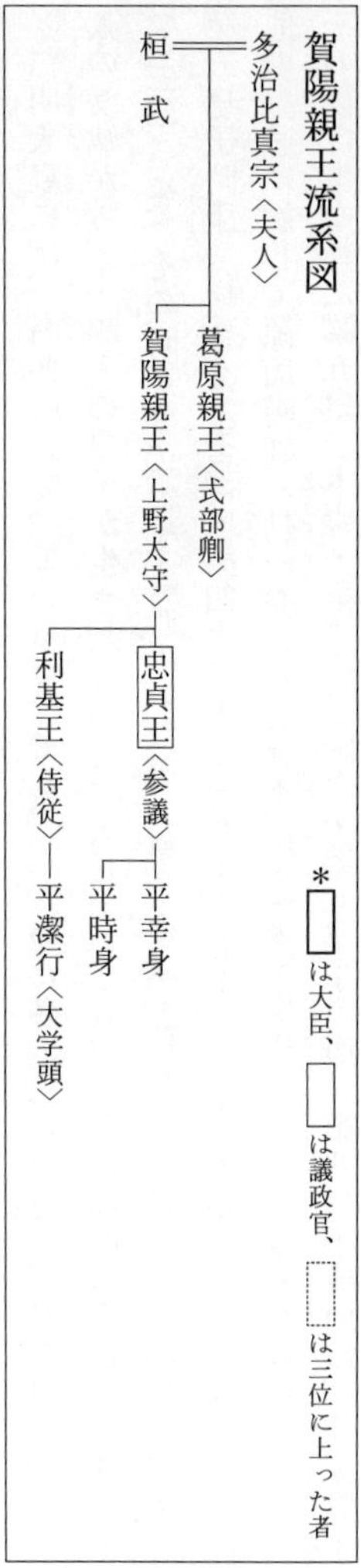

賀陽親王流系図

の可能性が指摘されている（林陸朗「桓武平氏の誕生」）。二人とも「左京の人」としか書かれていないので無位無官であり、その後も史料に見えない。

一方、元慶二年（八七八）には無位の潔行《きよゆき》王が平朝臣を賜わった。こちらは利基王の子とある。後に従四位上に上り、山城守《やましろのかみ》や大学頭に任じられている。

葛原親王流ではない桓武平氏

以上、葛原親王流ではない桓武平氏について眺めてきた。それぞれの平朝臣賜姓には、それぞれの事情と思惑があったことはわかるが、いずれの場合も、賜姓後の歩みは思ったとおりにはいかなかったようで、後の世代にまで官人を出し続けることはできなかった。

もちろん、子孫は残し続けたはずであり、血脈《けつみゃく》として断絶してしまったわけではなかろうが、少なくとも史料に現われるような地位に上ることはなかったのである（古記録《こきろく》には六国史と違って、下級官人まで登場するのだが）。

その意味では、実務官人として生きる道を求めた高棟流桓武平氏や、坂東《ばんどう》の地で武者としての道を探った高望流桓武平氏というのは、稀有《けう》な成功を収めた門流であったと言えよう。

2 仁明平氏

仁明平氏の誕生

仁明天皇には、名前のわかっているだけでも、六人の女御と二人の更衣《こうい》、五人の宮人と一人の女孺《にょじゅ》から、一四人の皇子が生まれている。天長十年（八三三）に即位《そくい》すると、承和元年（八三四）に、その時点までに生まれていた第一皇子道康《みちやす》（後の文徳天皇）・第二皇子宗康《むねやす》・第三皇子時康《ときやす》（後の光孝天皇）・第四皇子人康を親王としたうえで、翌承和二年（八三五）に他の皇子に対して源氏賜姓の勅《ちょく》を発した（倉本一宏『公家源氏　王権を支えた名族』）。ただ、その後に生まれた第五皇子本康《もとやす》・第六皇子国康《くにやす》・第七皇子常康《つねやす》・第八皇子成康《なりやす》は、親王宣下《しんのうせんげ》を受けている。

本康親王は、女御滋野縄子《しげののじょうし》（滋野貞主《さだぬし》の女）から生まれた。上野太守・弾正尹・兵部卿《ひょうぶきょう》

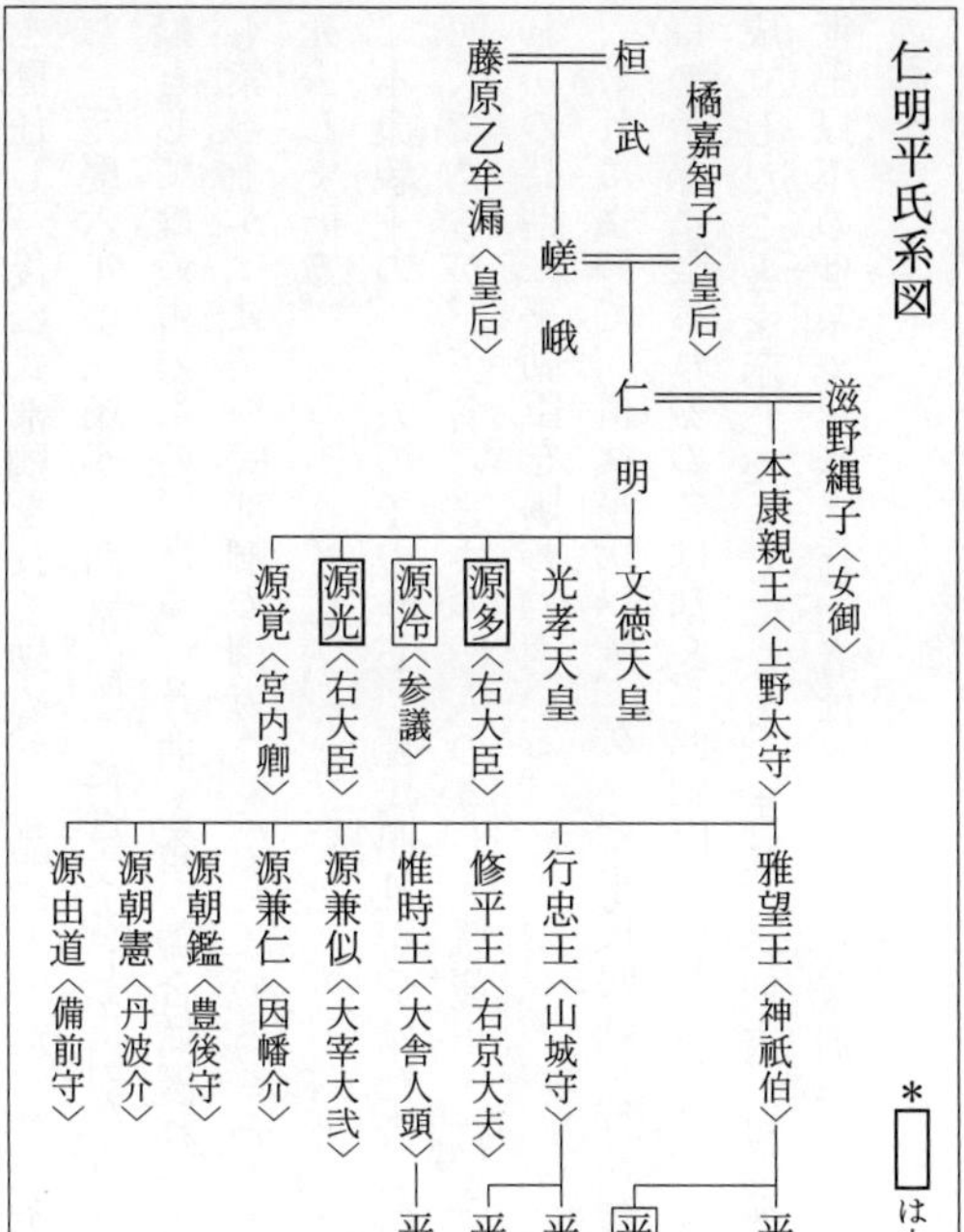

を歴任し、後に式部卿を長く勤め、一品に上った。『八条式部卿私記《はちじょうしきぶきょうしき》』という古記録のうち、元慶六年の三条が『西宮記《さいきゅうき》』に逸文《いつぶん》として引かれているが、これは年次のわかる古記録としては最古のものである。音曲《おんぎょく》や香の調合に優れており（『薫集類抄』）、『源氏物語《げんじものがたり》』でも紫の上が「八条の式部卿の御方」を伝えていることになっている。延喜二年（九〇二）に死去している。

本康親王の一〇人の子のうち、源氏賜姓を受けた者（二世王）が六人、王名のままの者が四人であるが、王名のままの四人のうち、雅望《まさもち》王・行忠《ゆきただ》王・惟時《これとき》王の子（三世王）が、いずれかの時期に平朝臣を賜わっている。

これによって、桓武平氏以降、久々に平氏賜姓が行なわれたことになり、平朝臣が桓武天皇の子孫に限られるのではなく、源朝臣と同じように、皇親が賜姓を受けた同族集団として成立したことを示したことになる。また、一世王（親王世代）と二世王（孫王）は源氏、三世王以下の世系《せけい》で賜姓された者は平氏という区別が生じることとなった（林陸朗「桓武平氏の誕生」）。

雅望王は、左馬頭や神祇伯《じんぎはく》を勤めた人物であるが、その子の希世《まれよ》と随時《よりとき》が平朝臣として臣籍に降下した。

清涼殿落雷（『北野天神縁起絵巻』．北野天満宮蔵．矢印が平希世）

仁明平氏の人びと

平希世は、六位蔵人《ろくいのくろうど》や左少将《さしょうしょう》・右馬頭《うまのかみ》を経て、従四位下右中弁《うちゅうべん》兼内蔵頭《くらのかみ》にいたった。能吏《のうり》として、また歌人としても有名であったが、延長八年（九三〇）、落雷によって、大納言《だいなごん》藤原清貫《きよつら》とともに内裏清涼殿《だいりせいりょうでん》で震死《しんし》した。希世は顔を焼かれて臥《ふ》し、半蔀《はじとみ》に載せられて陽明《ようめい》門から外に出され、車に載せられたが、ほどなく死去した（『日本紀略《にほんきりゃく》』）。希世は仏法を尊ばなかったため、死ぬことになったとも言われた（『九条右丞相遺誡《くじょううじょうしょうゆいかい》』）。後に清貫は菅原道真の怨霊《おんりょう》に蹴殺《けころ》されたと言われたものの（『皇代《こうだい》記《き》』）、希世と道真の関係は定かではない。

歌人としては、『後撰和歌集』『玉葉和歌集《ぎょくようわかしゅう》』に歌各一首が載せられている。また、昌泰《しょうたい》元年（八九八）の「亭子《ていじの》院女郎花合《いんおみなえしあわせ》」の後宴《ごえん》にも詠歌している。

また、『本朝文粋《ほんちょうもんずい》』に収録された紀長谷雄『亭子院賜飲《ていじのいんしいん》記《き》』によれば、延喜十一年（九一一）に宇多上皇が亭子院の水閣《すいかく》を開いた時、酒豪を選んで酒を下賜した。参議藤原仲平《なかひら》、兵部大輔《ひょうぶのたいふ》源嗣《つぐる》、左近少《さこんのしょう》将《しょう》藤原兼茂《かねもち》・藤原俊蔭《としかげ》、出羽守《でわのかみ》藤原経邦《つねくに》、兵部少輔《ひょうぶのしょう》良峯遠視《よしみねのとおみ》、右兵衛佐《うひょうえのすけ》藤原伊衡《これひら》、散位《さんい》平希世の八名が、勅命《ちょくめい》により競ったところ、六、七巡で満座が酩酊《めいてい》し、希世は門外に倒れ伏した。なお、一〇杯まで飲んだ伊衡が賞として駿馬を賜わった。

雅望三男の平随時は、寛平《かんぴょう》二年（八九〇）生まれ。母は中納言藤原山蔭《やまかげ》の女である。延長二年（九二四）に従五位下に叙爵《じょしゃく》され、遠江守《とおとうみのかみ》・防鴨河使《ぼうかし》・左衛門権佐《さえもんのごんのすけ》・春宮権《とうぐうごんの》亮《すけ》・修理大夫《しゅりだいぶ》などを歴任し、村上天皇が即位した天慶《てんぎょう》九年（九四六）に蔵人頭《くろうどのとう》に補され、天暦《てんりゃく》二年（九四八）に正四位下参議にいたった。天暦四年（九五〇）に大宰大弐《だざいのだいに》に任じられ、天暦八年（九五四）に任地で死去した。六十四歳（『公卿補任《くぎょうぶにん》』）。桓武平氏以外の平氏で、公卿に上ったのは、後にも先にも、この随時がただ一人の例である。

この随時も、本康親王の流れを受けて合香《あわせごう》に優れており、炮甲香《ほうこうごう》の調合法が伝えられている（『薫集類抄』）。なお、「東寺文書《とうじもんじょ》」所収「天慶五年四月二十五日東寺伝法供家牒《とうじでんぽうくけちょう》」に、随時の自署が残されている。

三世王の世代では、山城守行忠王の子の平佐幹《すけもと》が正五位下三河守《みかわのかみ》、平佐忠《すけただ》が正五位下安《あ》芸守《きのかみ》に任じられたことが、『尊卑分脈』から知られる。なお、佐忠は、藤原実資《さねすけ》の著わした『小野宮年中行事《おののみやねんちゅうぎょうじ》』が引く藤原実頼《さねより》の「故殿《ことの》の御記《ぎょき》」（『清慎公記《せいしんこうき》』）天慶元年四月十六日条に、賀茂《かも》斎院御禊《さいいんごけい》の前駆《ぜんく》を務めるはずであった右衛《え》門尉《もんのじょう》源忠光が伊勢《いせ》国に向かった替わりとして、改めて中務少丞《なかつかさのしょうじょう》平佐忠に命じたことが見えている。

大舎人頭惟時王の子の平在寛《ありひろ》は、中務少輔《なかつかさのしょう》を経て従四位下右京大夫に任じられた（『尊卑分脈』）。『主上御元服上寿作法抄《しゅじょうごげんぷくじょうじゅさほうしょう》』が引く『外記《げき》記』には、天禄《てんろく》三年（九七二）正月五日の円融天皇元服後宴において、少納言平在寛が、左大臣《さだいじん》源兼明《かねあきら》の「大夫達《まちきみたち》召せ」という命を受け、退出して参列者を召している記事が見える。

四世王の世代になると、その活動はほとんど史料に現われなくなる（これはほとんどの源氏でも同様である）。希世の子の平忠孝《ただたか》は大宰少監《だざいのしょうげん》（位階不明）、平忠依《ただより》は従五位下隼人正《はやとのかみ》と、何故か九州関係の官を得て『尊卑分脈』に見える。忠依は『除目大成抄《じもくたいせいしょう》』に蔵人所雑色《くろうどどころぞうしき》・宮内少丞《くないのしょうじょう》として見えるが、希世に続いて歌人としても有名で、『拾遺和歌集』に一首、入集している。位階は従五位下（『尊卑分脈』）。参議にまで上った随時の子も、平真生《まさき》は正五位下安芸守として『尊卑分脈』に見え、その子の仲政《なかまさ》は無位無官、その下の世代は名前も伝わらない。

佐忠の子の清忠《きよただ》は官位が伝わらないが、その子の業任《なりとう》は従五位下駿河守《するがのかみ》として『尊卑分脈』に見える。官人として名が伝わるのは、この世代までである。

以上、仁明平氏について述べてきた。いったい天皇の血を引く人びとが、こんな扱いを受けてもいいものだろうかと考え込んでしまうが、これは天皇が身分の低い女性から大量の皇子を儲けてしまったことの当然の報いなのである。高位を得る官人は代々、膨大な数が増え続けていくものの、それに相当する高官となると数が限られていた。政権を担当する藤原氏の官人も、代々、大量に増え続けているし、天皇ごとに新たな源氏が創出されてもいる。

独自の勢力基盤を持たず、ひとえに天皇の子孫であるということしか、高い地位に就く要因が存在しない平氏の官人は、天皇の世代が降ると、その時点での天皇との等親《とうしん》も離れていき、天皇とのミウチ関係は薄くなっていく。しかも、源氏とは違って、平氏を賜姓された時点ではすでにその時の天皇との等親は遠く、各天皇から公家源氏が生み出されていくことによって、天皇の父方ミウチ官人も新たに次々と生まれていく。

こうして平氏は必然的に没落していったのである。これでは皇親氏族として「天皇の藩《はん》屏《ぺい》」としての役割を果たせるはずもないことはもとより、子息に平氏賜姓を受けさせてその繁栄を望んだ父祖の望みも、はかなく消えてしまったのである。

3 文徳平氏

文徳平氏の人びと

文徳天皇は、女御八人、更衣一人、宮人九人から、一三人の皇子と一七人の皇女を儲けた。そして仁寿《にんじゅ》三年（八五三）、文徳は源氏賜姓の勅を発し、皇子八人と皇女七人が源氏とされた（『類聚三代格《るいじゅうさんだいきゃく》』）。

親王宣下《しんのうせんげ》を受けた皇子は五人、第一皇子惟喬《これたか》親王・第二皇子惟条《これえだ》親王・第三皇子惟彦《これひこ》親

文徳平氏系図

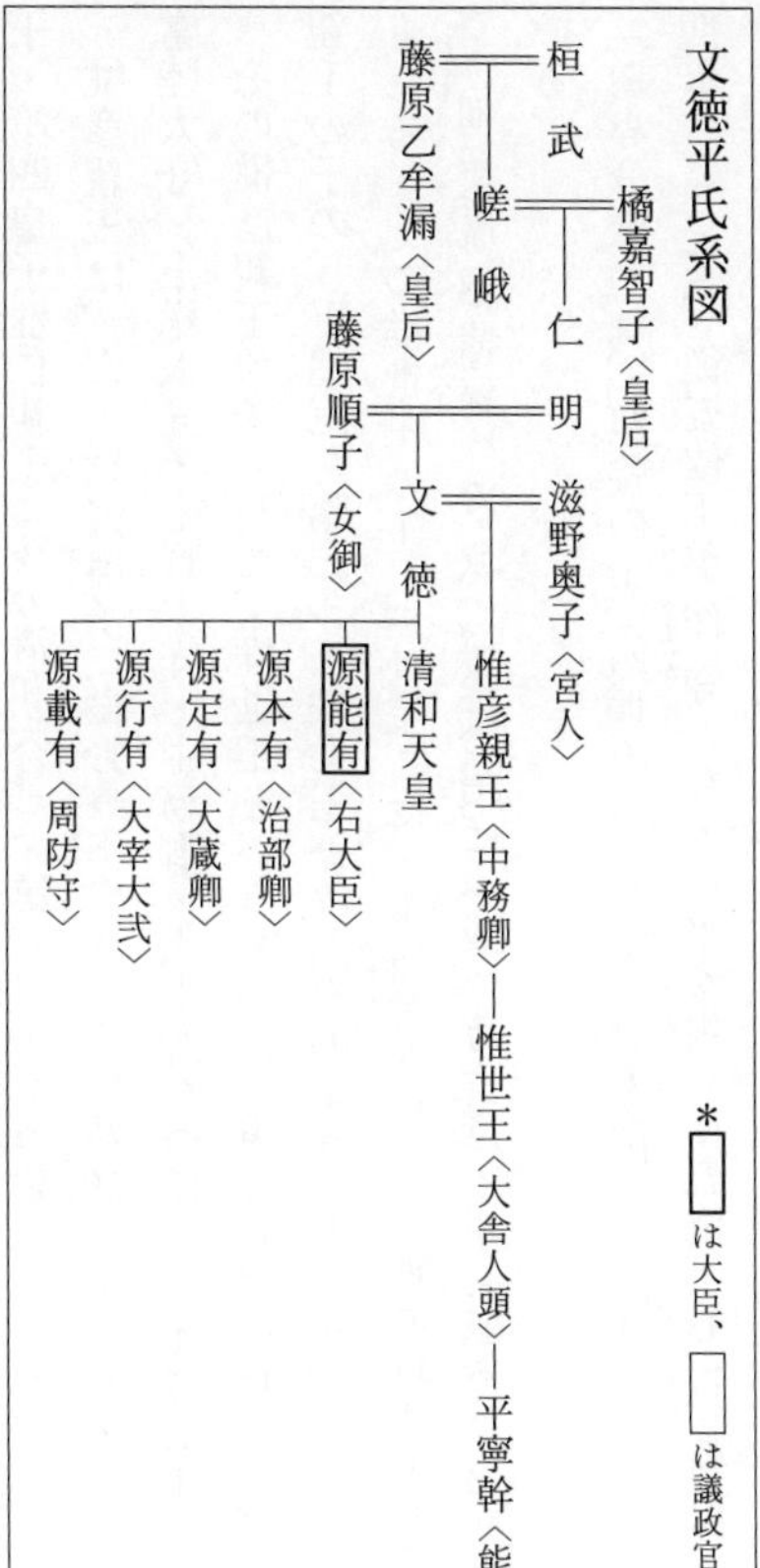

王・第四皇子惟仁《これひと》親王（後の清和天皇）・第五皇子惟恒《これつね》親王である。

惟彦親王は、宮人滋野奥子《おくし》（滋野貞主《さだぬし》の女）から嘉祥《かしょう》三年（八五〇）に生まれた。四品で常陸太守・上総太守・上野太守・中務卿・大宰帥を歴任し、元慶七年に三十四歳で死去した。

その惟彦親王の子として、惟世王という名が『尊卑分脈』に見える。桓武天皇の孫で仲野親王の子の、平朝臣を賜わった惟世王とは別人のようであるが、系譜が混乱している可能性もある。その惟世王の子（三世王）に、平寧幹《やすもと》がいて、従五位下能登守《のとのかみ》と記されている。『本朝皇胤紹運録《ほんちょうこういんじょううんろく》』でも、寧幹の項に「或いは惟彦の子と云う」と記していて、混乱している。

『尊卑分脈』は、寧幹の子（四世王）として、従五位下長門守となった平遂良《かつよし》、その子（五世王）として、従五位下美作守《みまさかのかみ》となった平安生《やすき》、従五位下右近将監《うこんのしょうげん》となった平安直《やすなお》を載せているが、真偽のほどは不明である。

なお、遂良は、『菅家文草《かんけぶんそう》』に、木工允《もくのじょう》平遂良が、亡父寧幹のために功徳《くどく》を修し、また慈母の六十歳を賀す法会《ほうえ》を仁和元年に禅居寺《ぜんきょじ》で行なった際の願文《がんもん》が載っている。菅原道真と遂良の関係は不明である。

4　光孝平氏

光孝平氏の誕生

陽成天皇の突然の退位によって、元慶八年二月に即位した光孝天皇は、女の佳珠子《かずし》が産んだ外孫《がいそん》の貞辰《さだとき》親王（陽成天皇の異母弟）を擁立しようという藤原基経の思惑に配慮し、その年の四月、伊勢神宮《いせじんぐう》の斎宮《さいぐう》（繁子《はんし》内親王）と賀茂《かも》社の斎院《さいいん》（穆子《ぼくし》内親王）を務めている二人の皇女を除く全員に姓を賜わって源氏とした。自己の皇子の皇位継承権を放棄したことを基経に示すという意図があったのであろう。

しかし、三年後の仁和三年（八八七）八月、死去の四日前に基経から東宮《とうぐう》を立てることを要請された光孝天皇は、臣籍に降下させていた第七子で二十一歳の源定省を親王に復して皇太子とした。そして定省親王は光孝天皇の死去の日に践祚して宇多天皇となった。光孝―宇多皇統《こうとう》の成立である。

当然のことながら、光孝天皇（時康《ときやす》親王）は即位の前に多くの王子女を儲けていた。清和天皇の貞観十二年（八七〇）、時康親王は上表して、「源氏の末」に編まれることを請うた。清和天皇はこれを許し、一四人に源朝臣の姓を賜わった（『日本三代実録』）。時康が親王の時

光孝平氏系図

＊□は大臣、□は議政官、□（点線）は三位に上った者、……は養子関係

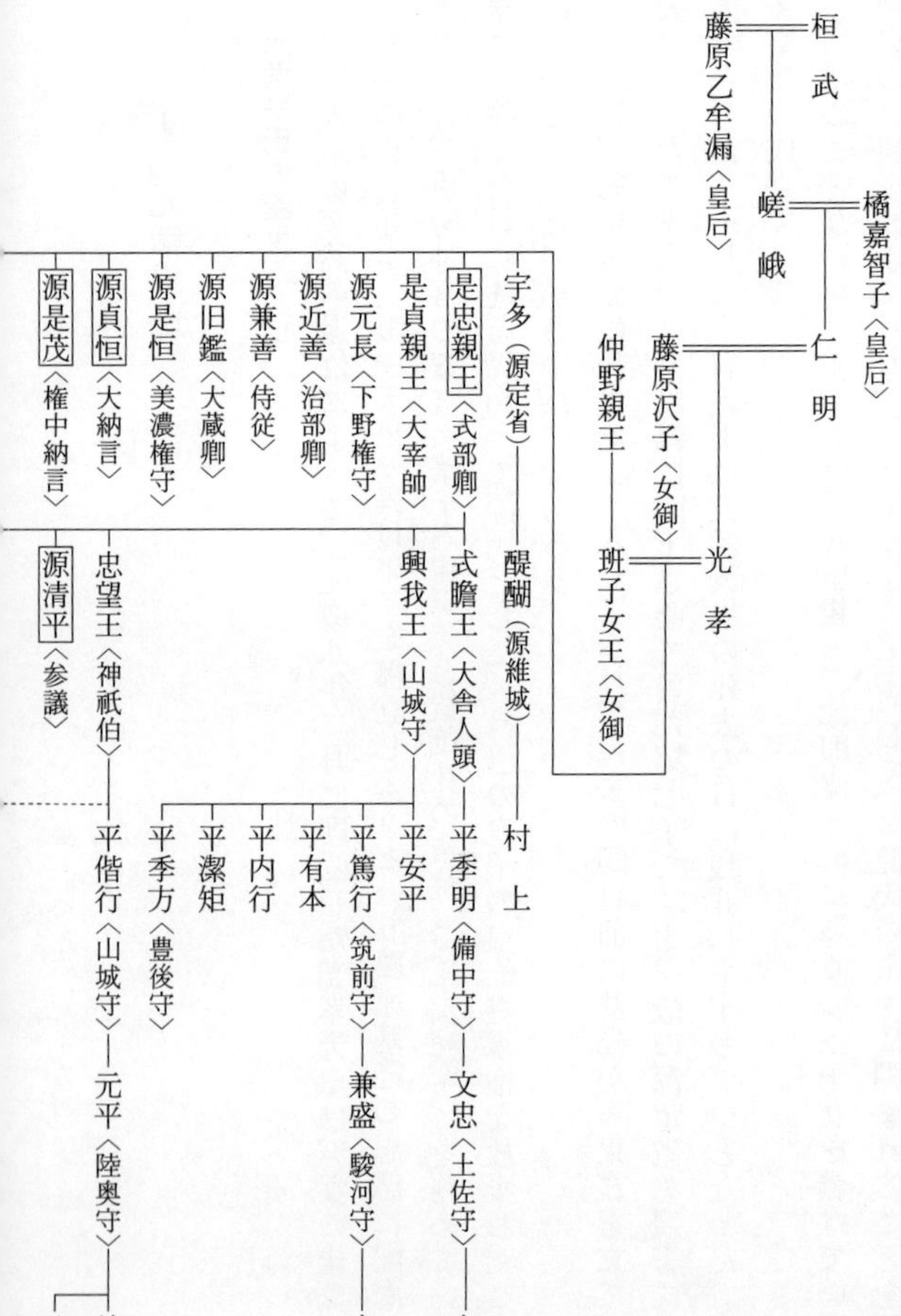

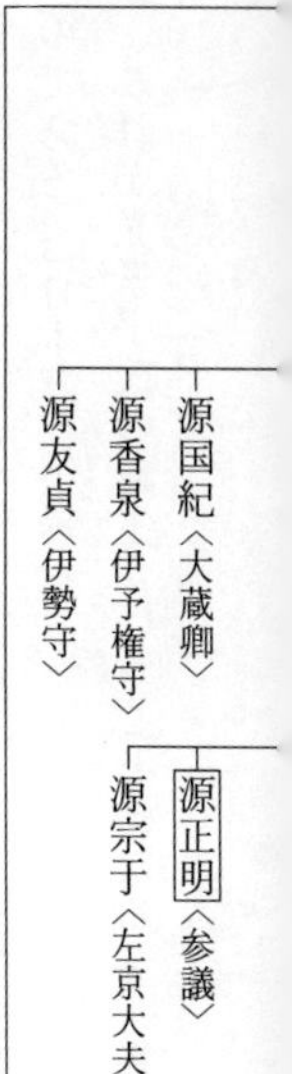

の賜姓であるから、これらは二世の仁明源氏として賜姓されたことになる。時康が即位した後には、改めて一世の光孝源氏ということとされた（倉本一宏『公家源氏　王権を支えた名族』）。

なお、是忠《これただ》・是貞《これさだ》・忠子《ちゅうし》・簡子《かんし》・綏子《すいし》・為子《いし》の六人は、宇多天皇が即位した後の寛平三年（八九一）に親王・内親王に復されている（『日本紀略』）。生母が班子女王で、宇多天皇と同母であることによる。

まず源是忠は、元慶八年、わずか二十八歳で参議に任じられた。それまでは左衛門佐《さえもんのすけ》だったのであるから、これは異数《いすう》の昇進と称さねばならない。是忠は同母弟の宇多天皇の代である寛平三年三月に三十五歳で中納言に上った。

しかし、是忠はその年の十二月、改めて親王に復され、三品《さんぼん》に叙された。官人としての昇進はここで止まったわけであるが、背後には次のような事情が存在した。この年の正月、太政大臣藤原基経が死去しており、その後継者の藤原時平はまだ二十一歳で、この年に参議に任じられたばかりに過ぎなかった。そのような情勢のなか、一一人の議政官《ぎせいかん》のうち、六人を源氏が占める、特に納言以上六人のうち四人を源氏が占めるという事態は、藤原氏にとっては上が詰まった状態と認識されたはずである。それを宇多天皇が忖度《そんたく》したのであろう。

是忠親王は、延喜六年の日本紀講書竟宴《にほんぎこうしょきょうえん》に際し、「甘樫《あまかし》の丘の探湯《くかたち》清ければ濁れる民も姓《かばね》すましき」の歌を詠《よ》んでいる。『日本書紀《にほんしょき》』で允恭《いんぎょう》の代に、正しく姓を名乗っている者を判別するために行なわれたという盟神探湯《くかたち》の歌を詠んだのは、いかなる思いの表われだったのであろうか。「南院親王《なんいんのみこ》」と号された是忠親王は、延喜二十二年(九二二)に六十六歳で死去している(倉本一宏『公家源氏　王権を支えた名族』)。

是忠親王の子(二世王)としては、二世の光孝源氏として臣籍に降下し、ともに参議に任じられた源清平《きよひら》と源正明《ただあきら》、右京大夫に任じられた源宗于《むねゆき》のほか、皇親に留まった従四位下大舎人頭の式瞻《しきせん》王、従四位上山城守の興我《こが》王、正五位下神祇伯の忠望《ただもち》王が知られる(『尊卑分脈』)。

この三人の二世王の子(三世王)が、平朝臣の姓を賜わって、平氏となった。ただし、賜姓の史料が残っているのは、興我王の子についてのみである。仁和二年(八八六)、従五位上山城守興我王の男である安平《やすひら》・篤行《あつゆき》・有本《ありもと》・内行《うちゆき》・潔矩《きよのり》の五人が、平朝臣の姓を賜わったのである(『日本三代実録』)。

これが光孝平氏の誕生ということになるが、式瞻王の子、忠望王の子の賜姓との先後関係

平兼盛邸（六条水閣）故地

は定かではない。

光孝平氏の人びと

先ほど挙げた興我王の子五人のうち、その後の消息がわかるのは、二男（『古今和歌集目録』）の篤行のみであり、他の四人は動静が伝わらない。篤行は文章生《もんじょうしょう》出身で、加賀守《かがのかみ》を経て従五位上筑前守《ちくぜんのかみ》兼大宰少弐《だざいのしょうに》にいたり、延喜十年（九一〇）に死去している。『古今和歌集』に一首、採られている。篤行の子が有名な兼盛《かねもり》であるが、それについては後に述べよう。

なお、平朝臣賜姓の記事には見えないが、『尊卑分脈』では、従五位上豊後守《ぶんごのかみ》と記されている平季方《すえかた》も、興我王の子とされている。

式瞻王の子としては、『尊卑分脈』に平季明《すえあき》が見える。天暦年間（九四七～九五七）に平朝臣を賜わったとある。正四位下という位階は高すぎるようである。備中守《びっちゅうのかみ》・民部大輔《みんぶのたいふ》・讃岐守《さぬきのかみ》に任じられた。なお、紫式部《むらさきしきぶ》の夫である藤原宣孝《のぶたか》は、女性関係も多かったが、そのうちの一人に季明の女がおり、間に藤原頼宣《よりのぶ》が生まれている。

忠望王の子としては、『尊卑分脈』に平偕行《ともゆき》と平中興が見える。偕行は従四位下山城守、中興は従五位上播磨守《はりまのかみ》とされる。中興は『古今和歌集目録』では「忠望王の二男、実は右大弁《うだいべん》季長の一男」とある。季長というのは桓武平氏高棟の子である。中興は何らかの事情で忠望王の養子になったのであろう（林陸朗「桓武平氏の誕生」）。偕行の孫の兼忠は肥後前司《ひごぜんじ》として『小右記《しょうゆうき》』に見え、公誠《きんざね》は『拾遺和歌集』に和歌が載せられている。

さて、篤行の子の兼盛である。『三十六人歌仙伝《さんじゅうろくにんかせんでん》』によると、天慶九年に従五位下に叙爵され、天暦四年、臣籍に降下して平朝臣となった。越前権守《えちぜんのごんのかみ》・山城介《やましろのすけ》・大監物《だいけんもつ》・駿河守を歴任し、正暦《しょうりゃく》元年（九九〇）に死去した。篤行の没年が延喜十年であるから、兼盛は八十余歳の長寿を得たことになる。大監物在任中に、受領《ずりょう》への任官を望んだ申文《もうしぶみ》を奉っているなど（『本朝文粋』）、官人としては不遇であった。

兼盛は三十六歌仙《さんじゅうろっかせん》の一人で、『日本紀略』には「歌仙である」と記されている。数々の歌合《うたあわせ》・歌会・大嘗会屏風歌《だいじょうえびょうぶうた》に和歌を奉っている。「天徳四年内裏歌合《だいりうたあわせ》」で壬生忠見《みぶのただみ》に勝った「忍ぶれど色に出でにけりわが恋はものや思ふと人の問ふまで」（『拾遺和歌集』）は有名である。『大和物語《やまとものがたり》』にも数多く登場し、『後撰和歌集』以下の勅撰集《ちょくせんしゅう》に八九首、入集したほか、家集に『兼盛集《かねもりしゅう》』がある。

なお、歌人として藤原道長《みちなが》長女の中宮彰子《ちゅうぐうしょうし》に仕え、『栄花物語《えいがものがたり》』の作者にも擬せられている赤染衛門《あかぞめえもん》は、赤染時用《ときもち》の女ということになっているが、実父は平兼盛であったとされる。兼盛室であった母が時用と再婚して間もなく生まれたのが彼女であり、両者がその認知をめぐって争ったという（『袋草紙《ふくろぞうし》』）。

平兼盛像（『後鳥羽院本三十六歌仙絵』．五島美術館蔵）

ついでに歌人というと、『改元部類記《かいげんぶるいき》』所引『外記記』に天禄元年（九七〇）の改元定《かいげんさだめ》に中務少丞として登場し、後に道長家の家司《けいし》（権勢家の家政を掌《つかさど》る職員）を勤め、越中守《えっちゅうのかみ》・駿河守として『権記《ごんき》』や『小右記』に登場する平祐《すけ》挙《たか》は、保衡《やすひら》の子で、中興の曾孫《そうそん》にあたる。『拾遺和歌集』に二首、『金葉和歌集《きんようわかしゅう》』『詞花和歌《しかわか》集《しゅう》』に各一首、入集している。

もう一つ、花山《かざん》天皇が退位後に皇子（昭登親《あきなり》王と清仁《きよひと》親王）を産ませたのは、平祐之《すけゆき》の女の中務《なかつかさ》と、その女で平祐忠《すけただ》の女の平子《へいし》である。この母子の父である祐之と祐忠は、名前から考えて光孝平氏ではないかと思うのだが、いかがであろうか。

以上、光孝平氏について述べてきた。賜姓を受けた本人も大して出世せず、その子孫はさらに低迷するのは、仁明平氏や文徳平氏と共通する特徴であるが、歌人として名を成した人物を輩出しているのは、せめてもの救いであろうか。もっとも、当時は歌人という職業があったわけではなく、官人としての栄達こそ、彼らの望みだったのであるが。

第三章　公家平氏の人びと

最初に述べたように、平氏のほとんどは後に「堂上《とうしょう》平氏」と称された高棟流桓武平氏である。彼らは朝廷で蔵人《くろうど》や検非違使《けびいし》、弁官《べんかん》などの中級官人（身分としては諸大夫《しょたいふ》）や下級官人（身分としては侍品《さむらいぼん》）として勤め、また古記録《こきろく》を記して「日記《にき》の家」と称された。いくつかの家は、幕末まで続いている（ということは、現在でも残っておられるということか）。

ここでは平安京《へいあんきょう》、特に太政官《だいじょうかん》を舞台とした公家平氏の勤務の実態を、古記録を読み解くことによって明らかにしていこう。

また、彼らの残した古記録についても、簡単に解説することにする。

1　公卿としての平氏

高棟流桓武平氏の第三世代である平時望と平伊望については、先に説明した。この世代では、時望よりも伊望の方が官位昇進で先んじており、次の第四世代では両方とも家格を下落させて没落しかかったものの、摂関期に生きた第五世代では、時望流の方に中納言《ちゅうなごん》平惟仲《これなか》と参議《さんぎ》平親信《ちかのぶ》という二人の公卿《くぎょう》が出て、結局、公家平氏はすべて時望の子孫ということになった。

まずは惟仲と親信という、対照的な歩みを示した二人について、それぞれどうやって公卿に上ることができたのかを、見ていくことにしよう。

平惟仲という生き方

惟仲は天慶《てんぎょう》七年（九四四）の生まれ。父は従四位上美作介《みまさかのすけ》平珍材、母は備中《びっちゅう》国英賀《あが》郡司《ぐん じ》の女《むすめ》とも（『尊卑分脈《そんぴぶんみゃく》』『古事談《こじだん》』）、讃岐《さぬき》国の人（『江談抄《ごうだんしょう》』）ともいう。なお、珍材は生没年不詳。母は藤原菅根の女の元姫ともいう。蔵人を経て、美作介にとどまっている。「天徳四年内裏歌合《だいりうたあわせ》」に出詠《しゅつえい》している。没後の正暦《しょうりゃく》二年（九九一）、惟仲の上奏《じょうそう》によって従三位

桓武平氏（高棟流）系図②

＊□は大臣、□は議政官、┊┊は三位に上った者

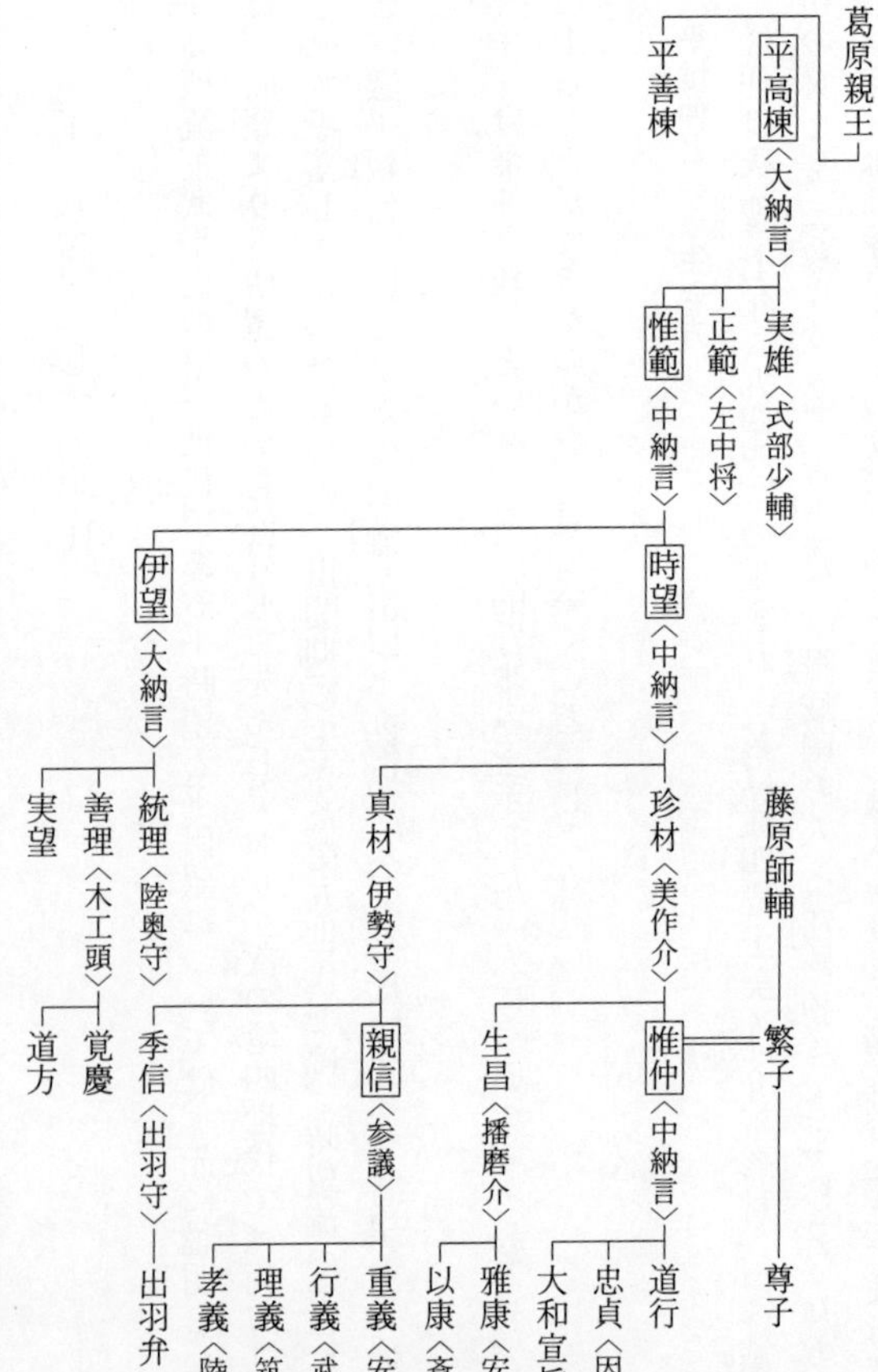

を贈られた。

惟仲は大学に入って、文章生《もんじょうしょう》から出身した。当時、公卿になるような家柄の人は、大学になど行かなくてもよかったのであるが、高棟流桓武平氏もこの世代ともなると、学生からスタートしなければならなくなっていたのである。そして円融天皇の天禄《てんろく》三年（九七二）に二十九歳で従五位下に叙爵《じょしゃく》された。以後、美作《みまさかの》権守《ごんのかみ》・肥後守《ひごのかみ》・大学頭《だいがくのかみ》を歴任し、一条天皇の永延《えいえん》元年（九八七）に右中弁《うちゅうべん》に任じられた。法華経《ほけきょう》の講義・念仏・作詩を行なった勧学会《かんがくえ》のメンバーでもあった。

ここまでは、学者出身の有能な実務官人としての歩みであったが（ただし、『北山抄《ほくざんしょう》』では「惟仲は故実《こじつ》を知らず、恥をかいた」と記されている）、この頃から摂政《せっしょう》藤原兼家《かねいえ》の家司《けいし》として重用され、藤原有国《ありくに》とともに「左右の御まなこ」と称されたという（『栄花物語《えいがものがたり》』）。実際、永延二年（九八八）に行なわれた東宮童相撲《とうぐうわらわすまい》では、惟仲が童長《わらわのおさ》に、兼家嫡孫《ちゃくそん》の藤原伊周《これちか》が右相撲長《みぎのすまいのおさ》に配されるなど、惟仲の重用を印象づけている（『小右記《しょうゆうき》』）。摂関家と公家平氏との関係は、すでにこの頃から始まっているのである。

また、『古事談』の説話ではあるが、兼家が関白《かんぱく》をどの子に譲ればよいのかを議したところ、有国は花山天皇出家の際の功績で藤原道兼《みちかね》を推したのに対し、惟仲は兄弟順で藤原道隆を推したという。ただ、道隆政権の誕生は、すでに既定の路線であったはずである。この後の惟仲の異数《いすう》の栄達を受けて作られた説話であろう（倉本一宏『古事談』）。

惟仲は正暦二年に蔵人頭《くろうどのとう》、翌正暦三年（九九二）にはついに参議に上り、道隆政権と中《なかの》関白家《かんぱくけ》の栄光を支えた。『枕草子《まくらのそうし》』「二月、宮の司に」でも、蔵人頭の藤原行成《ゆきなり》から餅餤《へいだん》（餅《もち》の中に鴨の卵や野菜を煮て包んだもの）を進上された藤原定子《ていし》たちが、持って来た下部《しもべ》に禄を与えるのか対応に戸惑っていた際、定子が「惟仲の声がしたけれど。呼んで聞いてごらん」と言うので呼ばせると、惟仲は威儀を正してやって来て、「そんなこともございません。ただ手もとにおいて食べるだけのことです」と、適切に答えた様子が描かれている。

道長政権が成立しても、相変わらず時勢を敏感に察知する能力を存分に発揮し、長徳《ちょうとく》二年（九九六）に権中納言《ごんちゅうなごん》、長徳四年（九九八）に中納言にまで昇進した。長徳三年（九九七）に惟仲邸に群盗《ぐんとう》が入っているのは（『小右記』）、何らかの恨みを買ってのことであろうか。

長保《ちょうほう》元年（九九九）正月には道隆長女である定子の中宮大夫《ちゅうぐうだいぶ》に任じられたが、道長長女である藤原彰子の入内《じゅだい》が明らかになると、七月にこれを辞任するという、変わり身の早さを見せている（『権記《ごんき》』『小右記』）。この間、藤原師輔の女で、一条天皇の乳母《めのと》を勤め、道隆の後に関白に補されてすぐに死去した道兼の妻であった繁子《はんし》と結婚している。

長保二年（一〇〇〇）に定子が死去し、惟仲は葬儀の上卿《しょうけい》として召されたが、参入してこなかった（『権記』）。その一方で、同じ長保二年、一条天皇生母の東三条院《ひがしさんじょういん》藤原詮子《せんし》（道長の同母姉）のためには、惟仲は自邸の三条第《さんじょうてい》を御所として提供するなど（『権記』）、相変わらずの追従《ついしょう》ぶりを見せている。

その惟仲に転機が訪れたのは、長保三年（一〇〇一）のことであった。大宰大弐《だざいのだいに》となっていた例の有国の後任として大宰権帥《だざいのごんのそち》を兼任することになり、任地に赴いたのである（当時、大宰帥《だざいのそち》には親王が任じられ、現地には大宰権帥か大宰大弐が下向した）。大宰府《だざいふ》は九州全体の租税《そぜい》を集積し、宋《そう》の海商《かいしょう》との交易《こうえき》を管轄できることと相まって、莫大な蓄財を行なうことも可能であった。これまで卓越した経済的手腕を発揮してきた惟仲が、目先の利益に目がくらんだのか、あるいはさらなる道長への奉仕を行なおうとしたのかは、定かではない。

しかし、そこには大きな罠《わな》が待っていた。長保五年（一〇〇三）八月、位階《いかい》も従二位にいたり、喜んだのも束《つか》の間、以前から何かと紛争を起こしていた宇佐八幡宮《うさはちまんぐう》が、惟仲の非法九箇条を太政官《だいじょうかん》に訴えたのである。その内容は、六年一度の行幸会《ぎょうこうえ》装束用例用物《しょうぞくようれいようぶつ》の勤仕《ごんし》を在地府司に下知していないこと、非例の責による勤仕により弥勒寺金堂《みろくじこんどう》の改造が停滞していること、宮司《ぐうじ》・神部《かんべ》らに対し府邸へ強引に召喚《しょうかん》したこと、大宰府使兼権検非違使《ごんのけびいし》が禁忌《きんき》に違反して神宮中に侵入したこと、惟仲が任命した弥勒寺権講師盛仁《ごんのこうじせいじん》の非行ならびに盛仁の弟子薫命《くんみょう》が女犯《にょぼん》したこと、惟仲が当宮に非例の行幸を命じ神宮中に物怪《もっけ》が絶えないこと、府国使が禁堺に侵入して宮司らを責め非例の銀や臨時雑役《りんじぞうやく》を徴収したこと、宮領・位田《いでん》・諸

宇佐神宮

封庄田を公田《こうでん》に勘返して町別絹二丈の官物《かんもつ》を徴収したため神供《じんぐ》が不能になったこと、大菩《だいぼ》薩《さつ》御《ご》料米《りょうまい》を帥館料米と称して押領《おうりょう》し神宮中に大宮司《だいぐうじ》大神邦利《おおみわのくにとし》を禁固《きんこ》したことで、これらの非例によって神宮中および国中に狐が充満していると訴えて、惟仲による非法の停《ちょう》止《じ》を求めた（『宮寺縁事抄《ぐうじえんじしょう》』所引「八幡大菩薩《はちまんだいぼさつ》宇佐宮司解《うさぐうじげ》」）。

宇佐八幡宮を府社化し、神領《しんりょう》を府領化しようとした惟仲と、大宰府や豊前国衙《ぶぜんこくが》の干渉を排斥して封郷を荘園《しょうえん》化し、さらにそれ以外の神領を不輸《ふゆ》化しようとする宇佐八幡宮との対立が、その背景に存在していたとされる。

十一月には宇佐八幡宮の神人《じにん》は惟仲の苛政《かせい》を上訴するために上洛し（『百練抄《ひゃくれんしょう》』）、寛弘《かんこう》元年（一〇〇四）三月には五〇〇人の神人が大内裏陽明門《だいだいりようめい》に押しかけて惟仲の非例を直訴した。すると惟仲は宇佐八幡宮の宝殿《ほうでん》を検封《けんぷう》した（『日本紀略《にほんきりやく》』『御堂関白記《みどうかんぱくき》』）。一方、この月には、邦利が下毛郡司《しもげぐんじ》膳　助頼《かしわでのすけより》を殺害したことなど邦利の非法が記された大宰府の解文《げぶみ》が京着した（『権記』）。大神氏と宇佐氏との間での宇佐八幡宮内部の権力抗争も勃発したのである。

六月には惟仲の釐務《りむ》は停止され、解任《げにん》された（『日本紀略』）。結局、惟仲は道長に見捨てられたことになる。七月には推問使《すいもんし》藤原孝忠《たかただ》を派遣することになったものの、なかなか下向しなかったので、道長の命を承けた惟仲の弟である平生昌《なりまさ》が大宰府に向かった（『小右記』）。

惟仲は現地に留まったものの、十二月に厠《かわや》で倒れて腰を折り、陰嚢《いんのう》が腫《は》れて前後不覚となって、翌寛弘二年（一〇〇五）三月、そのまま現地で死去した。人びとは宇佐八幡宮の祟《たた》りによって誅伐《ちゅうばつ》を降したものかと噂《うわさ》した。惟仲の遺骨は生昌が持って帰った（『小右記』）。

以上が惟仲の生涯である。それは摂関期という時代を生き抜いた、一つの生き方であったのであろう。彼を非難するのはたやすいが、この時代、少しでも出世しておかないと、子孫は確実に没落するのである。ある意味では、惟仲は見事に摂関期を生き抜いたということができよう。逆に言えば、この時代、こうやってでも生きないと、なかなかこの家からは公卿に上れなかったことになる。

大江匡房《おおえのまさふさ》による往生伝《おうじょうでん》である『続本朝往生伝《ぞくほんちょうおうじょうでん》』は、一条朝における各方面にわたる人

竹三条宮故地

材（「天下の一物《いちぶつ》〔逸物〕」）の輩出を語っているが、親王・上宰《じょうさい》（大臣）・九卿（公卿）以下、雲客《うんきゃく》（殿上人《てんじょうびと》）・管《かん》絃《げん》・文士《ぶんし》・和歌・画工・舞人《まいびと》・異能《いのう》（相撲人《すまいびと》）・近衛《このえ》（随《ずい》身《じん》）・陰陽《おんよう》・有験《うげん》の僧・真言《しんごん》・能説《のうせつ》の師・学徳・医方・明《みょう》法《ぼう》・明経《みょうきょう》・武士と八六人の人名が列挙されたなかに、公卿八人の一人として、惟仲は有国とともに、藤原実資・藤原斉信《ただのぶ》・藤原公任《きんとう》・源俊賢《としかた》・藤原行成・源扶義《すけよし》といった錚々《そうそう》たる面々と並んで、その名が入れられている。これらの公卿たちは、「朝《あした》には廊廟《ろうびょう》に抗議（議定《ぎじょう》）し、夕《ゆうべ》には風月に預参した」とあるように、安定した政務運営と盛んな文芸を評価されたものである。

なお、惟仲の子孫としては、官位不明の平道行《みちゆき》、従五位上因幡守《いなばのかみ》平忠貞《ただざだ》（実は源致治《むねはる》の子）、歌人として有名な大和宣旨《やまとのせんじ》が知られる（『尊卑分脈』）。どうも親の願ったとおりに子供は出世しないものである。大和宣旨の母は藤原忠信《ただのぶ》の女。藤原伊周嫡男《ちゃくなん》の道雅《みちまさ》と婚したが、離別の後、三条《さんじょう》天皇中宮《ちゅうぐう》で道長二女の藤原妍子《けんし》に中宮宣旨《ちゅうぐうせんじ》（筆頭女房）として出仕した。後に大和守《やまとのかみ》藤原義忠《よしただ》と再婚した。

　惟仲のただ一人の弟である平生昌についても述べておこう。生没年は不詳。この生昌も文章生から出身し、但馬守《たじまのかみ》・中宮大進《ちゅうぐうだいじん》・備中介《びっちゅうのすけ》・播磨介《はりまのすけ》を歴任した。長徳二年の「長徳の変」で大宰府に配流《はいる》されたはずの伊周が、ひそかに播磨《はりま》国から入京した際、生昌はこれを道長に密告した。なお、他に平孝義《たかよし》（親信の子）も密告を行なったことがうかがえる（『小右記』）。

　長保元年、中宮定子が懐妊《かいにん》すると、後見《こうけん》のない定子はやむなく下級の宮司《みやづかさ》である生昌邸（竹三条宮《たけさんじょうのみや》か）に移御することとなった（『権記』）。この行啓《ぎょうけい》の上卿を命じられた公卿たちも、ことごとく故障《こしょう》を申して参入してこなかった（『権記』『小右記』）。

　この生昌邸が中宮を迎えるだけの格式を備えたものではなかったことは、『小右記』に、「この宅は板の門屋《かどや》である。人びとが云ったことには、「未だ御輿《みこし》が板の門屋を出入りすることは、聞いたことがない」と」と記されていることからも明らかである。なお、『枕草子』「大進生昌が家に」は、この時のことを描いたものであるが、何ゆえに生昌邸に行かねばならなかったかには触れず、門が小さくて車を入れることができずに筵道《えんどう》を歩かなければならないと怒ったり、生昌をからかい続けたりする清少納言《せいしょうなごん》と定子付き女房たちであった。

　定子はこの生昌邸で脩子《しゅうし》内親王・敦康《あつやす》親王・媄子《びし》内親王を出産し、媄子を出産した長保二年十二月に後産《のちざん》が下りず、死去した（『権記』）。この頃には、「散位《さんい》平生昌朝臣宅」と表記されている（『日本紀略』）。

道長の栄華が確立しつつあるこの時期、これほど定子に奉仕し続けていたのでは、さらなる任官はなかなか望めなかったはずである。生昌もやむなく、道長に接近したようである。定子が死去して、義理も果たしたということなのであろう。寛弘元年には蔵人所《くろうどどころ》から金三百両を賜わり、唐物交易《からものこうえき》のために大宰府に派遣された。また、兄の惟仲と宇佐八幡宮との紛争を調停するために、道長の命を承けて大宰府に下向したりしていて、惟仲の遺骨を持って帰京した。寛弘五年（一〇〇八）や寛弘七年（一〇一〇）、寛弘八年（一〇一一）には道長の主宰する法華三十講《ほっけさんじっこう》の非時食《ひじじき》を担当している（『御堂関白記』）。

一方では、長保三年に行成が世尊寺《せそんじ》を供養した際にも、殿上人の食膳、寛弘五年に行成の女児の百日《ももか》の儀の食膳を担当するなど（『権記』）、官人社会での交流にも気を配っている。その甲斐あってか、長保四年（一〇〇二）には備中介《びっちゅうのすけ》、寛弘六年（一〇〇九）には播磨介《はりまのすけ》に任じられた（『権記』）。位階も正四位下にまで上っている（『尊卑分脈』）。

これが最後の任官になったようで、長和《ちょうわ》五年（一〇一六）には、「故播磨守（介）平生昌の宅が焼亡した」と見える（『日本紀略』）。兄の惟仲と比較すると、なんとも不器用な生涯を送ったものであるが、それでも何となく爽《さわ》やかな感がするのも、また事実であろう。けっして本人が望んだものではなかったのであろうが。

なお、生昌の子としては、『尊卑分脈』に正五位下安芸守《あきのかみ》の平雅康《まさやす》と従五位上斎院長官《さいいんのかみ》の平以康《もちやす》がいる。雅康は文章生から出身し、勘解由判官《かげゆのじょう》・六位蔵人《ろくいのくろうど》・縫殿助《ぬいどののすけ》（『権記』）、式部丞《しきぶのじょう》（『小右記』）として活動している。『千載和歌集《せんざいわかしゅう》』に一首、入集している。大江時棟《おおえのときむね》に文字を問うた説話が、『古事談』や『十訓抄《じっきんしょう》』に見える。

以康も文章生から出身し、六位蔵人に補されている（『小右記』）。

しかしいったいに、珍材流の平氏は、惟仲の後は没落したという感が強い。あまりに権力に接近しすぎると、その反動も大きいのであろう。世の人は宇佐八幡宮の祟りを云々したことであろうが、そうではなく、それは惟仲の活躍自体に原因が内在していたのであった。

平親信の仕事と栄達

華やかな「活躍」を見せた惟仲とは異なり、従兄弟《いとこ》である親信の歩みは、きわめて地味なものであった。そしてそのことが、かえって親信の子孫を実務官人を輩出する家として、後世まで存続させることとなったのである。

親信は、従四位下伊勢守平真材の二男として、天慶九年（九四六）に生まれた。母は従五位下越後守《えちごのかみ》藤原定高《さだたか》の女。真材は文章生から六位蔵人・右衛門尉《えもんのじょう》を経て、六十歳を過ぎて美濃守《みののかみ》に任じられた（『西宮記《さいきゅうき》』）。安和《あんな》元年（九六八）に六十九歳で死去している。兄の珍材と並んで、この世代における家格の下落は、覆いようもなかったのである。

親信は康保《こうほう》四年（九六七）に東宮雑色《とうぐうぞうしき》として出仕し、やはり大学に入って、天禄二年（九七二）に文章生に補された。円融天皇の六位蔵人・左衛門少尉《さえもんのしょうじょう》・検非違使《けびいし》を経て、天延《てんえん》三年（九七五）に従五位下に叙爵された。時に三十歳と、惟仲とほぼ同年齢であった。後に筑《ちく》後権守《ごのごんのかみ》・阿波守《あわのかみ》・右衛門権佐《えもんのごんのすけ》・防鴨河使《ぼうかし》・近江権介《おうみのごんのすけ》・越前守《えちぜんのかみ》・修理大夫《しゅりだいぶ》・皇太后宮権亮《こうたいごうぐうごんのすけ》・山城守《やましろのかみ》などを歴任し、一条天皇の長保三年に東三条院詮子の四十歳の算賀《さんが》で院司《いんじ》の賞として従三位に叙され、非参議《ひさんぎ》公卿の仲間入りをした。これまで修理大夫や受領《ずりょう》として四度の内裏《だいり》造営や勢多《せた》橋築造などさまざまな奉仕を行なったことによるものであった。この年、すでに五十六歳となっていた。

その後も長保五年に造宮賞（内裏造営の功績）で正三位、寛弘四年（一〇〇七）にも造宮賞で従二位に上り、惟仲と並んだ。寛弘七年には大宰大弐として任地に赴任している。そして三条天皇の長和四年（一〇一五）、ついに参議に任じられ、見任公卿《げんにんくぎょう》（議政官《ぎせいかん》）となった。七十歳の年のことである。しかし、後一条天皇の世となった長和五年、五月に上表《じょうひょう》して参議を辞任し、寛仁《かんにん》元年（一〇一七）六月に病（中風《ちゅうふう》）によって出家した後、死去した。七十二歳。

この間、六位蔵人・検非違使の任にあった時期の日記が残されている。『親信卿記《ちかのぶきょうき》』と称されているものがそれであり、子孫たちの日記と合わせて、『平記《へいき》』と呼ばれる。まさに親信こそ、「日記の家」の祖なのである。『親信卿記』は、現在では五世孫の平信範《のぶのり》が部類記《ぶるいき》から復原して書写した天禄三年から天延二年（九七四）までの三箇年の古写本《こしゃほん》四巻が、陽明文庫に伝わっている（山本信吉「『親信卿記』の研究」）。信範は『親信卿記』を「家の重宝」と称している。先般、訓読文を作成して「摂関期古記録データベース」（https://db.nichibun.ac.jp/ja/）として公開した際には、三年間で二六三条を数えた。これ以降も日記を記し続けていたのであろうが、それらは伝わっていない。

ただし、親信の子孫が、親信が六位蔵人を勤めていた時期の日記のみを伝えているのは、彼らの主な職が蔵人であったことと関連しているのであろう。なお、特に天延二年の日記は広く流布して、『天延二年記《てんえんにねんき》』と称され、宮内庁書陵部や東京大学史料編纂所などに所蔵されている。翻刻本としては、大日本古記録『平記』の刊行が始まった。

円融天皇の時代の史料は少なく、『親信卿記』はきわめて貴重な一次史料となっている。特に天皇に近侍する蔵人や、京中の治安に関わる検非違使の行動が伝わる史料としても貴重である。その記述は、感情の表出はほとんど見られず、時々は指図《さしず》を描きながら、坦々《たんたん》と政務や儀式の様子を記録するという、ひたすら実直に職掌をこなす能吏《のうり》のものである。蔵人が日々に記した殿上日記《てんじょうにっき》をしのばせるものであるとの評価もある（山本信吉「『親信卿記』の研究」)。したがって、あまり面白いものではないのだが、これも親信の人柄によるものであろう。この著述態度も、『平記』の特色として、子孫に受け継がれていくことになる。これが政務や儀式を宮廷社会や後世に伝えるという、古記録というものの本来の姿なのである。

あえて面白い記事を捜すと、摂政藤原伊尹《これまさ》が天禄三年十一月に死去して、円融天皇が次の執政の座を、大納言《だいなごん》藤原兼家をさしおいて、当時の序列で九番目、その年の閏《うるう》二月に参議から権中納言に任じられたばかりの藤原兼通《かねみち》と定めるまでの経緯が、詳しく記録されている箇所であろうか。

これに関しては、『大鏡《おおかがみ》』の流布本系諸本に、兼通が、村上天皇中宮で円融天皇の生母であった妹の藤原安子《あんし》に、生前、「関白は兄弟順に任ぜよ」という「御文」を書かせて首からぶら下げ、これを円融天皇に見せることによって、関白に任じられたという有名な「説話」がある。

その写本《しゃほん》の性格から、国文学界ではあまり顧みられていないにもかかわらず、どういうわけか、ほとんどすべての日本史の概説書に記述されている。これだけでは、本当にこんな話があったのかと思う人も出てくるところであるが、『親信卿記』(と藤原済時《なりとき》の『済時記《なりときき》』)の存在によって、その創作性が明らかとなるのである。

『親信卿記』天禄三年十一月二十六日条では、

その次いでに内大臣《ないだいじん》の召仰《めしおおせ》が行なわれた。外戚《がいせき》の重さと、前宮（安子）の遺命《いめい》によるものである。

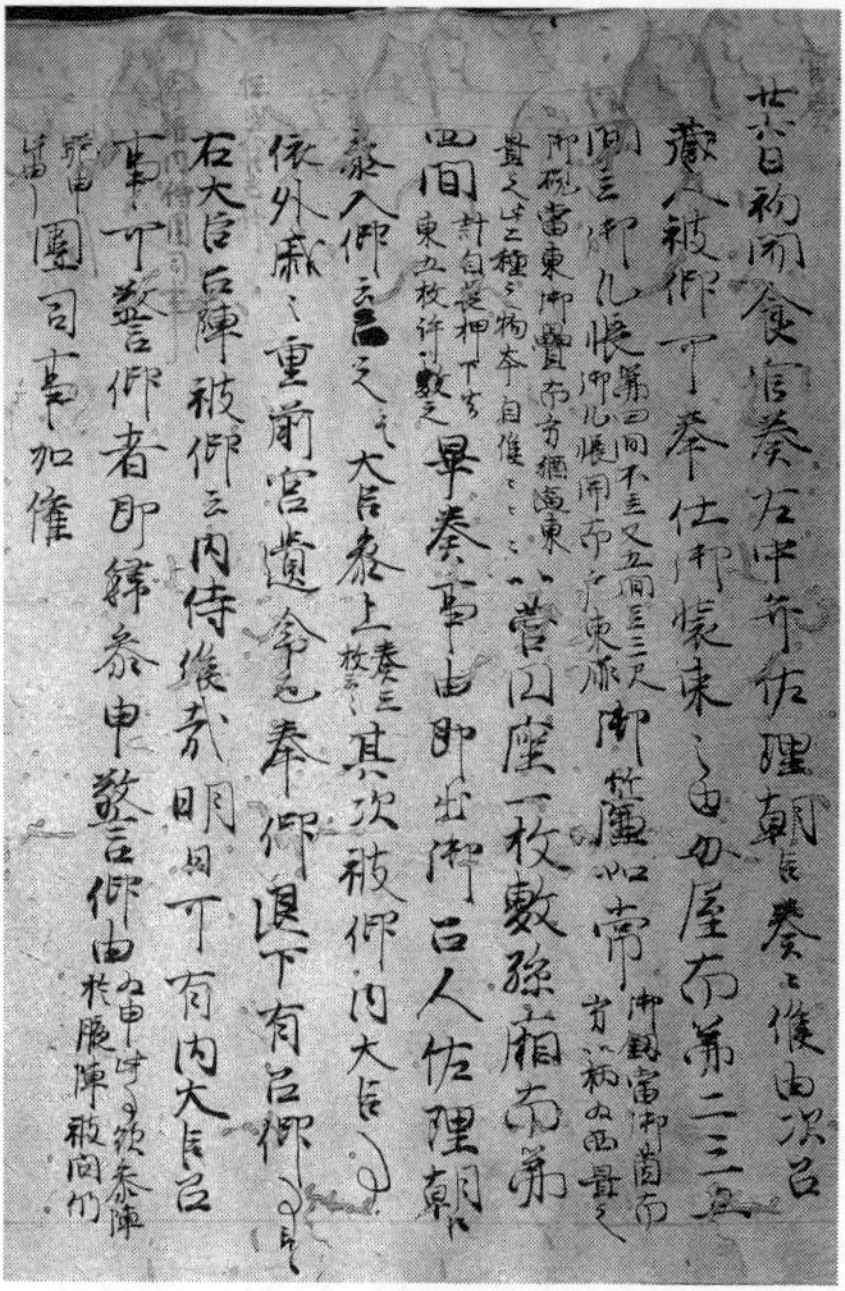

『親信卿記』（天禄三年十一月二十六日条．陽明文庫蔵）

とあり、書き付けではなく、遺命を根拠として大臣の座に就いたことになる。遺命の内容としては、安子が死去した段階では、まだ公卿の一員でもなかった兼通や兼家の「兄弟順の政権担当」を遺言するというのも不自然である。兼家に官位を逆転されそうな兼通に対して、安子がそれを憂慮する言辞でも語ったといったところか。それを巧みに持ち出して、兼通は円融天皇の情に訴えたのであろう（倉本一宏「藤原兼通の政権獲得過程」）。

なお、『親信卿記』では、摂政太政大臣《だいじょうだいじん》藤原伊尹（「殿下《てんが》」）家に頻繁に出入りしている記事が見え、また天延二年には、伊尹男の「後少将《のちのしょうしょう》」義孝《よしたか》（行成の父）の死去に際し、九月十五日の重病による内裏退出から、十六日の死去、延々と続く法事、遺産の整理にあたっている記事があることから、伊尹家の家司的な役割を担っていたと考えられている（山本信吉『親信卿記』の研究」）。

このような縁から、行成とも交流があり、行成はしばしば、親信の三条《さんじょう》の宅を方違《かたたがえ》に訪れている（『権記』）。後に親信は、行成が建てた世尊寺《せそんじ》の土地の一部を譲り受けて、平安京北辺の五辻《いつつじ》の地に尊重寺《そんちょうじ》を建立した（『世尊寺縁起《せそんじえんぎ》』）。本尊は親信が大宰府観世音寺《かんぜおんじ》で造顕《ぞうけん》した丈六《じょうろく》の不動明王《ふどうみょうおう》像である。

伊尹の後も、兼通・頼忠《よりただ》・兼家・道隆・道長、そして頼通と、分け隔てなく歴代の執政者に実直に仕え、その信任を得ているのは、まことにあっぱれな官人人生であった。

尊重寺（奥）・世尊寺（手前）模型（京都市歴史資料館蔵・京都市平安京創生館展示）

大宰大弐時代の話としては、寛弘七年に前《さきの》大宰《だざいの》少弐《しょうに》藤原永道《ながみち》に交替政《こうたいせい》を行なうことを申請したことが、『北山抄』の引く『一《いち》条天皇御記《じょうてんのうぎょき》』に見える。たった二条の記事しか伝わっていない『一条天皇御記』にその名が登場するというのも、親信の遺徳であろう。長和元年や長和二年（一〇一三）には、三条天皇や中宮藤原妍子、道長に唐物《からもの》を献上している（『御堂関白記』）。

なお、長和二年には豊後守《ぶんごのかみ》藤原孝理《たかまさ》が、大宰大弐親信の苛政に堪えられないとして入京してくるという事件が起こっている。親信の子で道長の家司を勤めていた平理義《まさよし》と平重義《しげよし》は、愁訴《しゅうそ》が朝廷で表沙汰《おもてざた》にならないよう、道長の御教書《みぎょうしょ》を添えて下向することを請うたが、道長は、「これまでたびたび、親信に書状を送ったのに承引《しょういん》することはなかった。その際に私の言う事を聞き入れて配慮していれば、このような事にならなかったのである。私はもう口入《こうじゅ》するわけにはいかない。関係者で相談するように」と突き放したが（『御堂関白記』）、理義と重義が孝理と折衝し、親信がみずから辞任することで、穏便に解決したようである（『小右記』）。この事件でも、惟仲との差が際立ってくる。ちなみに、親信の替わりに大宰権帥《だざいのごんのそち》に任じられたのが、中納言藤原隆家《たかいえ》である。今となっては、親信の時代に「刀伊《とい》の入寇《にゅうこう》」が起こらなかったことは、幸いなことであったと思わざるを得ない。

また、長和四年には、世尊寺で親信の七十歳の算賀《さんが》の法事《ほうじ》が行なわれ、道長も僧の食事を送っている（『御堂関白記』）。長和四年には、参議として着陣《ちゃくじん》の儀を行なったが、「腰病が有るので、人に扶《たす》けてもらって参った」とある（『御堂関白記』『小右記』）。これも人徳であろうか。これなども、廟堂《びょうどう》の長老として、親信が尊重されていたことを示している。この翌年には、致仕《ちし》して参議を辞し、藤原実資の養子である資平《すけひら》の参議任官をはかろうとするなど（『小右記』）、その気配りは晩年にいたるまで変わるところはなかった。みずからの参議任命の際に、早期に辞任して資平を後任にすることについて、実資と密約を結んでいたものとされる。

面白い例としては、祖父の平時望が源雅信《まさのぶ》を占って、必ず従一位左大臣《さだいじん》になる相であるので、自分の子孫も挙げ用いられるだろうと占った話が、時望家に伝えられ、時望の孫である親信から親信四世孫の時範《ときのり》に伝わったという説話もある（『江談抄』『古事談』）。親信が登場することで、説話の信憑性を高めているのである。

親信の子としては、『尊卑分脈』には、従四位下安芸守重義、従四位下武蔵守《むさしのかみ》行義《ゆきよし》、従五位下筑前守《ちくぜんのかみ》理義の三名が見える。他に陸奥守《むつのかみ》孝義の名も確認できる。

一男の重義は、東三条院判官代《ひがしさんじょういんはんがんだい》・上野介《こうずけのすけ》・安芸守を歴任し、長和四年に道長の侍所《さむらいどころ》の職事《しきじ》として従四位下に叙された。上野介として道長に馬を貢上したりしている（『御堂関白記』）。行成が重義の五条《ごじょう》の宅や三条の宅に方違を行なっている例もある（『権記』）。三条の宅は、親信から相続したものであろうか。

道長に遣わされて、実資や行成を見舞ったりもしている（『小右記』『権記』）。道長の後には、五男の藤原教通《のりみち》に仕えたようである（『小右記』）。万寿《まんじゅ》元年（一〇二四）には、実資の女の千古《ちふる》の着裳《ちゃくも》の儀に参列し、「饗所《きょうしょ》の上戸《じょうご》については、飲酒を行なった」と記されている四人のなかに名が見えるように（『小右記』）、酒が強かったらしい。

二男行義の母は美濃守源通理《みちまさ》の女。この行義も道長の家司として見える。六位蔵人兵庫《ひょうごの》助《すけ》（『本朝世紀《ほんちょうせいき》』）から従四位下にいたり、寛弘元年頃に武蔵守に任じられた。寛弘四年には、五条《ごじょう》のあたりにあった家が焼亡《しょうぼう》している（『権記』）。

横笛《よこぶえ》の名手であったことが、『御堂関白記』『小右記』や、『枕草子』『紫式部日記《むらさきしきぶにっき》』に見える。長和四年の禎子《ていし》内親王着袴《ちゃっこ》の儀では、道長が行義の笛を召し取り、敦明《あつあきら》親王に吹かせるという一幕もあった。寛仁《かんにん》元年に親信が死去してから一箇月後、行義も疫病《えきびょう》で死去した(『小右記』)。

三男の理義も道長の家司だったようである。道長の後は頼通に仕えたようで、重義とは別の道を歩んでいる。もしかしたら、道長の後継者が頼通・教通のどちらに転んでもいいようにとの親信の配慮であろうか。六位蔵人式部丞から、寛弘六年頃に三河守《みかわのかみ》、寛仁四年(一〇二〇)から治安《じあん》三年(一〇二三)にかけて筑前守として見える。

蔵人であった正暦四年(九九三)には数々の儀式で失態を演じ、「失誤は最も甚しかった」と非難されている(『小右記』)。寛弘元年には、石清水八幡宮《いわしみずはちまんぐう》に神馬使《じんめし》を奉ることになっていた際、犬の死穢《しえ》が有ったと道長に報告したが、道長が見に行かせたところ、虚偽であったことが発覚した。道長は、「理義はとんでもない者である」と怒っている(『御堂関白記』)。

治安三年に道長の姻戚《いんせき》(源明子《めいし》の兄)である大宰権帥源経房《つねふさ》が任地で死去すると、筑前守の任にあった理義は、経房の納所《なっしょ》(官物や年貢《ねんぐ》を納入する所)を検封《けんぷう》し、経房の妻に印鎰《いんやく》を出すよう責めたてた。妻はこれを道長に訴え、道長は理義を勘当《かんどう》している(『小右記』)。

四男の孝義は、長徳二年に大宰権帥に左遷された藤原伊周の入京を密告して加階《かかい》された。当時は右馬助《うまのすけ》とある（『小右記』）。なお、『栄花物語』では、この密告を親信が、密告などは東夷《あずまえびす》や下賤《げせん》な物売り女のすることと言って非難したことになっている。「東夷」のなかには、同族の高望流武家平氏も含まれているのであろうか。

政務や儀式はそつなくこなしていたようで、寛弘五年に相模守《さがみのかみ》に任じられた。しかし、寛仁元年に国分寺《こくぶんじ》の砂金未納が問題になった（『小右記』）。治安元年（一〇二一）には四条《しじょう》の宅が焼亡している。砂金問題は解決したようで、治安三年には陸奥守として見える（『小右記』）。ここでも金の貢上が問題となっており、万寿二年（一〇二五）に馬を道長・頼通・教通・実資・行成に、万寿四年（一〇二七）には檀紙《だんし》を実資に贈っているのも（『小右記』）、その解決をはかるためであろうか。

これらの子のなかで、行義の子孫が「日記の家」として続いていくのであるが、その要因は、よくわからない。嫡子《ちゃくし》である重義の子孫は、比較的後まで残るのであるが、いずれも受領を勤めており、行義の子孫が中央で実務官人を勤め続けたことが、家の存続につながったのであろう。

なお、親信の弟には、従五位下で出羽守《でわのかみ》や播磨守を勤めた季信《すえのぶ》がいる（『小右記』）。あまり活動が見えない人であるが、季信の女が、歌人で『栄花物語』続編の作者にも擬せられる出羽弁《でわのべん》である。一条天皇の中宮藤原彰子（上東門院《じょうとうもんいん》）や後一条《ごいちじょう》天皇の中宮藤原威子《いし》、その所生の章子《しょうし》・馨子《けいし》内親王に仕えた。家集に『出羽弁集《でわのべんしゅう》』がある。

以上、親信流の繁栄を眺めてきた。後世、親信は子孫からも尊重された。信範の記録した『兵範記《へいはんき》』によると、信範の子である平信義《のぶよし》が式部省試《しきぶしょうし》（文章生となるための試験）を受ける際、親信の臂袋《ひじぶくろ》を懸けて出立《しゅったつ》させている。この臂袋は重代《じゅうだい》の物として伝わっているとのことである。

かように子孫が繁栄し、その祖として崇められたにつけても、親信はその甲斐があったというものであろう。

如意寺について

ここで公家平氏の歴代墓地が営まれた如意寺《にょいじ》について述べておくこととしよう。如意寺は山城《やましろ》国愛宕《おたぎ》郡内の「白河《しらかわ》の東山《ひがしやま》」（『拾芥抄《しゅうがいしょう》』）、現在の京都市左京《さきょう》区に所在した、園城寺《おんじょうじ》（三井寺《みいでら》）別院の天台《てんだい》寺院である。園城寺に残された古絵図「園城寺境内古図《おんじょうじけいだいこず》」如意寺幅によれば、東は近江《おうみ》の園城寺背後の長等《ながら》山から西は東山鹿ヶ谷《ししがたに》にいたるまで、約八キロにわたる如意ヶ嶽《にょいがたけ》の山中一帯に、園城寺東口からは東門《ひがしもん》・不動堂《ふどうどう》・楼門《ろうもん》・法華堂《ほっけどう》・講堂《こうどう》・常行堂《じょうぎょうどう》・三層塔婆《とうば》・本堂《ほんどう》（本尊《ほんぞん》は千手観音《せんじゅかんのん》像）など二十余の堂舎、西口鹿ヶ谷からは総門《そうもん》・楼門・楼門滝・宝厳院《ほうごんいん》など、南口藤《ふじ》の尾《お》からは楼門・正宝院《しょうほういん》・西方院《さいほういん》・深禅院《しんぜんいん》・大慈院《だいじいん》など、多数の堂塔が点在していた（『京都市の地名』）。近年、山中から、本堂および深禅院・大慈院・宝厳院のものとみられる建物基壇・礎石・石垣・瓦《かわら》・土器片・石塔片などが調査・採集されており、あちこちに堂塔の跡と見られる平場が点在している。

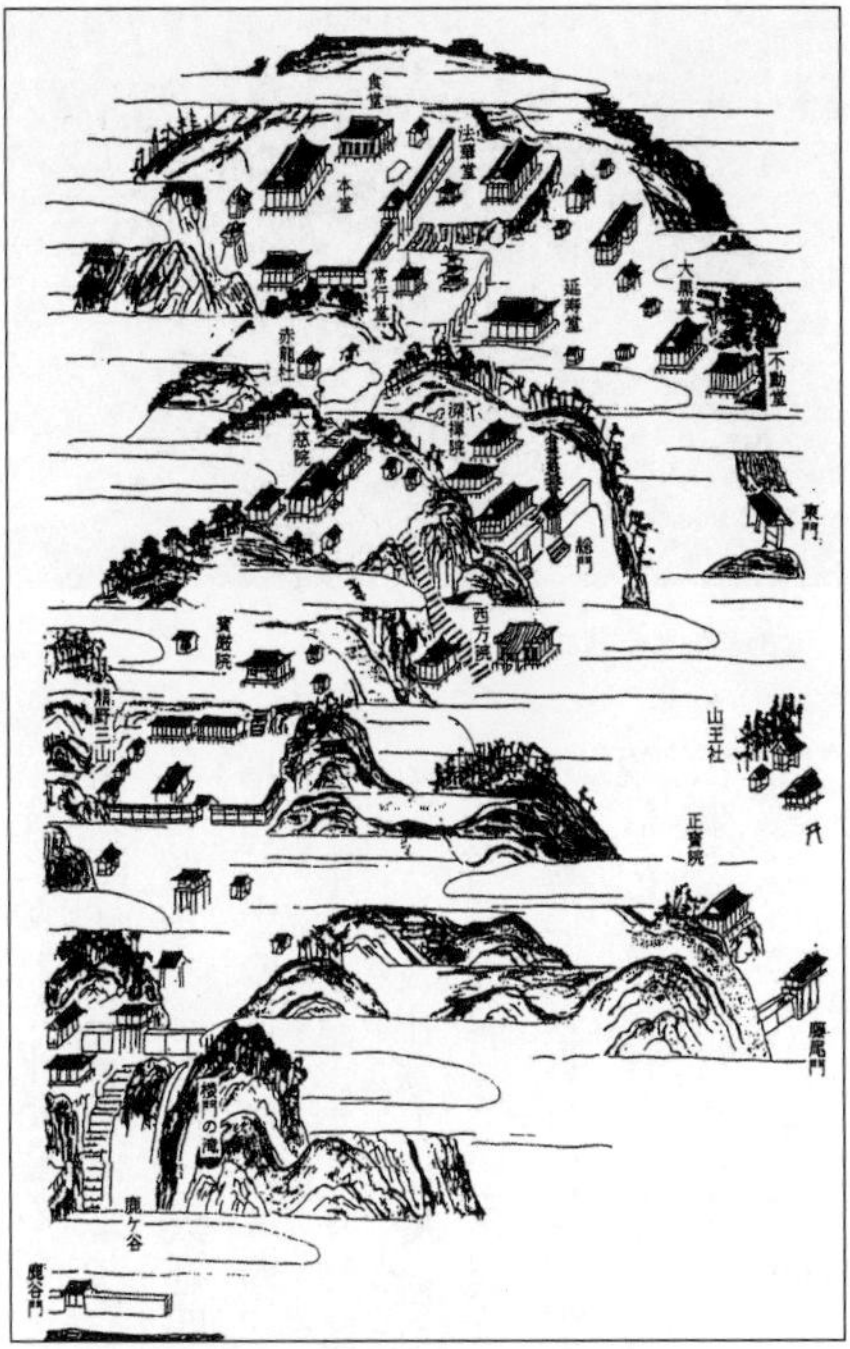

「園城寺境内古図」如意寺幅（京都国立博物館蔵．江谷寛「山間寺院の特質」より）

如意寺本堂故地

先に触れた平時望の七々忌仏事が行なわれたという『貞《てい》信公記抄《しんこうきしょう》』天慶元年（九三八）四月十三日条が、確実な初見である。その後、天延四年（九七六）、当寺に住した僧増祐《ぞうゆう》が寺の付近に穴を掘って念仏往生《ねんぶつおうじょう》を遂げており（『日《に》本往生極楽記《ほんおうじょうごくらくき》』『今昔物語集《こんじゃくものがたりしゅう》』『扶桑略記《ふそうりゃっき》』）、寛和《かんな》二年（九八六）に出家した慶滋保胤《よししげのやすたね》（寂心《じゃくしん》）も居住し、長保四年に当寺で没している（『続本朝往生伝』『今昔物語集』）。

平親信の父真材や母の墓もあったらしく、天延二年には親信が墳墓を拝し、新堂で誦経を修したり、忌日の供養の仏事を行なったりしている（『親信卿記』）。その後、建保《けんぽう》年間（一二一三～一九）に僧正公胤《そうじょうこういん》が初代の門跡《もんぜき》となった。建武《けんむ》三年（延元《えんげん》元年、一三三六）の兵火で焼失し、一時は小規模の復興をみたが、その後廃絶した（『平安時代史事典』）。

慈照寺《じしょうじ》（銀閣寺《ぎんかくじ》）背後の如意ヶ嶽から登ろうとすると、大変なことになるが、比叡平のバス停からなら、楽に故地にたどり着くことができたものの、先年の台風で道が崩落してしまっていた。

2　実務官人としての平氏

親信流公家平氏

高棟流桓武平氏のうち、平親信の子孫は、実務官人として宮廷政治を支え、独自の地歩を確立した。かつては公卿を出し続けていた家ではあったものの、ふたたび公卿を輩出するには、武家の平家政権の余慶を待たなければならないなど、かなりの時間を要したとはいえ、宮廷社会における彼らの重要性は、減じることはなかったのである。

院政《いんせい》期になると、氏が家に分化され、家ごとの性格付けと格付けが行なわれるようになった。また、全官庁機構の再編成が進められ、特定の氏族や家が特定官職に世襲的に補任され、さらに特定の氏族が特定官庁を世襲的に運営する傾向が生まれた。職と家の結合であり、官職・官庁の世襲請負であって、これを官司請負制《かんしうけおいせい》と称する（佐藤進一『日本の中世国家』）。家《か》業《ぎょう》の成立である。

公家平氏にとっては、摂関期以来、家司として摂関家に奉仕し、また弁官として太政官政治を担い、蔵人や検非違使として実務を支えるといった職務を、みずからの家業と定めたのであろう。

ここでは、『平記』をはじめとする彼らの記録した日記については、次節で述べることとして、まずは親信流公家平氏の歩みを、家流《かりゅう》ごとに眺めていくことにしよう。

親信の子の世代については、先に述べた。親信嫡男である重義の子としては、平教成《のりしげ》と平棟仲《むねなか》が知られる。教成は生没年不詳。『尊卑分脈』には、母は関白藤原道隆の女とある。蔵人所《くろうどどころ》雑色《ぞうしき》から六位蔵人・左衛門尉《さえもんのじょう》を経て、従五位上で紀伊守《きいのかみ》に任じられ、承暦《じょうりゃく》四年(一〇八〇)に出家した(『水左記《すいさき》』)。

『御堂関白記』では、長和五年の賀茂斎院御禊《かもさいいんごけい》に際して、蔵人所《くろうどどころ》の前駆《ぜんく》として藤原道長に馬を借りに来ている。同じ年の賀茂臨時祭《かもりんじさい》では、隠れて姿を見せず、除籍《じょしゃく》に処されている。

教成の子の基綱《もとつな》は従五位下伊勢守であったが(『殿暦《でんりゃく》』)、これも『後拾遺和歌集《ごしゅういわかしゅう》』に歌一首が入集している。その子の家能《いえよし》は従五位下という位階のみ『尊卑分脈』に見え、その子の世代はすべて出家している。

教成の弟の棟仲も生没年不詳。これも母は道隆の女とある(『後拾遺和歌集』勘物《かんもつ》)。従五位上に上り、周防守《すおうのかみ》や因幡守に任じられた。『天皇御元服記《てんのうごげんぷくき》』所引『権記』の寛仁二年(一〇一八)の後一条天皇元服の記事に名が見える。『小右記』では、万寿二年に丹生使《にうし》を勤めた際、道長四男の能信《よしのぶ》の荘園の雑人《ぞうにん》によって、付き従っていた小舎人《こどねり》が頭を打ち破られた記事がある。「天下の口地《くちじ》は、すべて道長家の領である。公領《こうりょう》は立錐《りっすい》の地も無いのか」という有名な言葉は、これを聞いた藤原実資の慨嘆である。長久《ちょうきゅう》元年（一〇四〇）には神楽《かぐら》の楽《がく》人《にん》も勤めている（『春記《しゅんき》』）。九条殿《くじょうどの》の造営では、「未進《みしん》」の者として名が挙がっている（「九《く》条殿記裏文書《じょうどのきうらもんじょ》」）。

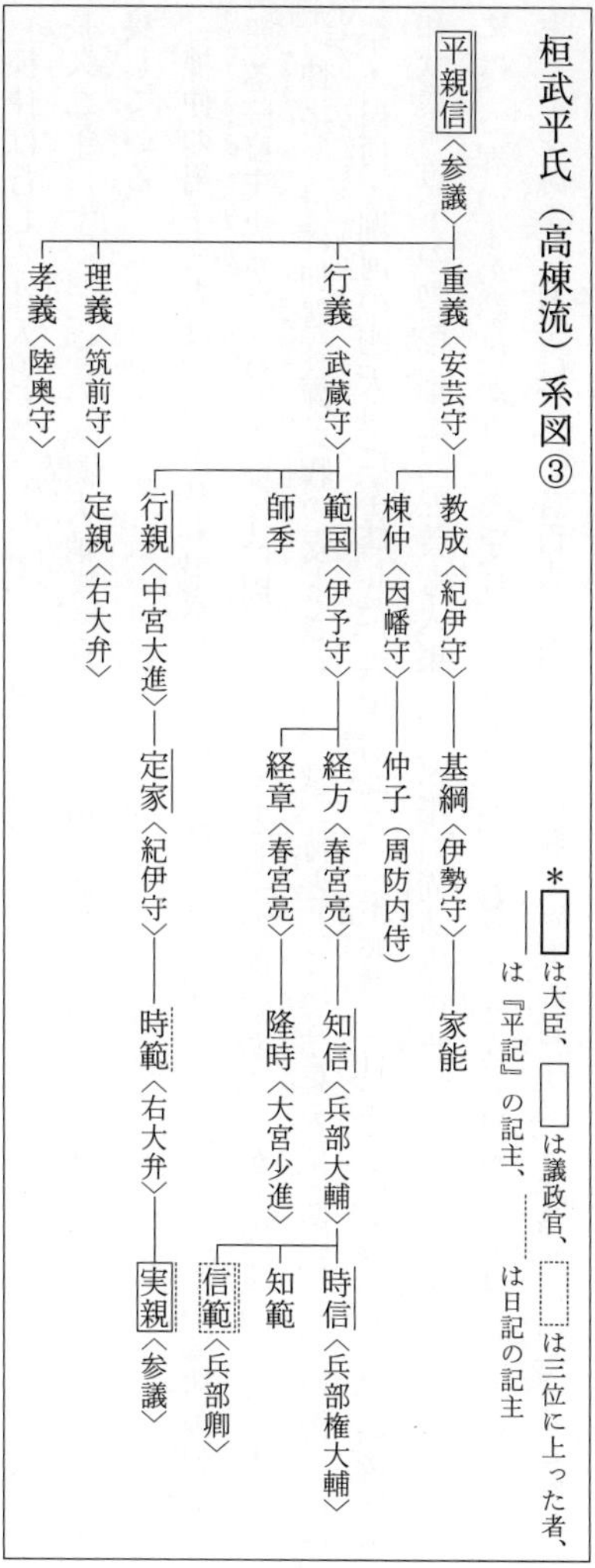

棟仲はむしろ歌人として有名で、和歌六人党《わかろくにんとう》の一人とされた。長暦《ちょうりゃく》二年（一〇三八）と長久二年（一〇四一）の「源大納言家歌合《げんだいなごんけうたあわせ》」に出詠した。『後拾遺和歌集』にも歌二首が入集している。

棟仲の男子二人は、いずれも出家して高僧（歌人でもある）となっているが（律師朝範《りっしちょうはん》と平等院座主忠快《びょうどういんざすちゅうかい》）、むしろ棟仲は周防内侍《すおうのないし》の父として有名であろうか。周防内侍は、本名は平仲子《ちゅうし》。母は加賀守《かがのかみ》源正職《まさもと》の女とされる。掌侍《ないしのじょう》として後冷泉《ごれいぜい》天皇に出仕し、以後、後三《ごさん》条《じょう》・白河《しらかわ》・堀河《ほりかわ》の四天皇に奉仕した（『中右記《ちゅうゆうき》』）。『讃岐典侍日記《さぬきのすけにっき》』にも登場する。『後拾遺和歌集』以下の勅撰集《ちょくせんしゅう》に三五首も入集し、家集『周防内侍集《すおうのないししゅう》』もある。「小倉百人一首《おぐらひゃくにんいっしゅ》」には、「春のよの夢はかりなる手枕《たまくら》にかひなくたゝむ名こそをしけれ」が採られている。なお、歌を詠んだ対手は、「小倉百人一首」編者の藤原定家《さだいえ》の曾祖父である藤原忠家《ただいえ》とされる。『栄花物語』続編の一部または全部を周防内侍作とする説もある。

理義の子の定親《さだちか》は、長徳元年（九九五）生まれ。学者として名を馳せた。長和四年の敦良《あつなが》親王（後の後朱雀《ごすざく》天皇）の読書始《どくしょはじめ》で文章生として尚復《しょうふく》の役を勤めたものの、翌長和五年の賀茂臨時祭で隠れて、教成とともに除籍《じょしゃく》に処されている（『御堂関白記』）。

六位蔵人式部丞から、長元《ちょうげん》五年（一〇三二）に右少弁《うしょうべん》に任じられ、以後、侍従《じじゅう》・東宮学《とうぐうがく》士《し》・左少弁《さしょうべん》・左衛門権佐《さえもんのごんのすけ》・右中弁・文章博士《もんじょうはかせ》・左中弁《さちゅうべん》を歴任し、天喜《てんぎ》二年（一〇五四）に式部大輔《しきぶのたいふ》、天喜四年（一〇五六）に右大弁《うだいべん》に任じられた。この間の弁官としての実直な勤務ぶりは、『小右記』や『春記』に詳述されている。後朱雀天皇の侍読《じどく》も勤め、寛徳《かんとく》と永承《えいしょう》の年号は定親が勘申《かんじん》したものである（『二東記《にとうき》』『春記』『宇治殿御記《うじどのぎょき》』）。

長暦二年には、妻を離別したところ、その妻が怨《うら》んで中宮藤原嫄子《げんし》（関白藤原頼通の養女）に讒言《ざんげん》したので、定親は頼通に勘当されて蟄居《ちっきょ》している（『春記』）。康平《こうへい》六年（一〇六三）に六十九歳で死去した。位階は正四位下にまで上った。子孫は見えない。

さて、親信の子孫のなかでは、行義の子孫（範国《のりくに》流）が嫡流となり、やがて「日記の家」となる。行義の子である範国は、生没年不詳。母は源致明《むねあきら》の女。蔵人所雑色・文章生・六位蔵人・左衛門尉《さえもんのじょう》・兵部丞《ひょうぶのじょう》・五位蔵人《ごいのくろうど》・右衛門権佐・春宮大進《とうぐうだいじん》を歴任し、受領としても甲斐守《かいのかみ》・美作守《みまさかのかみ》・伊予守《いよのかみ》に任じられている。特に蔵人として道長や頼通と天皇の連絡に奔走《ほんそう》している姿が、『御堂関白記』『小右記』『左経記《さけいき》』『春記』に頻出する（寛仁四年には関白頼通の辞表《じひょう》を紛失しているが）。極位極官《ごくいごっかん》は正四位下伊予守。『範国記《のりくにき》』を記した。

範国の子としては、平経方《つねかた》と平経章《つねあきら》の二人が知られる。『尊卑分脈』には、経方は従五位上春宮亮《とうぐうのすけ》、経章は従四位上春宮亮と見える。経方は蔵人所雑色を経て、長く散位であったが（『定家朝臣記《さだいえあそんき》』）、やがて春宮亮に任じられたようである。

経章は六位蔵人左衛門尉（『春記』）、皇太后宮少進《こうたいごうぐうしょうじん》（『御産部類記《ごさんぶるいき》』）を経て、春宮亮に任じられた。承暦元年（一〇七七）に死去している（『水左記』）。歌人として「賀陽院水閣歌《かやのいんすいかくうた》合《あわせ》」に出詠したほか、『後拾遺和歌集』や『続詩花和歌集《しょくしかわかしゅう》』に入集している。隆時《たかとき》という子がいて（『御産部類記』）、大宮少進《おおみやしょうじん》に任じられている（『為房卿記《ためふさきょうき》』）。康平三年（一〇六〇）に頼通の五位家司であったことが見える（『定家朝臣記』）。

経章の子孫が、その後は伝わらないのに対し、経方の子孫は、「日記の家」の嫡流となった。経方の子の平知信《とものぶ》は、生年が不詳である。母は主殿頭《とのものかみ》藤原惟信《これのぶ》の女。蔵人所雑色・文章生を経て、六位蔵人・左衛門権少尉《さえもんのごんのしょうじょう》・兵部少輔《ひょうぶのしょう》・中宮大進を歴任した。長治《ちょうじ》二年（一一〇五）には検非違使にも補された。長きにわたって関白藤原忠実《ただざね》・忠通《ただみち》・頼長《よりなが》の家司を勤め（『中右記』）、蔵人として鳥羽《とば》天皇や白河法皇との連絡にもあたった（『殿暦』）。時には忠実の日記の一部を記すなど、忠通も含めた関白家の諸事に奉仕している（『平安時代史事典』）。

天仁《てんにん》元年（一一〇八）に兵部少輔、長承《ちょうしょう》元年（一一三二）に少納言《しょうなごん》、保延《ほうえん》年間（一一三五～四一）に出羽守に任じられ、位階も従四位上まで上ったが、康治《こうじ》二年（一一四三）に出家し、翌康治三年（一一四四）に死去した（『重憲記《しげのりき》』『本朝世紀』）。和歌が伝わっていないのも、いかにも実直な実務官人の姿を髣髴《ほうふつ》させる。『知信朝臣記《とものぶあそんき》』を記した。

知信の一男である平時信《ときのぶ》は、進士《しんし》から始まり、文章生・大学助《だいがくのすけ》・六位蔵人などを勤め、正五位下兵部権大輔《ひょうぶのごんのたいふ》にまでいたった。父知信に続いて、藤原忠実・忠通父子に奉仕し

（『殿暦』『御産部類記』）、一方では鳥羽院判官代《とばいんはんがんだい》を勤めた。父とは異なり、『後葉和歌集《ごようわかしゅう》』に入集している。久安《きゅうあん》五年（一一四九）に死去した（『本朝世紀』）。四十六歳であった。天性柔順で争いごとをしない性格で、その死は多くの人に惜しまれたという（『本朝世紀』）。『時信記《ときのぶき》』を記した。

時信の子には、時子《じし》（二位尼《にいのあま》）・時忠《ときただ》・滋子《じし》（建春門院《けんしゅんもんいん》）・親宗《ちかむね》・清子《せいし》（平宗盛《むねもり》室）などがいた。時子と時忠、藤原親隆《ちかたか》室となった女子の生母は藤原家範《いえのり》の女で二条大宮《にじょうのおおみや》（令子《れいし》内親王）の半物《はしたもの》（下女《しもおんな》）、滋子と清子、建春門院女房の冷泉局《れいぜいのつぼね》の生母は藤原顕頼《あきより》の女の祐子《ゆうし》、親宗の生母は藤原基隆《もとたか》の女で美福門院《びふくもんいん》女房の少将局《しょうしょうのつぼね》とされる。他に藤原季兼《すえかね》の女が産んだ建礼門院《けんれいもんいん》女房の帥局《そちのつぼね》、建礼門院女房で平重盛《しげもり》室となった坊門局《ぼうもんのつぼね》（生母不詳）がいた。

時信が死去した久安五年の時点では、時忠は従五位下検非違使・左衛門少尉、時子は久安二年（一一四六）に正四位下安芸守平清盛《きよもり》の継室《けいしつ》となって三男宗盛を産み、滋子はまだ八歳、親宗は六歳、清子は四歳であった。時信本人はまったく与《あずか》り知らないことであるが、時子の夫である高望流武家平氏の清盛の出世によって、この一家にも大きな運命の変転が訪れる。滋子が産んだ憲仁《のりひと》親王が仁安《にんあん》三年（一一六八）に即位（高倉《たかくら》天皇）したことによって、外祖《がいそ》父《ふ》として正一位左大臣が贈られるなどとは、時信はまったく予想すらできなかったことであろう（時子が安徳《あんとく》天皇とともに壇ノ浦《だんのうら》に沈むことも）。

『尊卑分脈』は時信の弟として知範《とものり》を載せているが、官位の記載はない。「三事」とあるから、弁官・蔵人・検非違使を兼任した三事兼帯《さんじけんたい》の栄に浴したのであろう。ただ、管見の限りでは、知範は他の史料に見えない。知範を日記の記主とする系図もあるが（松薗斉『日記の家』）、これは貞嗣《さだつぐ》流藤原氏の尹明《ただあき》の子のこととの由《よし》である（松薗斉氏のご教示による）。

時信の弟として確実なのは、知信次男（知範を入れれば三男）の平信範《のぶのり》である。天永《てんえい》三年（一一一二）の生まれ。母は藤原惟信の女。文章生として出身し、中宮権少進《ちゅうぐうごんのしょうじん》・六位蔵人・右少弁を歴任し、仁安二年（一一六七）に権右中弁《ごんのうちゅうべん》に任じられるとともに蔵人頭に補された。この間の精勤ぶりは、三条実房《さんじょうさねふさ》の『愚昧記《ぐまいき》』に詳しい。左京七条三坊十六町に邸第を持ったと伝える（『仁和寺所蔵古図《にんなじしょぞうこず》』）。

しかし、保元《ほうげん》三年（一一五八）の賀茂祭《かものまつり》の際、関白忠通の桟敷《さじき》の前を通過した後白河《ごしらかわ》天皇の近臣藤原信頼《のぶより》一行を忠通の家奴《いえやっこ》が凌辱《りょうじょく》したというので、後白河天皇は忠通を閉門《へいもん》に処し、家司の信範は解官《げかん》された（『兵範記』）。また、嘉応《かおう》元年（一一六九）十二月に、延暦寺衆徒《えんりゃくじしゅうと》の強訴《ごうそ》に際し、甥の時忠とともに延暦寺と藤原成親《なりちか》との紛争に巻き込まれ、「奏事不実《そうじふじつ》」（天皇に事実と異なる奏上をした）の罪名により、備後《びんご》国に配流されたが、翌嘉応二年（一一七〇）二月に召還《しょうかん》された（『百練抄』）。

この間、摂関家累代の家司として藤原忠実・忠通・基実《もとざね》・基通《もとみち》に家司として仕え、鳥羽上皇や後白河上皇の院司も勤めた。基実の乳母《めのと》は信範の正室（少納言藤原能忠《よしただ》の女）であり（『山槐記《さんかいき》』）、忠通や基実の政所別当《まんどころべっとう》も勤めた。信範は朝政・儀式の次第に詳しく、たびたび執政の諮問《しもん》に与った。なお、『平記』を書写して近衛《このえ》家に献上したのは、この信範である。自身も『兵範記』（『信範記《のぶのりき》』『人車記《じんしゃき》』とも）を記している。

信範は筑後《ちくご》国三毛荘《みけのしょう》（現福岡県大牟田《おおむた》市の北部）を領していたことや（『近衛家所領目録《このえけしょりょうもくろく》』）、法成寺《ほうじょうじ》領紀伊《きい》国吉仲荘《よしなかのしょう》（現和歌山県紀《き》の川《かわ》市〔旧那賀《なが》郡貴志川町《きしがわちょう》〕）を知行していたことが知られるが、吉仲荘の預職《あずかりしき》は藤原頼長の命によって交替させられている（『兵範記』）。

承安《じょうあん》元年（一一七一）に従三位に上り、承安三年（一一七三）には兵部卿《ひょうぶきょう》に任じられた。安元《あんげん》二年（一一七六）に正三位に叙されたが、翌治承《じしょう》元年（一一七七）に病により出家し、文治《ぶんじ》三年（一一八七）に死去した（『玉葉《ぎょくよう》』）。七十六歳。

兄の時信よりも長く生きたことによって、激動の時代を体験することになったのは、まことに皮肉なことであった。時信が見ずにすんだ平家政権の崩壊（子の信基《のぶもと》も治承・寿永《じゅえい》の乱で負傷し、備後国に配流《はいる》された）も、信範はその最晩年に見てしまったことになる。すでに出家していたとはいえ、これらの時代の変遷を、信範はどのように眺めていたのであろうか。残念ながら、『兵範記』は承安元年までの記事しか残されていない。

範国の弟の世代に戻ることとしよう。平師季《もろすえ》は生没年不詳。『尊卑分脈』には従五位下とのみ見える。下野守《しもつけのかみ》の任が終わった後、永保《えいほう》二年（一〇八二）に官使を射殺したため、永保三年（一〇八三）に位記《いき》を剝奪され、流罪《るざい》が言いわたされた（『百練抄』）。『金葉和歌集』に和歌が採られている。その子は三男に出家した永厳《ようげん》がいる（『御室相承記《おむろそうじょうき》』『東寺長者補任《とうじちょうじゃぶにん》』）。

その弟に、平行親《ゆきちか》がいる。生没年や生母は不詳。蔵人所雑色・六位蔵人・左衛門尉・検非違使（『小右記』）、納殿預《おさめどののあずかり》（『左経記』）、太皇太后宮少進《たいこうたいごうぐうしょうじん》・上東門院《じょうとうもんいん》（藤原彰子）判官代《はんがんだい》（『院号定部類記《いんごうさだめぶるいき》』所引『権記』）を勤めた。蔵人としては、長暦二年に中宮の侍が内裏女房の従者の下女を刃傷《にんじょう》したことや、関白藤原頼通が蔵人頭藤原資房《すけふさ》に不快の意向があることを、資房に密かに談《かた》ったりしている（『春記』）。

後に少納言や右衛門権佐を勤めたほか、藤原嫄子の中宮大進に任じられ、正五位下に上ったが、長暦三年（一〇三九）頃に死去した。『行親記《ゆきちかき》』を記している。

行親の子孫も、行親流として、範国流と並んで「日記の家」となる。行親の子としては、平定家《さだいえ》のみが知られる。生没年不詳。母は周防守藤原頼祐《よりすけ》の女。大膳亮《だいぜんのすけ》・六位蔵人・右衛門権佐・検非違使・尾張守《おわりのかみ》・紀伊守などを歴任し、正四位下に上った。頼通・師実《もろざね》の家司も勤めた。蔵人や紀伊守としての活動は、蔵人に補された長久二年から永承五年（一〇五〇）までの記事が、長暦二年から長久四年（一〇四三）まで蔵人頭を勤めた藤原資房の『春記』に見られるほか、検非違使・右衛門権佐として藤原教通の『二東記』に登場する。自身も

『定家朝臣記』を記している。

定家の子も、平時範しか知られていない。天喜二年の生まれ。生母は越中守《えっちゅうのかみ》藤原家任《いえとう》の女。六位蔵人・左衛門尉・越中守・勘解由次官《かげゆのすけ》・右少弁・右衛門権佐・中宮大進を歴任した。弁官・蔵人・検非違使を兼任し、「三事を兼ねた人で、耀華《ようが》は人に勝っている」と賞された(『中右記』)。父祖に続いて摂関家の家司として、天皇と関白藤原師通《もろみち》・忠実との連絡にあたったことが、『後二条師通記《ごにじょうもろみちき》』『中右記』『殿暦』など当時の古記録に頻出する。

嘉承《かしょう》元年(一一〇六)には、正四位下右大弁に上った。実務官人として活躍するこの一族にとって重要な経歴となる弁官就任への途を開いたとされる(『平安時代史事典』)。天仁元年に病によって右大弁を辞して出家し、定慧《じょうえ》(寂慧《じゃくえ》)と称した(『弁官補任《べんかんぶにん》』)。翌天仁二年(一一〇九)に死去した。五十六歳。歌合《うたあわせ》にも出詠している(『夫木和歌抄《ふぼくわかしょう》』)。往生の様子は、三善為康《みよしためやす》の『拾遺往生伝《しゅういおうじょうでん》』でも取り上げられている。『時範記《ときのりき》』を記している。

時範のこれもただ一人の子が、平実親《さねちか》である。寛治《かんじ》元年(一〇八七)に生まれた。母は春宮亮平経章の女(『尊卑分脈』『弁官補任』)。経章は範国の子であるから、同じ高棟流桓武平氏同士の婚姻ということになる。文章生から出身し、蔵人所雑色・六位蔵人・左近将監《さこんのしょうげん》を経て、長治二年に十九歳で従五位下に叙爵された。
以後、関白忠実の家司となるとともに、中宮少進《ちゅうぐうしょうじん》・紀伊守・勘解由次官・右衛門権佐・

右少弁・左少弁・淡路守《あわじのかみ》・左中弁・右大弁・左大弁《さだいべん》・勘解由長官《かげゆのかみ》を歴任し、三事兼帯となった。保延二年（一一三六）に五十歳で参議に任じられ、公卿に上った。親信が死去して以来、公家平氏としては、実に一一九年ぶりの公卿であった。

永治《えいじ》元年（一一四一）に大宰大弐を兼ね、翌康治元年（一一四二）には従三位に叙されたが、天養《てんよう》二年（一一四五）に参議を辞任し、久安四年（一一四八）に出家して、同年に死去した（『公卿補任《くぎょうぶにん》』）。『相親卿送葬記《そうしんきょうそうそうき》』という名で、その葬送の記録が残されている。『本朝新修往生伝《ほんちょうしんしゅうおうじょうでん》』に、蘇生《そせい》と往生の様子が語られている。『実親朝臣記《さねちかあそんき》』を記した。『和漢兼作集《わかんけんさくしゅう》』に漢詩が入っている。なお、実親の邸第《ていだい》は万里《まり》小路・中御門《なかみかど》大路にあったことが知られるが、それは現在の京都御苑《きょうとぎょえん》の堺町御門を入ったあたりである。

有能な実務官人の印象がある実親であるが、十八歳の長治元年（一一〇四）には、殿上《てんじょうの》簡《ふだ》と日給唐櫃《ひだまいのからびつ》に前少納言源家俊《いえとし》を「不能」と書いたために、殿上簡を削られるという事件を起こした（『殿暦』）。有能ゆえの過ちであろうが、『中右記』では「至愚《しぐ》」と非難されている。

以上、親信の子孫、とりわけ行義の子の範国と行親それぞれの子孫が、実務官人、特に蔵人と弁官・検非違使を勤めながら、摂関家の家司や院司として活動し、院政期の政治を支えてきたこと、そして実直な日記を記録することによって、「日記の家」としての地歩を確立したことを確認してきた。

院政期から平家政権の時代というと、ちょうど古代から中世への転換期であり、摂関家や院をはじめとする王権、そして権力の座に上りつつある武家に目が行きがちであるが、それらを下部で支えてきたのは、このような実務官人たちだったのである。いやむしろ、権力者の恣意《しい》がむき出しになって時代が大きく回転しようとしているこの時期に、彼らがその変化に対応してくれたからこそ、権力者たちは好き勝手に自分の政治意思を発現できたのだとも言えよう。

3　「日記の家」の人びと

「日記の家」とは

「日記の家」というのは、累代の日記（「家記《かき》」）を伝え蔵し、先例故実の考勘《こうかん》を職とする家のことである。『今鏡《いまかがみ》』に、桓武平氏のうち、武門の家筋に対し、文官《ぶんかん》系の家を「日記《にき》の家」と称しているのはその好例であり、『中右記』にも、小野宮家《おののみや》（藤原実頼の子孫）の日記を伝える藤原顕実《あきざね》を指して「日記之家」と称している（『国史大辞典』）。

この「日記の家」を本格的に研究された松薗斉氏によれば、小野宮家藤原氏や堂上平氏のほか、小槻《おづき》氏や村上源氏、宇多源氏、閑院《かんいん》流藤原氏（藤原公季《きんすえ》の子孫）、勧修寺《かじゅうじ》流藤原氏（藤原高藤《たかふじ》の子孫）、大宮《おおみや》流藤原氏（藤原頼宗《よりむね》の子孫）なども家記を集積しており、これらの家では、日記が家記として代々記されるだけではなく、その保存や利用に意を払い、かつ他の家の日記も広く収集することに努めていた。そして家に集積された家記は、儀式や政務の際の家の故実作法の典拠として研究し、部類記を作成したり、抄本《しょうほん》や写本《しゃほん》を作成したりしていた。やがて家記は貴族（公家《くげ》）の家そのものの象徴として扱われるようになり、家の経済基盤である家領《かりょう》とともに譲状《ゆずりじょう》や置文《おきぶみ》などに明記され、そこではその重要性や取り扱い方法が記されるようになるという（松薗斉『日記の家』）。

特に中世以降、日記というものが政治・文化の重要な要素として認識され、日記＝文化＝権力であるという、日本文化や日本国家の根幹に通じる問題とも関わってくるようになった。また、先祖の日記を保存し続けた「家」の存在、つまり王朝《おうちょう》が交替《こうたい》することなく、王権と朝廷、それを構成する天皇家と貴族の家が一つの都城に存在し続けたことも、日記が残った大きな要因となった（倉本一宏編『日本人にとって日記とは何か』）。

このようにして、公家平氏は「日記の家」として、みずからが蔵人や弁官、検非違使として携わった宮廷の政務や儀式を記録し続けるとともに、摂関家の家司として数々の日記を集

桓武平氏（高棟流）系図④

＊□は大臣、□は議政官、┆┆は三位に上った者、
│は『平記』の記主、┆は日記の記主

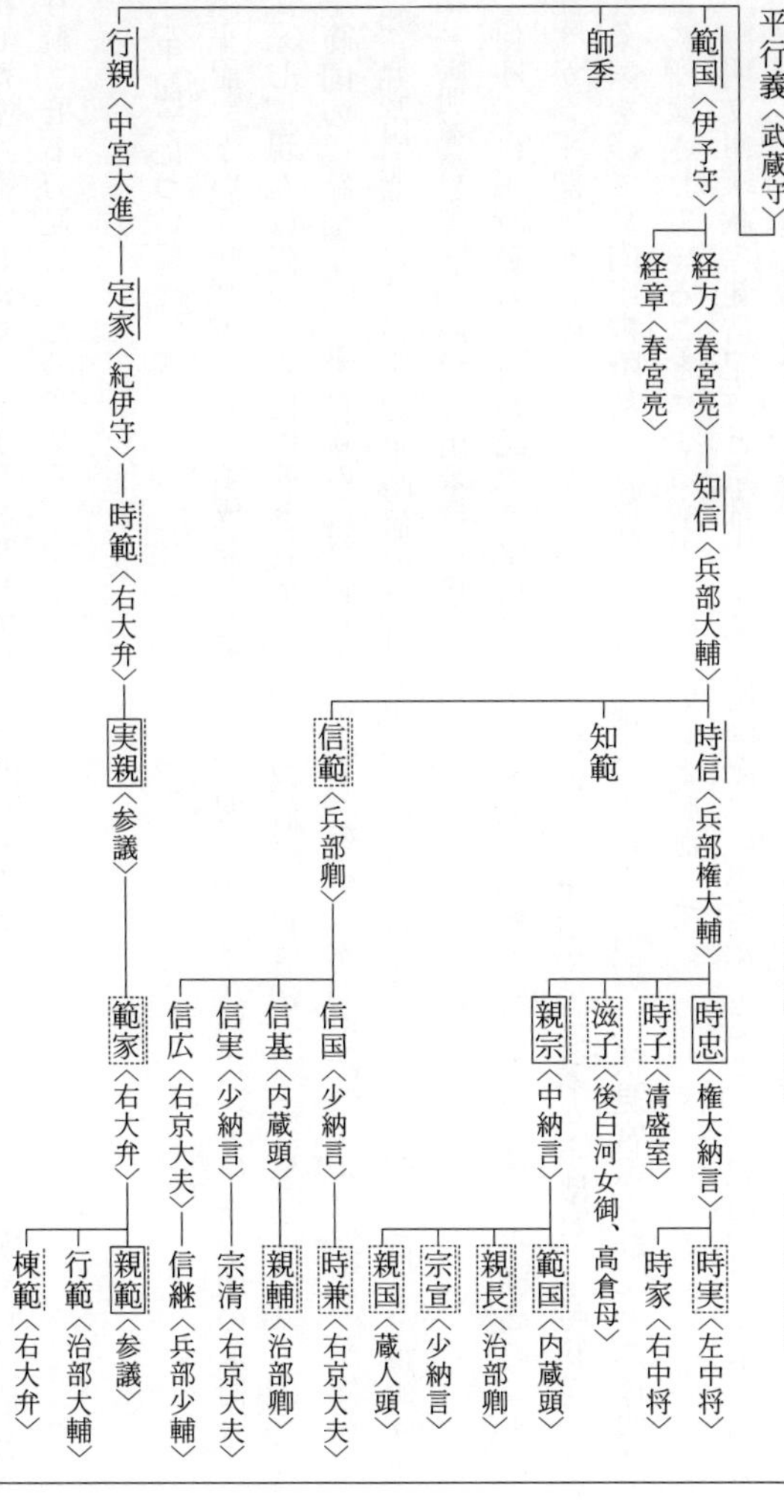

積したり、書写したり、部類したりして日記と関わることによって、自己の家を宮廷社会で存続させる方途としたのである。

『平記』について

『平記』という呼び方がいつ頃成立したのかは、明らかではないが、五摂家《ごせっけ》筆頭の近衛家に伝来し、現在は陽明文庫に所蔵されている、平親信の『親信卿記』（『親信記《ちかのぶき》』『天延二年記《てんえんにねんき》』）、平範国の『範国記』、平行親の『行親記』、平定家の『定家朝臣記』（『定家記《さだいえき》』）、平知信の『知信朝臣記』（『知信記《とものぶき》』）、平時信の『時信記』といった日記の総称である（以下、陽明文庫編『陽明叢書 平記』「解説」〈山本信吉氏による〉）。

何ゆえに平時範の『時範記』や平信範の『兵範記』（『信範記』『人車記』）、平経高《つねたか》の『平戸《へいこ》記《き》』が『平記』から除かれたかというと、後に述べる事情で近衛家から離れ、『時範記』は九条家を経て宮内庁書陵部、『兵範記』は京都大学、『平戸記』は伏見宮《ふしみのみや》家を経て宮内庁書陵部に所蔵されていることによるものではないかと臆測《おくそく》している。

陽明文庫所蔵『親信記』と京都大学蔵『範国記』の奥書《おくがき》によると、両記の自筆原本は知信に伝来していたものの、保安《ほうあん》二年（一一二一）に知信の四条亭《しじょうてい》が炎上した際に焼失したので、信範が書写に際して用いた親本《おやぼん》は、行親の「御手跡」つまり『親信記』については部類記事、『範国記』については書写本を、実親から借用して長承二年（一一三三）に書写したものであると記されている（山本信吉「『親信卿記』の研究」）。範国流・行親流と、系統の異なる家流の間で、一族の日記がやりとりされていた様子がうかがえる。

他の日記は、『行親記』は料紙《りょうし》として用いられた紙背文書《しはいもんじょ》のなかに信範自筆文書があるので、信範が書写したものであろうし、『定家記』『時信記』は筆蹟よりみて信範筆と認められるとのことである。『知信朝臣記』は、陽明文庫蔵のものは別筆であるが、京都大学蔵のものは信範筆とのことである。このように、『平記』の古写本は、信範の書写によって成立したものなのである。

さて、信範が書写した『平記』は、主家である近衛家に献上されたが、江戸時代前期の延《えん》宝《ぽう》五年（一六七七）に、信範の子孫で近衛家の家司を勤めた平松《ひらまつ》家の時量《ときかず》の懇望によって、『範国記』『知信記』『兵範記』が同家に返還され、信範自筆清書本《じひっせいしょぼん》はその後、京都大学の所蔵に帰した（上横手雅敬「範国記・知信記・兵範記」）。その他の平安時代の古写本が、近衛家の陽明文庫に伝存している。平松家への返還に際して、近衛家熙《いえひろ》（予楽院《よらくいん》）によって近衛家蔵の『平記』の書写が行なわれ、この新写本《しんしゃほん》は陽明文庫に伝えられている。

なお、『平記』には他にもさまざまな新写本が作られ、各所に所蔵されている。以下、各日記の主な所蔵先と複製・刊本を表示してみる。□は古写本である（『兵範記』は自筆清書

各日記の記主・残存範囲と、主な所蔵先、複製・刊本

『親信卿記』	平親信	天禄三年（九七二）〜天延二年（九七四） 陽明文庫・宮内庁書陵部・国会図書館・内閣文庫・東大史料編纂所他 『陽明叢書』『大日本古記録』『続群書類従』『歴代残闕日記』『『親信卿記』の研究』
『範国記』	平範国	長元九年（一〇三六）〜永承三年（一〇四八） 京都大学附属図書館・陽明文庫・宮内庁書陵部・内閣文庫・東大史料編纂所他 『京都大学史料叢書』『大日本古記録』『増補史料大成』『歴代残闕日記』
『行親記』	平行親	長暦元年（一〇三七） 陽明文庫・宮内庁書陵部・東大史料編纂所・大谷大学・内閣文庫他 『陽明叢書』『大日本古記録』『続々群書類従』『歴代残闕日記』
『定家朝臣記』	平定家	天喜元年（一〇五三）〜康平五年（一〇六二） 陽明文庫・宮内庁書陵部・国会図書館・内閣文庫・静嘉堂文庫他 『陽明叢書』『大日本古記録』『群書類従』『歴代残闕日記』
『知信朝臣記』	平知信	大治二年（一一二七）〜保延元年（一一三五） 陽明文庫・宮内庁書陵部・京都大学附属図書館・内閣文庫・東大史料編纂所他 『陽明叢書』『京都大学史料叢書』『大日本古記録』（予定）『歴代残闕日記』
『時信記』	平時信	大治五年（一一三〇）〜天承元年（一一三一） 陽明文庫・宮内庁書陵部・国会図書館・内閣文庫・静嘉堂文庫他 『陽明叢書』『大日本古記録』（予定）『歴代残闕日記』

（『時範記』）	平時範	承保二年（一〇七五）～天仁元年（一一〇八）	宮内庁書陵部・東山御文庫・内閣文庫・東大史料編纂所・東洋文庫他 『時範記逸文集成』『平安時代の国司の赴任』『書陵部紀要』『歴代残闕日記』
（『兵範記』）	平信範	天承元年（一一三一）～元暦元年（一一八四）	京都大学・陽明文庫・宮内庁書陵部・国会図書館・内閣文庫・東洋文庫他 『京都大学史料叢書』『陽明叢書』『増補史料大成』『古文書研究』
（『平戸記』）	平経高	建久七年（一一九六）～寛元四年（一二四六）	宮内庁書陵部・東山御文庫・内閣文庫・国会図書館・東大史料編纂所他 『増補史料大成』

本（浄書本《じょうしょぼん》）。

後世、『平記』は政務や儀式の典拠として重んじられた。藤原頼長が久安四年、その養女である多子《たし》の入内に際して、『平記』などのなかに入内日記を捜し求めているし（『台記別記《たいきべっき》』）、摂関家の当主の日記（たとえば藤原忠実の『殿暦』や頼長の『台記』、九条兼実《くじょうかねざね》の『玉葉』）には、儀式の記録を自身の日記では省略し、家司であるこれら平氏の人びとの日記を参照するように指示してある部分もまま見受けられる（『平安時代史事典』）。これらの例は、『平記』の重要性、また摂関家と公家平氏の密接な関係を物語っている。

ここでは、『親信卿記《ちかのぶきょうき》』については先に説明したこととして、『平記』と総称されるうちの他の五種の日記、また『平記』には入れられていないものの、一門の平時範が記録した『時範記』、平信範が記録した『兵範記』について、簡単に説明していくこととしよう。

『範国記』と平範国

範国は後一条天皇晩年の長元九年三月に正五位下右衛門権佐として五位蔵人に補されるが、後一条天皇が死去して後朱雀天皇が践祚《せんそ》すると、引き続き五位蔵人に補された。『範国記』の記事は、長元九年四月十七日の後朱雀天皇の践祚の記事から始まり、同年十二月二十二日の記事までの一巻が残っている。長承二年に信範が、行親の書写したものを実親から借用して書写したものである。京都大学図書館に古写本、陽明文庫に新写本が所蔵されている。

これとは別に、永承三年に関白藤原頼通が高野山《こうやさん》（金剛峯寺《こんごうぶじ》）に参詣した際に供奉《ぐぶ》した際の十月十一日〜二十日の日記が、『宇治関白高野御参詣記《うじかんぱくこうやごさんけいき》』として『歴代残闕日記《れきだいざんけつにっき》』に収められ、東寺観智院《とうじかんちいん》に伝来した異本が京都府立京都《きょうと》学《がく》・歴彩館《れきさいかん》に所蔵されている。これは『範国記』というよりも、頼通に記録を命じられた参詣記《さんけいき》と考えるべきであろう。範国は頼通の家司も勤めていた（京都大学文学部日本史研究室編『京都大学史料叢書　兵範記四・範国記・知信記』「解題にかえて」〔上横手雅敬氏による〕）。こちらも今回、訓読文を作成して「摂関期古記録データベース」として公開したので、ご味読いただきたい。

さて、『範国記』は、四月十七日の後朱雀天皇の践祚、七月十日の即位式《そくいしき》、十一月十七日の大嘗会《だいじょうえ》と、新帝後朱雀天皇の公事《くじ》に重点を置いている（『兵範記四・範国記・知信記』「解題にかえて」）。もしかすると、範国が毎日記録した日次記《ひなみき》のすべてではなく、新帝の即位儀礼のみを抜き出した部類記の類だったのかもしれない。長元九年の後半としては、『範国記』だけしか史料がない場合もあり、貴重な日記となっている。

ただこれも、蔵人による殿上日記のような記述が多い。今回、はじめて全文を通して読んでみたが、あまり面白い記事は見付けられなかった（日常的に読んでいる『小右記』や『御堂関白記』『権記』が特殊なだけかもしれないが）。ここでは、頼通が関白に再補された長元九年四月十九日条を掲げることとする。

巳剋《みのこく》、内裏に参った。夜に入って、殿下（藤原頼通）は後朱雀天皇の御前に参られた〈関白詔は、一昨日、下った。ところが、詔書の後、御慶を申させられるのか〉。次いで御宿所に参り、先ず奏書《そうしょ》〈美濃《みの》の絹の解文と、内蔵寮《くらりょう》の臨時公用料二〇斛《こく》の請奏《しょうそう》〉を内覧《ないらん》した。

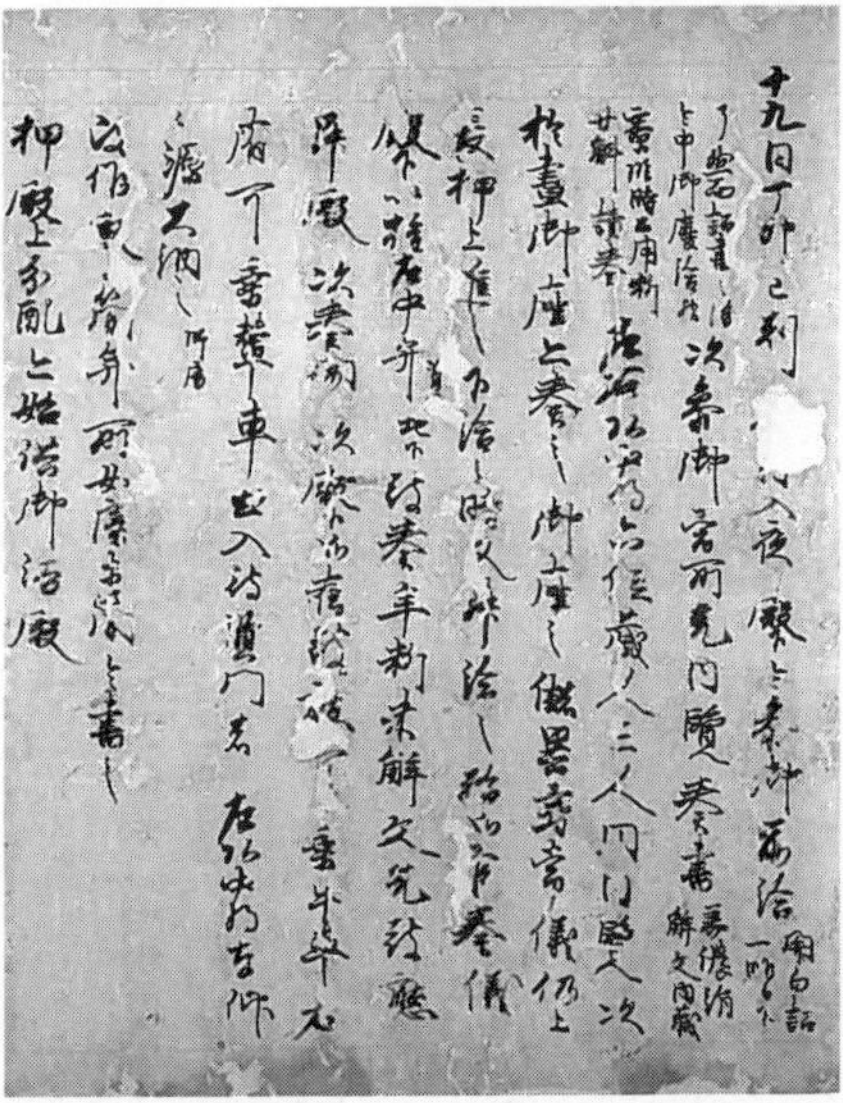

『範国記』（長元九年四月十九日条．京都大学附属図書館蔵）

一方、『宇治関白高野御参詣記』の方は、参詣記ということもあり、地方への道中の記事も含め、なかなかに興味深い。ここでは自分のことを、「伊予守範国」と表記しているのも、かつて治安三年に源長経《ながつね》が藤原道長の高野山参詣を記録した『扶桑略記』所収『法《ほう》成寺殿旧記《じょうじどのきゅうき》』にならった、摂関家の公式記録に相応しい（『兵範記四・範国記・知信記』「解題にかえて」）。

十月十一日の暁方に出立し、豪華な船を連ねて石清水八幡宮や住吉大社《すみよしたいしゃ》に参詣しながら、十三日の日没前に高野山に着き、十四日に奥院《おくのいん》に参り、十五日に大師《たいし》（空海《くうかい》）廟堂で供養を行なった。頼通は僧から、道長参詣の際の故事を聞いている。

今日の儀式を見ると、御願の趣意は鄭重《ていちょう》ではないものはなかった。門徒《もんと》の面目にして、山上の光華である。ただ奥院から廟堂に参る道は、藪沢《そうたく》の間が深く、行歩に妨げが有った。ところが、昨夜、風雪があって、地は冴え、水も凍った。泥水は鏡のようであり、山路は鋪練《ほれん》した。仏法の霊験《れいげん》は、何事につけて分明であった。

という記述も、蔵人としての範国のそれとは、随分と趣を異にしている。十六日に帰途につき（頼通は空海真筆の手書《しゅしょ》をもらっている）、粉河寺《こかわでら》・和歌浦《わかのうら》・四天王寺《してんのうじ》（「極楽の東門」）を見物しながら、二十日に帰京している。江口《えぐち》（現大阪市東淀川区《ひがしよどがわ》。神崎川《かんざき》が淀川から分岐する地点）・神崎《かんざき》（現兵庫県尼崎市《あまがさき》。神崎川の河口）の遊女《あそびめ》たちが、「笠を連ね、争って無理に容色を衒《てら》い（誇りひけらかし）、ひたすら余恩を待った」などという記述も、蔵人としては書き得なかったものであろう。なお、彼女たちには、絹や米などを纏頭《てんとう》（演芸に対する褒美）している。

以上、『範国記』と『宇治関白高野御参詣記』の記述を比較してみた。「文は人なり」とは言うけれども、同じ人が書いた文章でも、その立場と目的によっては、さまざまな文が生まれることを確認できたものと思う。

『行親記』と平行親

範国の弟である行親も、蔵人所雑色・六位蔵人・左衛門尉・検非違使を勤めている。その日記である『行親記』は、安元二年の段階では九条兼実の手許に一一巻あったことが知られるが（『玉葉』）、現在は長暦元年正月（十六日より前の日）から十二月三十日までの抄本が陽明文庫に現存するのみである。ただ、治安二年（一〇二二）の『御賀部類記《おんがぶるいき》』に引く四月から五月の記事は、『行親記』の逸文《いつぶん》である可能性が高い（『大日本史料』）。

行親は治安二年には六位蔵人、長暦元年には少納言に加えて中宮大進を兼任していた。行親は長暦三年頃に死去したと考えられるので、長暦元年の記事は晩年のものということになる。行親は一家の日記の書写に努めていたのであるが、本人の日記が一年分しか残っていないというのは、皮肉なものである。

これも今回、はじめて全文（といっても一年分だが）を通して読んでみたが、やはり宮廷の政務や儀式に関する記事がほとんどで、あまり面白い記事は見付けられなかった。自分のことを「少納言行親」とか「大進行親」と記述しているのは、日記に客観性を持たせるためであろう。

後朱雀天皇の中宮藤原嫄子立后に関する二月十三日条には、わざわざ「長暦元□□□」の年紀を記しており、この日がかつては部類記の一部として抜き出され、ふたたび復原された可能性を示している（『平記』「解説」）。

蔵人としての職務、検非違使としての職務、そして中宮大進としての職務と、みずからが関係するさまざまな行事を簡潔に記録する姿は、まさに能吏《のうり》の名に相応しい。ここでは、興《こう》福《ふく》寺《じ》と東大寺《とうだいじ》の闘乱に関する長暦元年二月九日条を掲げておこう。検非違使としての視点で

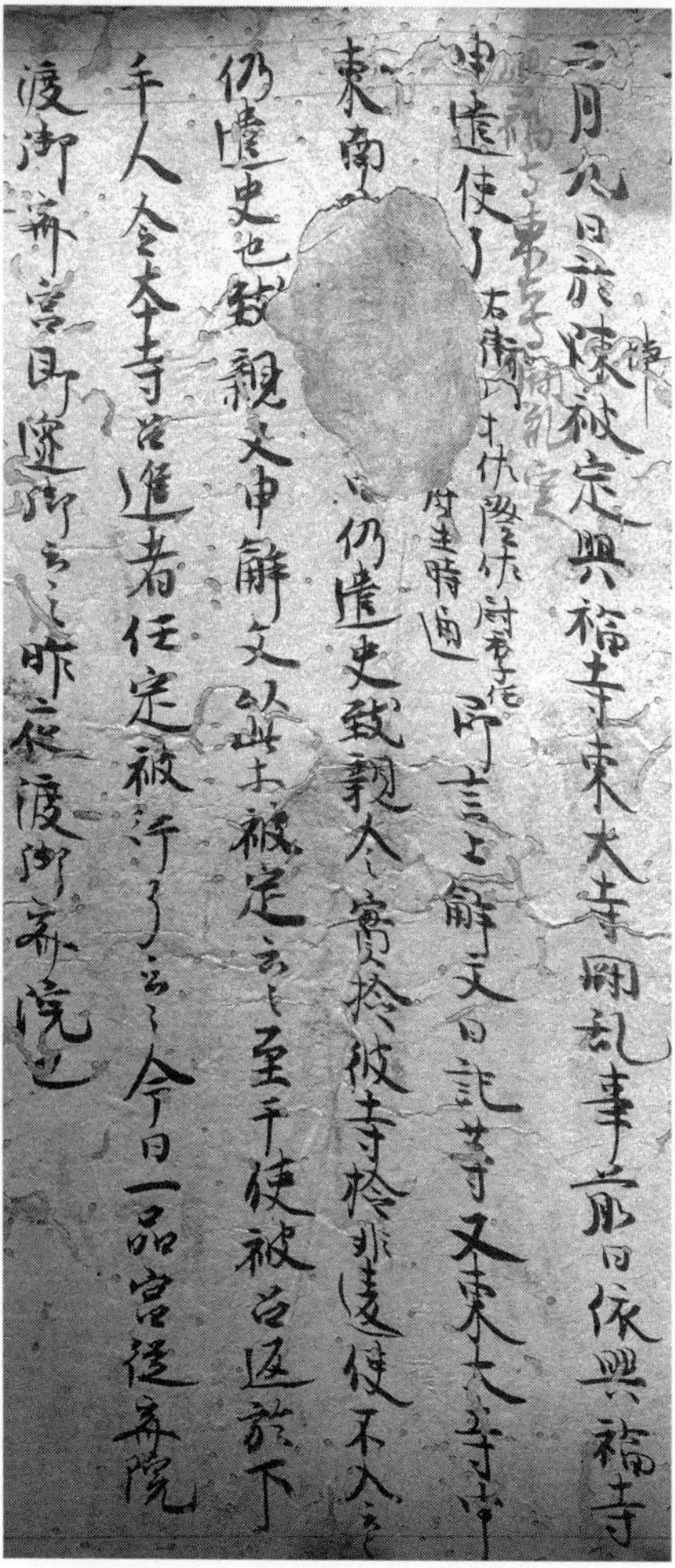

『行親記』（長暦元年二月九日条．陽明文庫蔵）

ある。

陣座《じんのざ》に於いて、興福寺と東大寺の闘乱について定められた。前日、興福寺の申請によって、使を遣わした。左衛門権佐（藤原）隆佐《たかすけ》・尉（橘《たちばなの》）季任《すえとう》・□□□□府生（坂上《さかのうえの》）時通《ときみち》である。すぐに解文と日記を言上した。また、東大寺の申した、東南院《とうなんいん》□□について□□。そこで史《し》（姓不明）致親《むねちか》を遣わして、あの寺を実検《じっけん》させた。「検非違使は入れない」と云うことだ。そこで史を遣わしたのである。「致親もまた、解文を申上した。これらを定められた」と云うことだ。「使については召し返されよ。下手人については、本寺に召し進めさせよ」ということだ。「定に任せて行なわれた」と云うことだ。

この行親も、範国のようにどこかへ遠出をすれば、もっと面白い日記を記録したのかもしれないが、残念ながらそのようなものは残っていない。

『定家朝臣記』と平定家

行親の子である定家が記録したのが、『定家朝臣記』である。定家も六位蔵人・右衛門権佐・検非違使を歴任している。『定家朝臣記』は、天喜元年二月五日の記事から天喜五年（一〇五七）十一月二十日までの信範による古写本一巻と、天喜元年二月五日から康平五年十二月二十五日までの家煕による新写本三冊が、陽明文庫に伝わる。

記事は断続的で著しい抄記であり、日次記のすべてを書写したものではない。政務・儀式や神事・仏事に関する日次記のなかから、摂関家の頼通や師実が関与した記事のみを抄出したものと考えられている（『平記』「解説」）。康平年間のものは、特に『康平記《こうへいき》』と呼ばれている。『定家朝臣記』についても、訓読文を作成して「摂関期古記録データベース」として公開しているので、ご覧いただきたい。

なお、推測にわたるが、藤原道長の『御堂関白記』の古写本を、「大殿」師実と共に書写した家司「某」は、世代から見て定家ではないかと考えている。師実が道長に似た放逸な書写を行なったのに対し、「某」は用語も文体も、きわめて実直な書写を行なっている（倉本一宏『『御堂関白記』の研究』）。

『定家朝臣記』には、頼通による宇治平等院阿弥陀堂《うじびょうどういんあみだどう》・塔供養《とうくよう》に関する貴重な史料も含まれている。また、次に掲げる康平五年に頼通が木幡《こはた》（現京都府宇治《うじ》市木幡）の道長の墓に参った八月二十九日条の記事は、道長の墓の位置を確定するうえで、きわめて貴重な記事である。

殿下（頼通）は木幡に参られた。夜明け頃、出御した〈御直衣《のうし》であった〉。前駆〈布衣《ほい》〉。宮内卿《くないきょう》（源経長《つねなが》）・右衛門督《えもんのかみ》（藤原能長《よしなが》）・六条中納言《ろくじょうちゅうなごん》（源俊房《としふさ》）・右大弁（源隆俊《たかとし》）は、車に乗って扈従《こしょう》された。辰剋《たつのこく》、丹波前司《たんばのぜんじ》（橘俊綱《としつな》）領《りょう》の伏見《ふしみ》の宅に着かれた。巳剋、権大納言《ごんだいなごん》（藤原信長《のぶなが》）・二位中将《にいちゅうじょう》（藤原祐家《すけいえ》）・左大弁（藤原経家《つねいえ》）が参られた。午剋《うまのこく》、出立《しゅったつ》された。先ず召使《めしつかい》と官掌《かじょう》。次に御随身《ずいじん》一四人は、各々馬に騎《の》った〈本来の御随身一〇人の他に、仮御随身四人を召した〉。次に前駆三〇人〈殿上人および諸大夫の四位・五位・六位が供奉した〉。次に御前〈少納言（源）師賢《もろかた》・右中弁（源）経信《つねのぶ》・少外記《しょうげき》（源）長資《ながすけ》・左大史《さだいし》（小槻《おづきの》）孝信《たかのぶ》〉。次に殿下の御車〈檳榔毛《びんろうげ》〉。次に検非違使二人〈（源）扶永《すけなが》・（紀《きの》）奉孝《ともたか》〉。次に公卿の車。未剋《ひつじのこく》、御寺（浄妙寺《じょうみょうじ》）の大門に着いた。南橋に於いて、殿（頼通）は御釼《みはかし》を解き、御笏《しゃく》を把《と》った。先ず山中に入られた〈大門から東行した〉。六条中納言・四位少将（源）隆綱《たかつな》・家司三人〈（藤原）実綱《さねつな》・（藤原）資良《すけよし》・定家〉・職事《しきじ》三人〈（橘）俊経《としつね》・（藤原）行房《ゆきふさ》・（藤原）良綱《よしつな》〉・御随身五人が扈従した。山守《やまもり》を召し、先公大《せんこうだい》相国《しょうこく》（道長）の御墓所を問われた。円座《わろうだ》を敷き、奉拝《ほうはい》を行なった〈供御《くご》の手水《ちょうず》を見た〉。次に御寺の門を入り、三昧堂《さんまいどう》にいらっしゃった。すぐに南廂《みなみびさし》に坐され、諷誦《ふじゅ》を修された〈手作布《たづくりのぬの》百段。南庭《なんてい》に幄《あく》を立て、これを積んだ〉。終わって、導師《どうし》に禄〈白い褂《うちき》〉を給

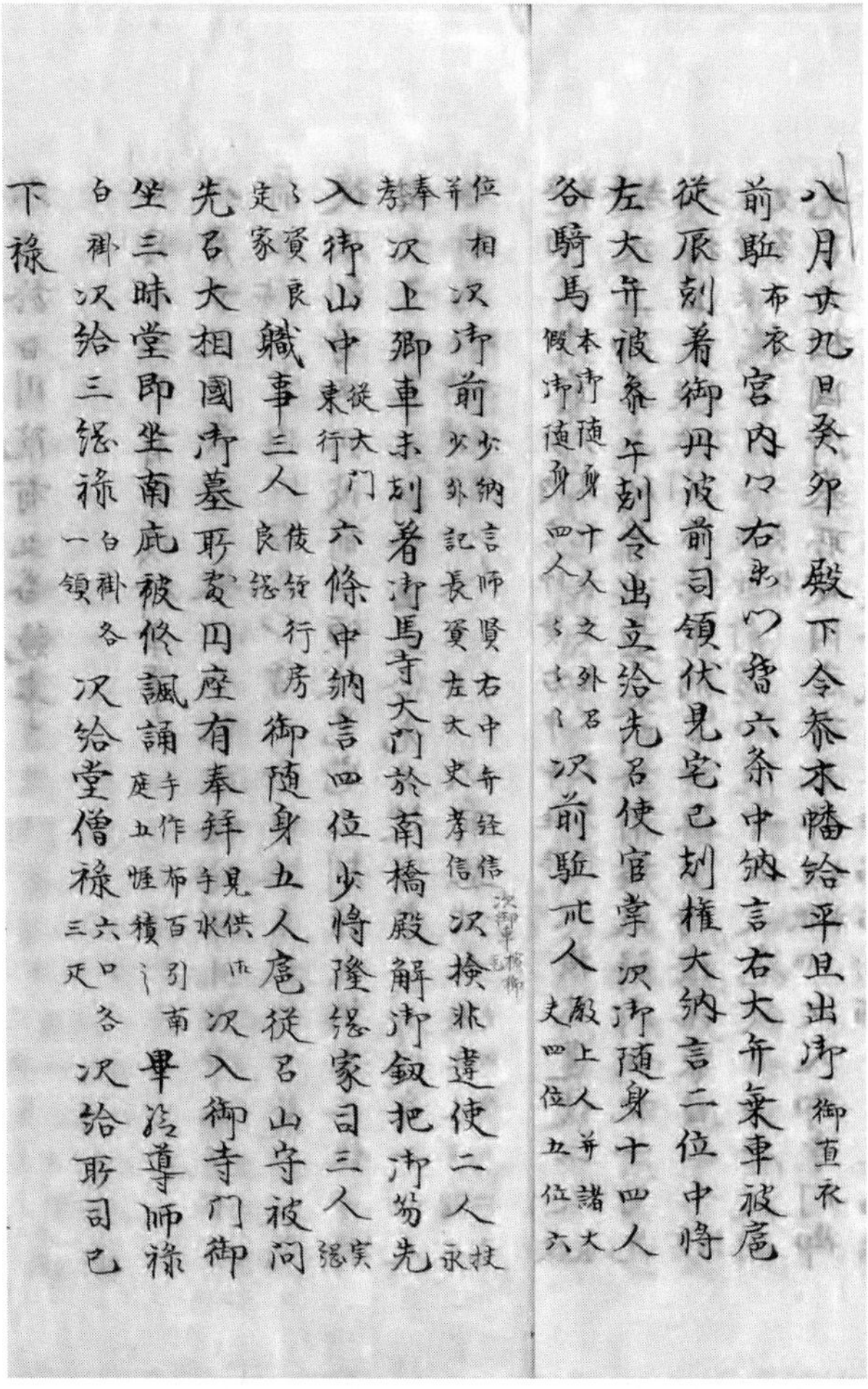

『定家朝臣記』(『康平記』，康平五年八月二十九日条．宮内庁書陵部蔵)

わった。次に三綱《さんごう》に禄〈白い褂、各一領〉を給わった。次に堂僧《どうそう》に禄〈六口《く》。各三疋〉を給わった。次に所司《しょし》以下に禄を給わった。

浄妙寺の三昧堂と多宝塔《たほうとう》が現在の宇治市立木幡小学校の地に所在したことは、発掘調査で確認されている。その大門の東方の山中に、道長の墓が所在したことになる。木幡小学校東の茶畑は、「ジョウメンジ（「浄妙寺」の転訛《てんか》したもの）墓」と通称されていたが、この茶畑から出土したと伝える青磁水注《せいじすいちゅう》（高二一・七センチ、底径八センチ、口径九・六センチ。京都国立博物館蔵）は、十世紀に中国浙江省《せっこうしょう》の越州窯《えっしゅうよう》で焼かれたものと考えられ、藤原氏の誰かの墓に副葬されたものとされる。越州窯青磁の輸入品でも、これほどの大型品は多くなく、これを道長の骨壺《こつつぼ》であると指摘する考えもあることを付記しておく（杉本宏『宇治遺跡群』）。

私は長い間、この茶畑か近世以降の墓地のどこかが道長の墓の所在した地であると考えていたが、茶畑や墓地を発掘するというのも無理があると考え、二〇二〇年（令和二）十二月四日、つまり道長の命日にこの地を訪ねたところ、墓地の先のフェンスで囲まれた一画（某修道院の敷地）に目が行った。ここならば発掘調査も可能だったことであろうと思い、その地を道長の墓の故地と確信するにいたったのである。奇《く》しくもその時の私は、道長の享年《きょうねん》と同じ年齢であった。これも定家のお導きである。

なお、宮内庁が治定《じじょう》している「宇治陵《うじのみささぎ》」は、一八七七年(明治十)に藤原氏出身の皇室関係者一七陵三墓を定めたものであるが、多くは古墳時代後期の豪族の円墳《えんぷん》である。

『知信朝臣記』と平知信

知信は、範国の孫にあたる。知信も六位蔵人や検非違使に補されている。関白藤原忠実の家司も勤めた。知信の日記である『知信朝臣記』は、陽明文庫に大治《だいじ》二年四月〜大治五年十一月、および長承元年四月〜五月の古写本二巻と、長承元年正月〜三月および同年秋冬の新写本二巻が、また京都大学附属図書館に長承元年正月〜三月の古写本一巻が、それぞれ所蔵されている。他に保延元年(一一三五)二月の流布本《るふぼん》もある。

これらは、知信が兵部少輔から兵部権大輔を経て少納言の任にあり、摂関家の藤原忠実や忠通・頼長の家司であった時期の記録であり、摂関家に関する記事が多くを占めている。なお、頼長の日記『台記別記』の長承四年二月の「頼長任大将記」は、『知信朝臣記』の誤入であるとされている。

藤原忠実の筆頭家司として、摂関家の行事を知信に記録させていたことも、たとえば忠実の『殿暦』に、「詳しい事は知信の書記に見える」などという文言が見えることからも明らかである。『知信朝臣記』は忠実家司日記と称すべき性格のものであったとされる(『平記』

「解説」)。知信が昇進するたびに、「主人(忠実)の恩」を日記に書き付けているのも(『兵範記四・範国記・知信記』「解題にかえて」)、そういった関係によるものであろう。

　また、部分的に『中右記』や『長秋記《ちょうしゅうき》』よりも詳細な記事もある。ここでそれらを詳述するわけにもいかないので、忠通の関白賀茂詣を詳細に記録した長承元年四月十九日条に記された下鴨《しもがも》社の指図を、図版として掲げておくこととする。

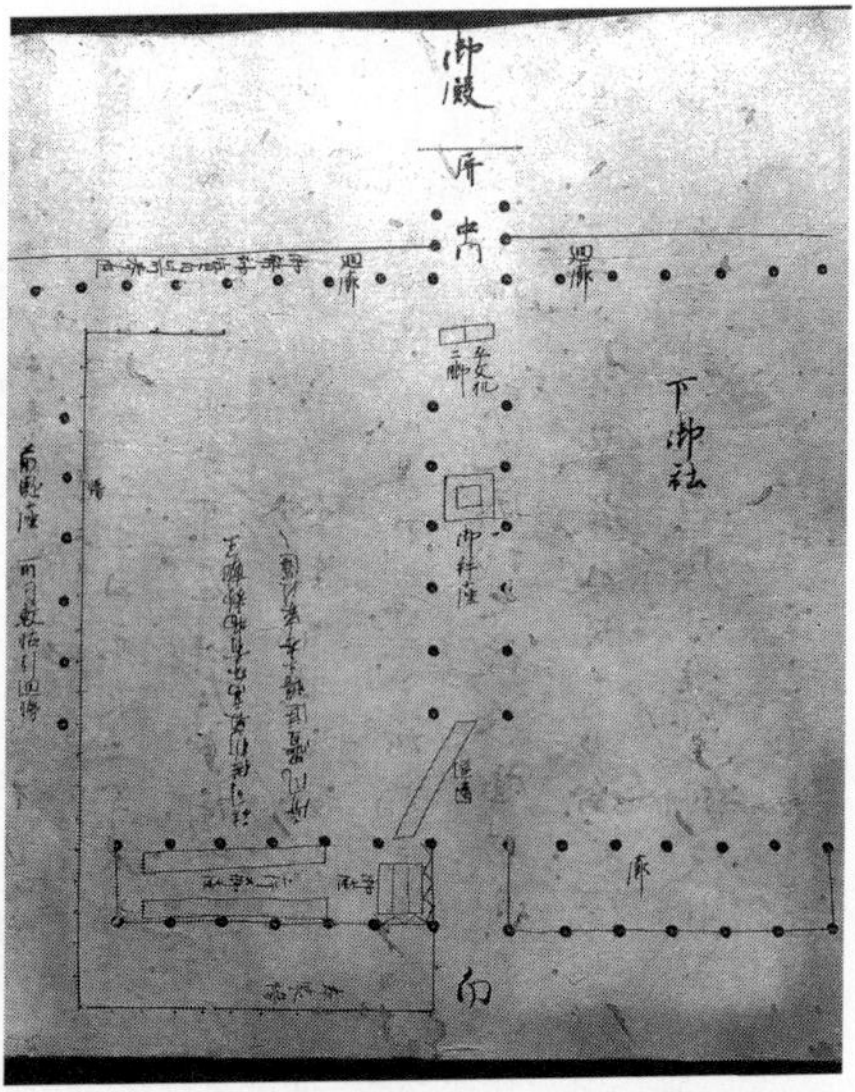

『知信朝臣記』(長承元年四月十九日条指図. 陽明文庫蔵)

『時信記』と平時信

知信の長子である時信が記録したのが、『時信記』である。時信も六位蔵人や検非違使に

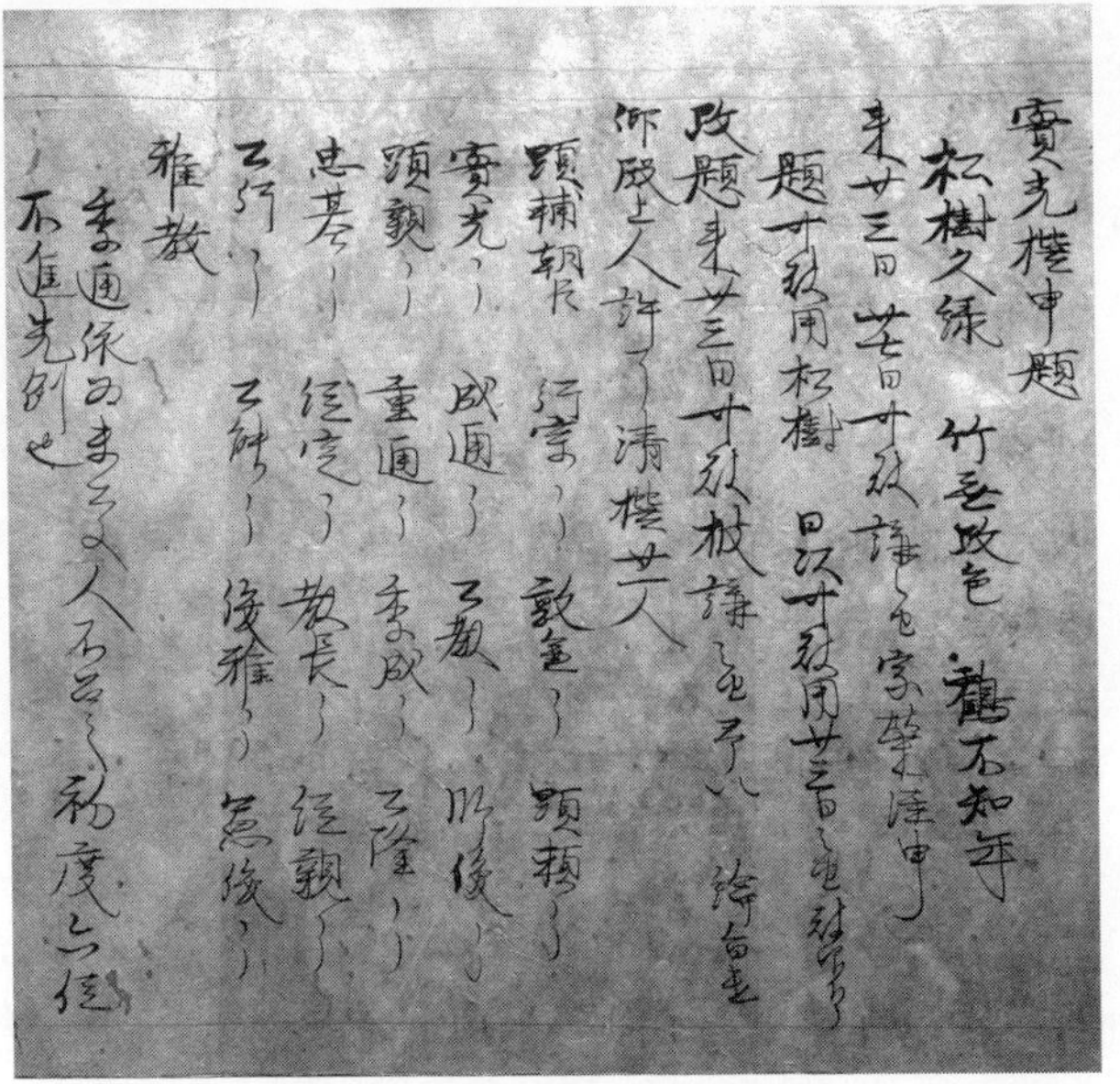

『時信記』(天承元年十月十九日条．陽明文庫蔵)

補されている。また、忠実・忠通・頼長といった摂関家に家司として仕えている。

『時信記』は、大治五年から天《てん》承《しょう》元年までの二箇年にわたる古写本二巻と新写本三巻が、陽明文庫に伝えられている。古写本のうち、大治五年から六年にかけての第一巻は、多くの条に「大治五年」の年紀を記していることから、部類記作成のために抜き出した記事が、ふたたび日付順に復原されたものである。天承元年の第二巻は、通常の日次記であるが、前半は蔵人として自身の非《ひ》蔵人《くろうど》補任《ぶにん》・昇殿《しょうでん》、最勝講《さいしょうこう》、玉竜祭《ぎょくりゅうさい》、朝覲行幸《ちょうきんぎょうこう》、日吉行幸《ひよしぎょうこう》、豊明節会《とよのあかりのせちえ》、内侍所御神楽《ないしどころみかぐら》、熾盛光法《しじょうこうほう》など朝廷の行事に関与した日記、後半は検非違使に関する詳細な記事が多い。検非違使の具体的な様子を伝えた数少ない史料である(『平記』「解説」)。

なお、時信は和歌にも造詣が深かった。天承元年十月十九日条の一部を図版として掲げるが、内裏和歌会の次第を詳密に伝えた末尾の題と名簿《みょうぶ》である。

『時範記』と平時範

以上が、『平記』と総称される日記である。以下に『平記』には入れられていないが、公家平氏の記録した二つの日記について述べることにしよう。

時範は定家の男で、五位蔵人・右少弁・右衛門権佐・検非違使・中宮大進などを経て、右大弁に上った。また関白藤原師通・忠実の家司でもあった。

『時範記』は、時範の極官によって、『右大記《うだいき》』『右御記《うぎょき》』『平右記《へいうき》』などとも称される。多くの故実書や部類記に引かれているものの、まとまって伝わるものは少なく、逸文も含めて、承保《じょうほ》二年から天仁元年までの記事が断続的に伝わっている。九条家旧蔵の承徳《じょうとく》元年(一〇九七)十一月および康和《こうわ》元年(一〇九九)正月〜三月の鎌倉《かまくら》期の古写本二巻が宮内庁書陵部、康和元年四月〜六月の新写本一冊が京都御所東山御文庫に(ただし、誤って『源基綱朝臣《みなもとのもとつなあそん》

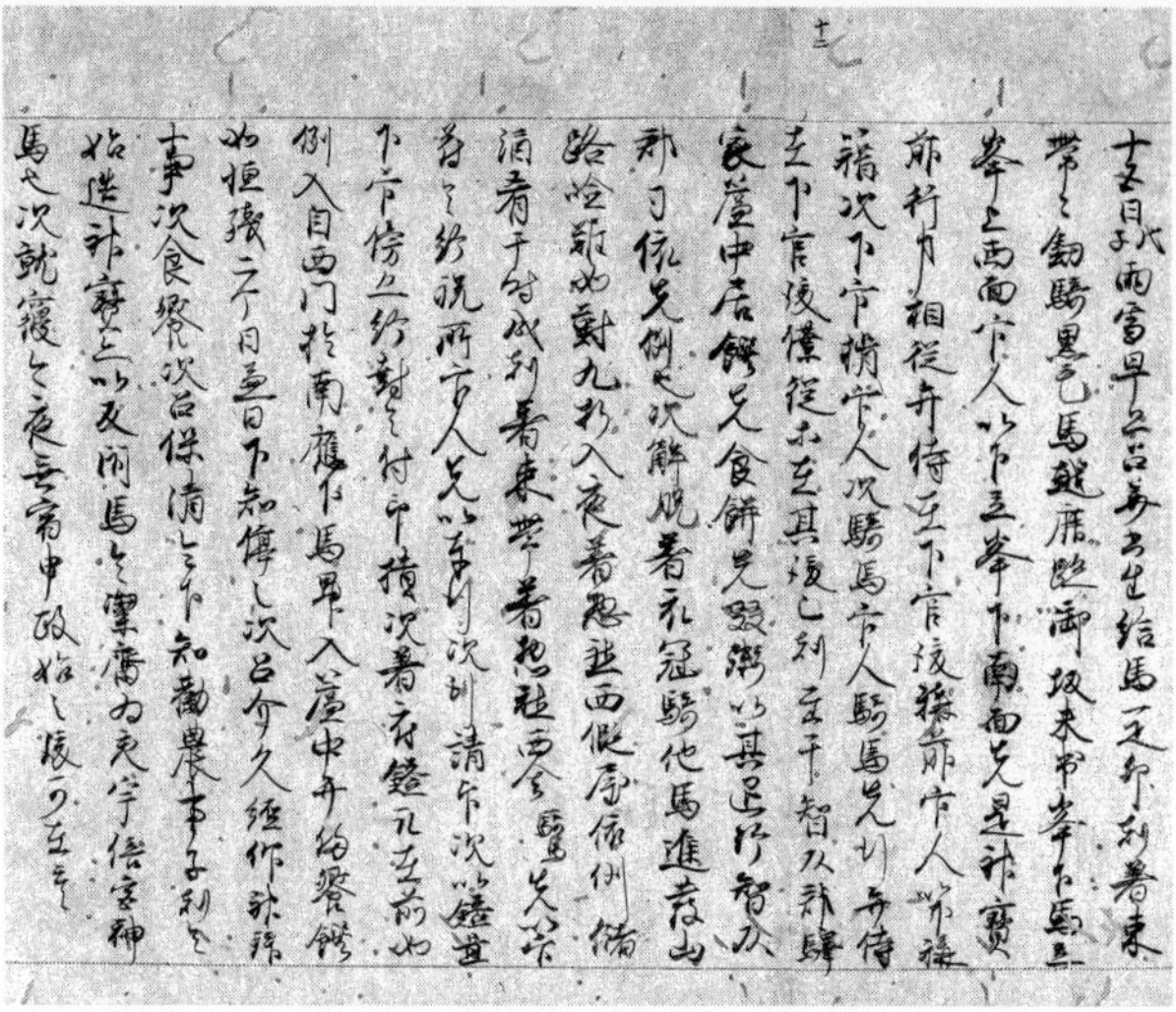

『時範記』（康和元年二月十五日条．宮内庁書陵部蔵）

記《き》』と題している）、それぞれ所蔵されている。いずれも『書陵部紀要』に翻刻がある。

なかでも康和元年二月〜四月の記事は、時範が因幡守として初任の神拝《じんぱい》のために任地に下向した時のもので、国務執行の様子が具体的に記録された、きわめて貴重な史料である。専書も刊行されているので（森公章『平安時代の国司の赴任』）、ご一読をお勧めする。ここでは、『時範記』に沿って、簡単に時範の行程を追ってみよう。

承徳二年（一〇九八）七月に因幡守に任じられた時範は、翌康和元年に初任の神拝のために任地に下向した。二月八日に関白藤原師通などの許に挨拶《あいさつ》に赴いて餞別《せんべつ》を賜わり（これを罷《まかり》申《もうし》という）、九日に京都を出発し、山陰道《さんいんどう》ではなく山陽道《さんようどう》を通って山崎《やまさき》（現京都府乙訓《おとくに》郡大山崎町《おおやまざきちょう》大山崎から大阪府三島《みしま》郡島本町《しまもとちょう》山崎）に宿泊し、十日に摂津《せっつ》国武庫《むこ》郡河面《かわもの》御牧司《みまきし》の宅（現兵庫県宝塚《たからづか》市川面《かわも》）に宿泊し、十一日には播磨《はりま》国明石《あかしの》駅家《うまや》（現神戸市西区玉津町吉田《たまつちょうよしだ》の吉田南《よしだみなみ》遺跡）で国司に迎えられている。十二日に高草《たかくさ》駅家（草上《くさのかみ》駅家か。現姫路《ひめじ》市今宿《いまじゅく》の今宿丁田《いまじゅくちょうだ》遺跡か）、十三日に「佐余《さよ》」（現兵庫県佐用《さよう》郡佐用町《さようちょう》）、十四日に美作国の境根《さかね》（坂根。現岡山県英田《あいだ》郡西粟倉村《にしあわくらそん》）に到り、仮屋に着している。いずれも周到な準備の賜物である。ここで使者を派遣し、待機していた因幡の在庁官人《ざいちょうかんじん》らに故実を問わせた。この間、十一日と十三日には「京の書」が記されている。都とも書状を往復させ、その動静につねに気を配っているのである（森公章『平安時代の国司の赴任』）。

十五日の朝、束帯《そくたい》と帯剣《たいけん》の正装に改め、国境を鹿跡御坂《ししとのみさか》（志戸坂《しとさか》峠）で越えて因幡に入った。志戸坂峠は現在も古道が残っている。時範は雨雪の鹿跡御坂の峰に登り、下馬して国境の峠に西面して立った。そして国司一行が国境を越えると、一段低い地に南面して並ぶ官人らは名前と地位を名乗り、これに国司が挨拶を返して儀式は終了した。

それから峠を下って智頭《ちづ》郡の駅家（道俣《みちまた》駅家。現鳥取県八頭《やず》郡智頭町《ちづちょう》）で境迎《さかむかえ》の宴が催された。境迎（坂迎）というのは、平安時代に新任の国司が任地に着く際、国府《こくふ》の官人が国境まで出迎えて饗応した儀式のことである。国によって、印鎰を持参したりもした。国司はそ

鹿跡御坂（志戸坂峠）

の国の国風《くにぶり》（風俗や習慣）を問い、現地の者は国司の賢愚を推量するのだという（『朝野群《ちょうやぐん》載《さい》』所載「国務条々」）。先例に従って時範が餅《もち》を食べ、次に粥《かゆ》をすすり、そのお下りを郡司《ぐんじ》に渡すという次第であった。

これも無事に済ませた時範は、「山路は嶮難《けんなん》であって九折《きゅうせつ》（つづらおり）に対するようであった」と山を下り、因幡国府に到着した。惣社《そうじゃ》の西仮屋で酒肴《しゅこう》のもてなしを受け、束帯に改め、騎馬で惣社の西舎に移って、官符《かんぷ》の請印《しょういん》を行ない、印櫃《いんびつ》の鎰を受領した。次に西門から国《こく》庁《ちょう》に入って、南庭で下馬して庁舎に入り、饗《きょう》饌《せん》を受けた後、因幡介《いなばのすけ》で後に一宮《いちのみや》となる宇倍《うべの》宮《みや》（現鳥取市国府《こくふ》町《ちょう》宮下《みやのした》の宇倍神社）の社司でもある伊福部久経《いふくべのひさつね》に神拝について命じた。因幡国庁跡（現鳥取市国府町中郷《ちゅうごう》）は発掘調査が進み、すばらしい資料館も併設している。

二十六日には惣社幣殿《へいでん》において「遠社」に幣帛《へいはく》・神宝《じんぽう》を発遣し、社司《しゃし》に告文《こうもん》を読ませて奉幣《ほうべい》を行ない、坂本社《さかもと》で奉幣、次いで法美川《ほみ》（現袋川）を舟で下って三島社《みしま》（現鳥取市秋里《あきさと》の荒木三嶋神社）、賀呂社《かろ》（現鳥取市賀露町《かろちょう》北《きた》の賀露神社）に参拝し、浜路を通って服社《はとり》（現鳥取市福部町《ふくべちょう》海士《あもう》の服部神社《はっとり》）、そして最後に美歎社《みたに》（現鳥取市国府町《こくふちょう》美歎の美歎神社）に到り、深夜の亥剋《いのこく》に国府に帰って巡拝《じゅんぱい》奉幣を終えた。

三月二日に国務を始める政始《まつりごとはじめ》を行ない、調所《ちょうしょ》・出《すい》納所《とうしょ》・案主所《あんじゅしょ》・税所《さいしょ》が作成した書類に請印した。国衙《こくが》がこれらの「所《ところ》」によって構成されていたことが知られる。

因幡国庁跡

その後は日常業務を行ない、二十六日にふたたび宇倍宮に参拝して奉幣を行なった。約四〇日の国府滞在の後、二十七日に国府を出立した。ふたたび鹿跡御坂を越え、四月三日に入洛した。まず師通、次いで大殿《おおとの》藤原師実に挨拶に赴いている。

『兵範記』と平信範

信範は知信の次男で時信の弟である。信範も蔵人や弁官を歴任し、蔵人頭から兵部卿に任じられ、位階も従三位に上った。摂関の藤原忠通や基実の家司を勤めた。

「ひょうはんき」とも訓《よ》まれる『兵範記』は、『人車記《じんしゃき》』『平洞記《へいどうき》』『平兵部記《へいひょうぶき》』『兵隣記《へいりんき》』などとも称される。記録は四〇年にもわたるが、現存しているのは一七年間で、欠落も見られる。断簡《だんかん》・流布本・抄記などを合わせると、天承元年から元暦《げんりゃく》元年の記が現存する。詳細を極めた日記には、指図を挿入したりしている。

特に保元の乱や高倉天皇即位の記事は詳細にわたり、『保元物語《ほうげんものがたり》』の記事をこれによって訂正することができる。武士の擡頭《たいとう》期に記録された『兵範記』は、公家平氏にして摂関家の家司、そして武家平氏の姻戚という立場から、新旧両勢力の内部に通暁《つうぎょう》するものである（『平安時代史事典』）。

また、「詔勅《しょうちょく》・宣命《せんみょう》・宣旨《せんじ》・御教書《みぎょうしょ》・官符《かんぷ》・令旨《りょうじ》・願文《がんもん》・諷誦文《ふじゅもん》」を収めたり、「起《き》草《そう》・浄写《じょうしゃ》・奏可《そうか》・伝宣《でんせん》」の手続きが記されたりしていて、古文書学の史料としても重要な意義を持つ。自筆清書本（浄書本）が京都大学附属図書館に二五巻、陽明文庫に二九巻、所蔵されている。藤原定家書写の東山御文庫本二巻もある。紙背にも多数の貴重な古文書を収めている（『平安時代史事典』）。同時代から評価の高かった『兵範記』は、多数の写本が作ら

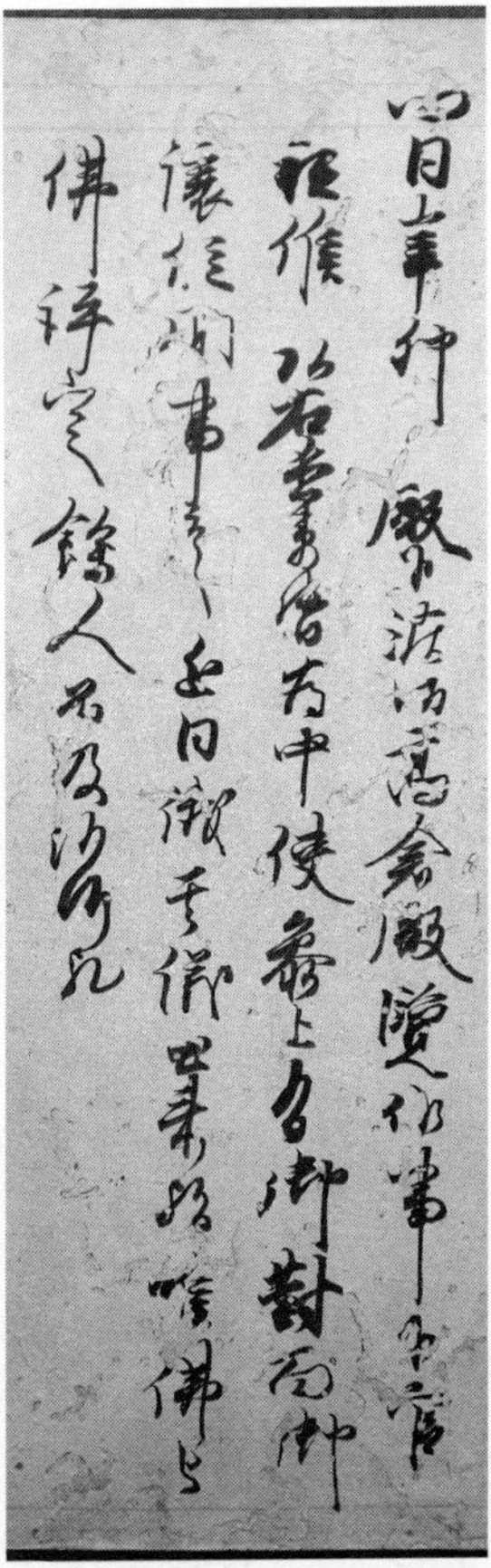

『兵範記』（保元三年八月四日条．陽明文庫蔵）

れ、各地に新写本が所蔵されている。

ここでは、美福門院藤原得子《とくし》と信西《しんぜい》入道（藤原通憲《みちのり》）の協議により、守仁《もりひと》親王の即位を実現させ（二条《にじょう》天皇）、「仏と仏との評定」と評された保元三年八月四日条を図版として掲げておく。

「日記の家」の人びと

以上、「日記の家」の人びととその日記を、簡単に眺めてきた。松薗氏が指摘されたように、彼らは二つの家流に分かれても、日記を通じて交流を行ない、彼らの日記のかなりの部分が主家の摂関家に所蔵され、摂関家の家記の管理にも携わっていた（松薗斉『日記の家』）。

諸大夫層としての公家平氏にとっては、蔵人・弁官・検非違使など日々の職務に加えて、このような日記に関わるもう一つの重要な業務が存在し、それが彼らの家の存続と繁栄に直結していたことになる。

それは世界の歴史のなかでも稀《まれ》な「平安」の時代における、きわめて象徴的な文化、そして政治のあり方だったのである。しかし、平安時代も後期になると、自力救済（＝暴力）という、もう一つの政治の解決方式が現われ、徐々に政治の中心へとその勢力を拡大していく。その一翼を担ったのも、また桓武平氏であった。公家平氏も、その流れに身を置かざるを得なくなっていくのである。

第四章　武家平氏の葛藤

　ここでふたたび、目を坂東《ばんどう》の地にも向けてみよう。平将門を天慶《てんぎょう》三年（九四〇）に滅ぼした後も、高望流桓武平氏の諸家は、関東各地、そして京都、さらには伊勢《いせ》において、それぞれの勢力を扶植させ、互いに抗争を続けながら盤踞《ばんきょ》していた。まさに将門が国家に対して反乱を起こした前夜と同じ状況を呈していたのである。

　当時の武士を、都における中央軍事貴族、坂東における辺境軍事貴族《へんきょうぐんじきぞく》と二者択一的に分類することはできず、都に本拠を持ちながら坂東で勢力を拡《ひろ》げる武者、坂東に地盤を置きながら都でも活動する武者、というのが実状ではあったが、とりあえずは貞盛と弟の繁盛の子孫の都における武者としての活動（特に摂関家との関わり）、貞盛の叔父にあたる良兼や良文の子孫といった一族の関東における辺境軍事貴族としての活動、そして維衡の子孫たちの伊勢における活動と伊勢平氏の成立について、それぞれその具体相を眺めていくことにしよう。

なお、平氏に限らず、武家の系譜はかならずしも史実としての血縁を伝えたものではないことを、ふたたび強調しておく。古く石井進氏が喝破されたように、中世武士団《ぶしだん》のほとんどが、中央貴族の後裔や落胤《らくいん》が地方に下って豪族となり、武士となったように称しているからといって、それをすぐに客観的事実だとは即断できない。むしろその多くは虚構であり、旧来の在地豪族《ざいちごうぞく》が中央の有力貴族と主従関係を結んだ事実の反映であるに過ぎない可能性もあるのである（石井進『中世武士団』）。

1　貞盛流武家平氏

「天慶勲功者」の子孫

天慶の乱の鎮圧《ちんあつ》にあたった藤原秀郷・平貞盛・源経基といった「天慶勲功者《くんこうしゃ》」の子孫は、「兵の家《つわもの》」（『今昔物語集《こんじゃくものがたりしゅう》』）、「武者の種胤《むしゃしゅいん》」（『小右記《しょうゆうき》』）として、中央における軍事貴族の地位を独占した。武士という身分は、政府・宮廷貴族、地方国衙《こくが》が天慶勲功者を武士として認知することで成立したのである（下向井龍彦『武士の成長と院政』）。それは国衙の「譜第《ふだい》図《ず》」に家系が登録され（石井進『鎌倉武士の実像』）、合戦において歴とした「氏文《うじぶみ》よみ」の名乗りをすることができ、「祖先なき下郎《げろう》ども」とは区別される存在としての身分であった。

勲功者は論功行賞《ろんこうこうしょう》によって衛府《えふ》や馬寮《めりょう》の官人に登用され、在京勤務が命じられた。武士たちも、京都の宮廷社会のなかで検非違使《けびいし》や受領《ずりょう》を歴任することを目指し、その一方では摂関家《せっかんけ》などの家人《けにん》になって身辺警護や受領としての奉仕に努めるなど、有力権門《けんもん》との密着を強めた（下向井龍彦『武士の成長と院政』）。

その意味では、皮肉なことながら、桓武平氏の庶流《しょりゅう》として坂東に下向した平高望の、そのまた庶流である平将門の反乱こそが、後の時代の武士を生み出すきっかけとなったことになる。そして将門討滅にもっとも功績のあった秀郷の子孫が、安和《あんな》の変で経基の子である源満仲《みつなか》の密告によって（都では）没落した結果、源氏と平氏が並び立つことになった。

かつては、武士というのは草深い東国《とうごく》の農村で開発に専念しながら武器を持って立ち上がり、享楽に耽《ふけ》る退嬰《たいえい》的な京都の貴族を打倒した存在である、という図式（「在地領主制論《ざいちりょうしゅせいろん》」）が語られていた。それは近世の武家社会、近代の帝国日本の国家主義的政策（国民皆兵《こくみんかいへい》とアジア侵略）ともよく合致する歴史像であり、また戦後歴史学の発展段階論《はってんだんかいろん》的図式とも都合よく組み合わされたことから、ほとんど常識的な構図として国民に浸透してしまった。

しかし、二十世紀末頃から武士論の見直しが中世史研究者のあいだで行なわれ、武士の暴

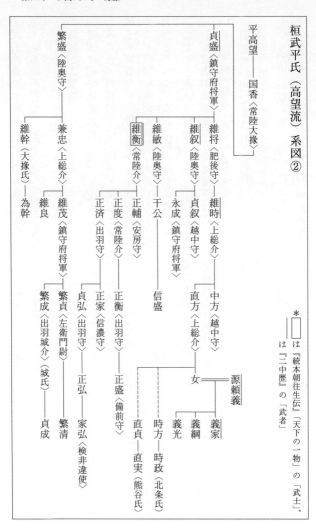

桓武平氏（高望流）系図②

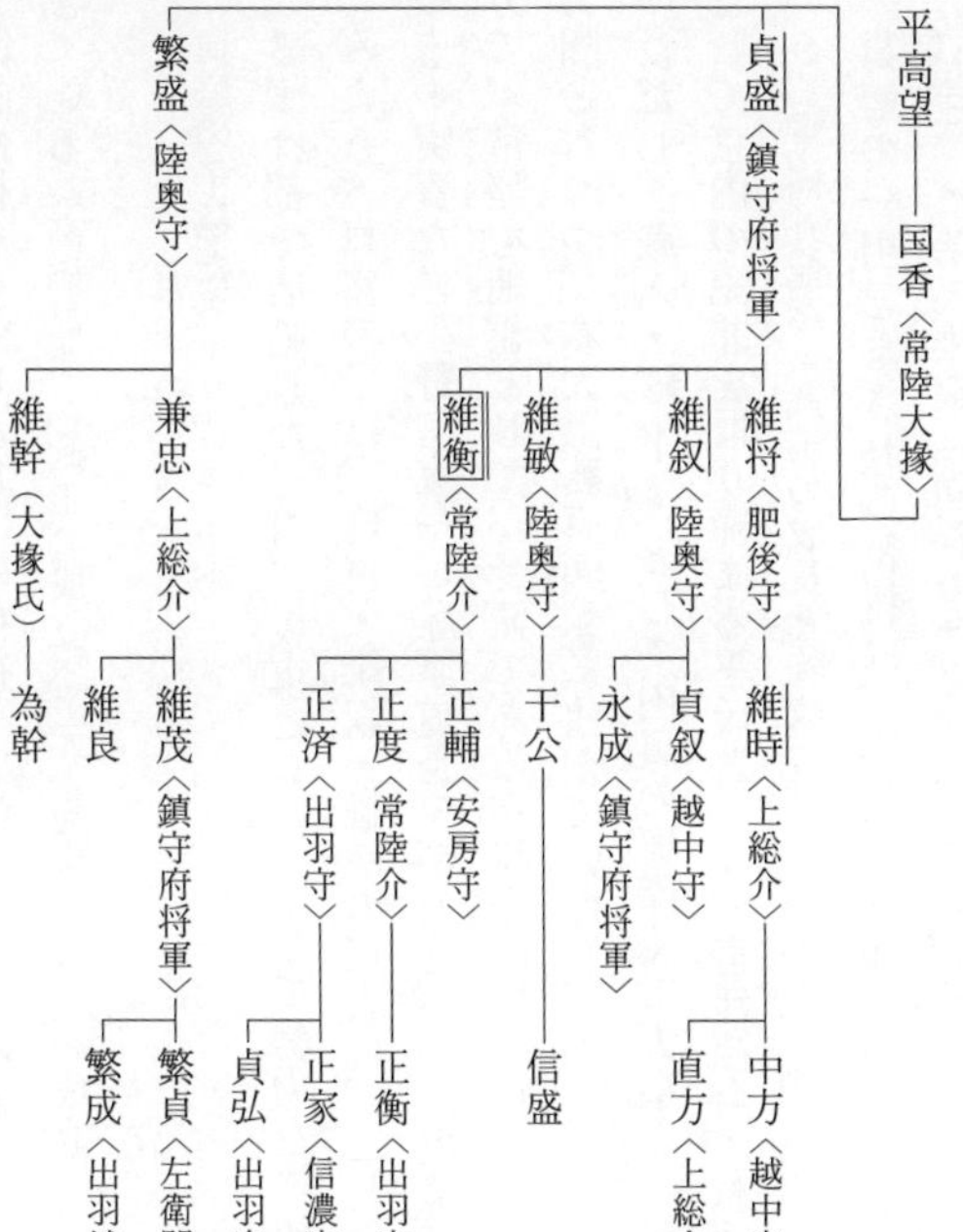

＊□は『続本朝往生伝』「天下の一物」の「武士」、
──は『二中歴』の「武者」

力団的性格やケガレとしての存在、また貴族志向の強さ、芸能的側面などが明らかになってきている(髙橋昌明『武士の成立』、元木泰雄『武士の成立』)。

貞盛の子孫たち

まずは都で活動しながら、坂東にも留住《りゅうじゅう》して勢力を扶植していた、貞盛の子孫たちを見てみよう。貞盛の子は、維将《これまさ》・維叙《これのぶ》・維敏《これとし》の三人は、これも都の武者として活動し、実頼・頼忠・実資など小野宮家《おののみやけ》や、藤原道長・頼通といった摂関家の家人《けにん》として奉仕した。その一方で、常陸《ひたち》を地盤として、受領である常陸介《ひたちのすけ》に任じられてもいた。四男の維衡《これひら》は伊勢《いせ》国を勢力圏としつつ、右大臣《うだいじん》藤原顕光《あきみつ》に仕えていた。

ただし、蔵人《くろうど》・殿上人《てんじょうびと》として内裏《だいり》の奥深くで天皇を直接警固《けいご》していた源氏と、検非違使として京内の犯罪を取り締まる平氏とでは、宮廷社会における家格の差は歴然としていたという(下向井龍彦『武士の成長と院政』)。

貞盛の一男ともされる維将は、実父は繁盛との伝えもあるが(『尊卑分脈《そんぴぶんみゃく》』)、天延《てんえん》元年(九七三)に弟の維叙と同官ではまずいというので右衛門少尉《えもんのしょうじょう》から左衛門少尉《さえもんのしょうじょう》に遷ったという記事が見える(『親信卿記《ちかのぶきょうき》』)。後に相模介《さがみのすけ》に任じられた。その受領功過定《ずりょうこうかさだめ》では、大嘗会悠紀所《だいじょうえゆきしょ》の召物《めしもの》を立用《りゅうよう》したのに塡納《てんのう》しなかったというので、議論となっている(『北山《ほくざん》抄《しょう》』）。なお、この執論を行なったのは藤原伊周である。『尊卑分脈』では、従五位上で常陸介・筑前守《ちくぜんのかみ》・肥後守《ひごのかみ》に任じられたとある。京中では左京二条万里《にじょうまり》小路に宅を設けていたらしい。

ちなみに、維将の妻は藤原雅正《まさただ》の女《むすめ》で、紫式部《むらさきしきぶ》にとって父方の伯母にあたる。その縁も

常陸国府故地

平維将邸故地（二条万里小路）

あってか、紫式部の従姉妹《いとこ》にあたる維将の女は、紫式部と姉妹の約束をしたほど親密な関係にあり、維将が肥前守《ひぜんのかみ》として下向する時には同行するか否かを悩んだり、二人が文通を続けたりしたことが、『紫式部集《むらさきしきぶしゅう》』に語られている。なお、この維将の女は肥前《ひぜん》で死去している。

維将の子の維時《これとき》は、貞盛の養子となった。永延《えいえん》二年（九八八）に右兵衛尉《うひょうえのじょう》であった時、武人として有名であった藤原保輔《やすすけ》に殺害されかけたのも（『小右記』）、維時の武者としての勇名によるものであろう。正暦《しょうりゃく》五年（九九四）にも「武勇の人」「武者」として源満正《みつまさ》・源頼親《よりちか》・源頼信とともに京中および国々の盗賊捜索に派遣された（『日本紀略《にほんきりゃく》』『本朝世紀《ほんちょうせいき》』）。翌長徳《ちょうとく》元年（九九五）に肥前守に任じられた（『権記』）。長徳二年（九九六）に藤原伊周・隆家兄弟が左降された際（長徳の変）、維時は検非違使・左衛門尉《さえもんのじょう》として伊周を大宰府《だざいふ》に配流《はいる》する領送使《りょうそうし》を務めた。東三条院《ひがしさんじょういん》（藤原詮子）判官代《はんがんだい》にも補されている。

維時は後に従四位下に叙され、常陸介・上総介《かずさのすけ》を歴任し、長和《ちょうわ》五年（一〇一六）には道長に馬二〇疋・女馬二〇疋、寛仁《かんにん》二年（一〇一八）にも道長に馬二〇疋を貢上している（『御堂《みどう》関白記《かんぱくき》』）。関白《かんぱく》藤原頼通の家人ともなった。

寛仁四年（一〇二〇）に繁盛の孫の平為幹《ためもと》が故常陸介藤原惟通《これみち》の妻子を強姦《ごうかん》したとして訴えられた際には、為幹の身柄を預かっている（『小右記』）。万寿《まんじゅ》二年（一〇二五）には淀《よど》川の河尻《かわじり》から塩湯を小船に入れて、岡屋《おかのや》（現京都市山科《やましな》区六地蔵町《ろくじぞうちょう》）にあった維時宅に運び、内《ない》大臣《だいじん》藤原教通がそこで塩湯治《しおとうじ》を行なっている。「近辺の宅および往還の人に事の煩いがあった」と言われたという（『小右記』）。寸白《すばく》（主にさなだ虫によって起こる病気）を病んでいたと見え（『小右記』）、長元四年（一〇三一）、衰老《すいろう》・病痾《びょうあ》によって上総介を辞した（『小右記』『左《さ》経記《けいき》』）。『二中歴《にちゅうれき》』で「武者」を列挙した項に、維時の名が見える。

維時の子が、中方《なかかた》と直方《なおかた》である。中方は寛仁三年（一〇一九）に東女真族《ひがしじょしん》が北部九州を襲撃した、いわゆる「刀伊《とい》の入寇《にゅうこう》」に際して、対馬守《つしまのかみ》高橋仲堪《なかとう》が、文人《ぶんじん》ではなく武人《ぶじん》でもなく、智略《ちりゃく》も乏しいということで、大宰府が大宰大監《だざいのだいげん》の中方を対馬に遣わして不慮の事態に備えたいと申請した。中方は文章生《もんじょうしょう》ではあるが、また弓馬《きゅうば》を習ったとある（『小右記』）。その後、左衛門少尉・検非違使を経て（『権記』）、越中守に任じられた（『小右記』）。

直方は父とともに頼通の家人となり、治安《じあん》三年（一〇二三）に右衛門尉《えもんのじょう》として検非違使に補された。ただし、万寿元年（一〇二四）に犯人追捕《ついぶ》のため摂津《せっつ》に下向したために賀茂斎《かもさい》院御禊《いんごけい》の前駆《ぜんく》を務めなかったのは、詐偽かとされた（『小右記』）。

そして長元元年（一〇二八）に平忠常の追討使《ついとうし》となった。忠常の乱は、良文流の忠常が安《あ》房国府《わこくふ》（現千葉県南房総《みなみぼうそう》市府中《ふちゅう》か）を襲撃し、安房守《あわのかみ》平惟忠《これただ》を焼殺したことに端を発しているが（『応徳元年皇代記《おうとくがんねんこうだいき》』）、この惟忠は武家の平氏ではなく、高棟王系の平氏であった可能性

安房国府故地（元八幡神社）

が高い（倉本一宏『内戦の日本古代史』）。

直方にとっては、この追討は南関東《かんとう》の覇《は》を争う貞盛流平氏と良文流平氏の決戦なのであった。直方の父である維時が上総介、同じ貞盛流の正《まさ》輔《すけ》が安房守、良兼流の平致方《むねかた》が武蔵守《むさしのかみ》に任じられるなど、平氏内部の私戦といった色合いが濃厚となる。これによって、忠常側の激しい抵抗をうけ、乱を鎮定できないまま、直方は同じ追討使の中原成通《なかはらのなりみち》と不和となり、「勲功無し」として、長元三年（一〇三〇）に追討使を更迭《こうてつ》された（『小右記』）。

それでもその後、従五位上に叙されて能登《のとの》守《かみ》・上野介《こうずけのすけ》などを歴任し、都の武者として活躍した。長暦《ちょうりゃく》三年（一〇三九）には、山僧強《さんそうごう》訴《そ》に対して頼通の高倉第《たかくらてい》の防御にあたり（『扶《ふ》桑略記《そうりゃっき》』『百練抄《ひゃくれんしょう》』）、永承《えいしょう》三年（一〇四八）には頼通の高野山詣《こうやさんもうで》に供奉《ぐぶ》した（『宇治関白高野御参詣記《うじかんぱくこうやごさんけいき》』）。

直方は、自分に代わって平忠常の乱を鎮定した源頼信の子の頼義《よりよし》を婿とし、義家《よしいえ》・義綱《よしつな》・義光《よしみつ》ら河内《かわち》源氏の外祖父《がいそふ》となった。直方は頼義に相模国《さがみ》鎌倉《かまくら》の所領を譲渡したといい、後に河内源氏が鎌倉を東国経営の拠点にした淵源《えんげん》となったという。鎌倉といえば、鎌倉幕府《かまくらばくふ》成立期に活躍した熊谷《くまがい》氏や幕府を支えた北条《ほうじょう》氏は、その祖を直方に求めているが、史実としての血縁とは、また別の話である。これも河内源氏と直方との深い関係、また直方の高い地位によるものであろう。

貞盛の子の世代に戻ろう。維叙は実は右大将《うだいしょう》藤原済時の子とも伝わる（『尊卑分脈』）。藤原実資の家人を勤め、天延元年に右衛門少尉（『親信卿記』）、永観《えいかん》元年（九八三）に肥前守に任じられた後（『類聚符宣抄《るいじゅうふせんしょう》』）、上野介・常陸介・陸奥守《むつのかみ》など受領を歴任し、従四位下に上った（『尊卑分脈』『北山抄』）。長徳二年には、藤原伊周・隆家の配流決定に際して内裏の警固にあたった。道長に対しても、貢馬や金峯山詣《きんぶせんもうで》の出迎えなどの奉仕を行なっている（『御堂関白記』）。実はこの時、伊周と隆家が、良兼流の平致頼《むねより》と相語って、道長を殺害しようとしたこともあり（『小記目録《しょうきもくろく》』）、道長の出迎えは尋常ならざる奉仕だったのである。

維叙の三条の宅は、寛弘二年（一〇〇五）に焼亡したことが見える（『御堂関白記』）。長和四年（一〇一五）に上野介を辞し（『御堂関白記』）、翌長和五年、病気によって出家した。実資はこれを見舞っている（『小右記』）。『二中歴』で「武者」を列挙した項にも、維叙の名が見える。ただし、維叙の子孫は振るわなかった。

『今昔物語集』には、維叙が陸奥守として神拝《じんぱい》を行なった際に復興した神社の神が、報恩として常陸守（常陸介）に任官させたという説話が載せられている。

維叙の弟である維敏は、衛門尉《えもんのじょう》として天元《てんげん》五年（九八二）の検非違使定で、検非違使の候補となった。太政大臣《だいじょうだいじん》藤原頼忠は、「追捕の賞が有り、貞盛の子として頗《すこぶ》る名を揚げた」として維敏を推挙したが、円融天皇の勅定《ちょくじょう》から漏れてしまった（『小右記』）。正暦四年（九九三）、実資が肥前守に任じられた維敏に平緒《ひらお》を与えており、維敏が実資の家人であったことがわかる。しかし、翌正暦五年、維敏は任地の肥前で死去した。従五位下。これも子孫は振るわなかった。なお、花山天皇が藤原兼家の策謀によって藤原道兼とともに出家しようとした際、兼家は道兼の出家を止める使として、維敏を遣わしたという説話が、『江談抄《ごうだんしょう》』や『水原抄《すいげんしょう》』に見える。

このように、貞盛の子のうち、維将・維叙・維敏の三人とその子孫は、都で検非違使や衛府の官人として活動するかたわら、小野宮家や摂関家の家人となり、受領にも任じられて任地に下向し、その財でもって小野宮家や摂関家に奉仕していた。また、都や近国において武力を必要とした場合には、本来の職務を遂行して、治安の維持に努めていた。

ただし、その子孫は概して振るわなかった。維将の孫である直方が、河内源氏の源頼義をその女の婿として、義家・義綱・義光の外祖父となったことが、直方の名を後世、高めることとなった。鎌倉御家人《ごけにん》の北条氏や熊谷氏が、その祖を直方に求めているのも、その例である。

一方、貞盛四男の維衡は、伊勢平氏の祖とされる。この門流については、節を改めて述べることとする。

繁盛の子孫たち

ここでは、貞盛の弟である繁盛の子孫について述べることとする。繁盛自身の天慶の乱における勲功や、その後の都における活動は、実は明らかではないのであるが、とりあえず貞盛の子孫に続いて述べておくこととしよう。

繁盛の子である兼忠は、従五位上出羽介《でわのすけ》であったが、天元三年（九八〇）に秋田《あきた》城において警固を勤行させられている（『類聚符宣抄』）。その後、上総介に任じられたが、その際の事件については、後に述べる。兼忠は道長を本主と仰いでおり、長和元年（一〇一二）に死去した際には、道長に馬二疋を貢上することを約束しており、子の維良《これよし》がこれを献上している（『御堂関白記』）。

兼忠の子とされ、余五将軍《よごしょうぐん》として有名な維茂《これもち》は、実は確実な史料には登場せず、維良と同一人物であると考えられている（野口実『中世東国武士団の研究』）。一応、維茂についての説話類を並べておくと、『尊卑分脈』では繁盛の子、『今昔物語集』では兼忠の子、『吾妻《あずま》鏡《かがみ》』では貞盛の弟とされており、いずれにしても貞盛の養子に入り、十五男として余五将軍と称されたという。

『吾妻鏡』によれば、勇敢であることは上古《じょうこ》に恥じず、鎮守府将軍《ちんじゅふしょうぐん》の宣旨を蒙《こうむ》る前に、みずから将軍を称したという。また、毎日、法華経《ほけきょう》を転読《てんどく》し、恵心僧都《えしんそうず》（源信《げんしん》）に謁見《えっけん》すると、往生極楽が大切であることを談《かた》ったという。仏教に帰依《きえ》したことは、『後拾遺往生伝《ごしゅういおうじょうでん》』や『元亨釈書《げんこうしゃくしょ》』でも語られている。八十歳で往生を遂げたことになっている。

『今昔物語集』には、維茂の第一の郎等太郎介《ろうどうたろうのすけ》が、これを父の敵《かたき》と知った兼忠の小侍男《こさむらいおとこ》に殺された説話、また藤原諸任《もろとう》と合戦に及び、諸任を討って名を挙げた説話を収めている。

越後《えちご》国の城《じょう》氏の祖とされ、その墓所は維茂が建立した平等寺《びょうどうじ》（現新潟県東蒲原《ひがしかんばら》郡阿賀町《あがまち》）にあり、寛文《かんぶん》八年（一六六八）に保科正之《ほしなまさゆき》によって碑石が建立された。

史実としての維良の方は、坂東で勢力を振るっていたようで、長保《ちょうほう》五年（一〇〇三）に下総《しもうさ》・武蔵《むさし》両国司から、維良が兵乱を起こしたことが言上され（『小記目録』）、府館を焼亡し、官物《かんもつ》を掠虜《りゃくりょ》したことが陣定《じんのさだめ》で議定《ぎじょう》されている（『百練抄』『本朝世紀』）。そして押領使《おうりょうし》が派遣され、追捕が定められたが、越後に逃れた。越後でも紛争を起こしたが、越後守《えちごのかみ》の申請によって追討は停止《ちょうじ》された（『権記』）。その後、赦免されたようであるが、これは道長との関係によるものであろう。

そして維良は従五位上で鎮守府将軍に補されて陸奥《むつ》国に居住した。長和元年に馬六疋を道長に献上している（『御堂関白記』）。長和三年（一〇一四）には上京して馬二二疋・胡簶《やなぐい》・鷲《わし》羽《う》・砂金・絹・綿・布など数万の物を道長に貢上した。鎮守府将軍の重任《ちょうにん》を依頼するためである。人びとは道路に市を成して見物したという。実資は、「この維良は、初め追捕官符《ついぶかんぷ》を蒙った。幾《いく》ばくを経ずに栄爵《えいしゃく》に預かった。また、将軍に任じられたのは、財貨の力である。外土《がいど》の狼戻《ろうれい》の輩《やから》が、いよいよ濫《みだ》りに財宝を貯え、官爵《かんしゃく》を買う計略を企てたのか。悲しい代である、悲しい代である」と嘆いている（『小右記』）。

見事に鎮守府将軍の重任を勝ち取り、相変わらず道長に馬を献上していたが、寛仁二年には今度は陸奥守と紛争を起こして合戦に及んだものの（『小記目録』）、推問使《すいもんし》が派遣されて落着した。

治安二年（一〇二二）に死去したが（『小記目録』）、まことに武辺《ぶへん》一辺倒の人生であったと称されよう。

維茂（維良）の子の繁貞《しげさだ》は、『尊卑分脈』では生母は土佐守《とさのかみ》藤原季随《すえより》の女とされる。左衛門尉に任じられ、検非違使に補された。寛仁二年に前帯刀《さきのたちはき》の繁貞が道長に馬四疋を献上している（『御堂関白記』）。長暦二年（一〇三八）には、越後国の事によって勅勘《ちょっかん》を蒙ることが三年に及んでいるが、その郎等を国司が追捕するよう、宣旨を給わったとして、関白頼通が繁貞を免除するよう命じている（『春記《しゅんき》』）。きっと頼通にも莫大な貢上を行なっていたのであろう。位階《いかい》は従五位下とある（『尊卑分脈』）。

繁貞の子の繁清《しげきよ》も、左衛門尉・検非違使を勤め、従五位下に上った。康平《こうへい》二年（一〇五九）の無量寿院五大堂供養《むりょうじゅいんごだいどうくよう》で、導師《どうし》の執蓋《しっかい》（笠の長柄《ながえ》を捧げ持つ役）を務めている（『定家《さだいえ》朝臣記《あそんき》』）。

繁貞の弟の繁成《しげなり》（重成）は、永承《えいしょう》五年（一〇五〇）に従五位下で秋田城介《あきたじょうのすけ》に補された（『春記』）。醍醐天皇の昌泰《しょうたい》年間（八九八〜九〇一）以来、久しくこの官を置かなかったが、ここに旧に復したとある（『吾妻鏡』）。安倍頼良《よりよし》の「奥六郡《おくろくぐん》」以南への勢力南下という、緊迫した奥州情勢に対応したものであろう。翌永承六年（一〇五一）、陸奥守藤原登任《なりとう》は、すでに維茂の姉妹と結婚していたが、ここで繁成と合流して、頼良を攻めた（『陸奥話記《むつわき》』）。鬼《おに》切部《きりべ》（現宮城県大崎《おおさき》市鳴子温泉鬼首《なるこおんせんおにこうべ》）で合戦となったが、登任・繁成は大敗した。「奥州十《おうしゅうじゅう》二年合戦《にねんかっせん》」（前九年の役《ぜんくねんのえき》）のはじまりである。登任に代わって源頼義が陸奥守に任じられたというのも、当時の源平両家に対する朝廷の認識をよく表わしている。この繁成の子孫が、秋田城介を継いでいき、城氏を称することとなった。

　繁盛の子の世代に戻ると、兼忠の弟の維幹も、貞盛の養子となった。実資の家人を勤め、長保元年（九九九）に、貞盛の子の常陸介維叙を通して実資に花山院の年給《ねんきゅう》による従五位下への叙爵《じょしゃく》の斡旋《あっせん》を依頼している。爵料《しゃくりょう》の不足分の絹二六疋と自分の名簿《みょうぶ》を送ってきた。実資は、「維幹は私の僕《しもべ》である」と記している（『小右記』）。これで従五位下の位階を帯したことで、「多気大夫《たけのたいふ》」を称したという。筑波山《つくばさん》の西南麓に中世の多気山城《たきやまじょう》跡（現つくば市〔旧筑波郡筑波町〕北条《ほうじょう》）と水守城《みもりじょう》跡（現つくば市〔旧筑波町〕水守）が残っており、ここが根拠地であった。

　この時期、貞盛流平氏と良文流平氏は、坂東を舞台に抗争を続けており、源頼信が常陸介在任中に、「二千人ばかり」の国衙軍（「館《たち》ノ兵共」）で、この維幹の「三千騎の軍」（「国ノ兵共」）と共同して平忠常を攻めて降伏させたという、『今昔物語集』の有名な説話がある（石井進『鎌倉武士の実像』）。『古本説話集《こほんせつわしゅう》』には、その富豪ぶりが描かれている。維幹の家は常陸大掾《ひたちのだいじょう》を世襲したとして、大掾《だいじょう》氏を称し、常陸平氏の祖となった。

　維幹の子の為幹は、寛仁四年に故常陸介藤原惟通の妻子を強姦した（『小記目録』）。妻と母が上京して訴え、為幹は弓場《ゆば》に拘禁《こうきん》されたものの、検非違使庁《けびいしちょう》の召問《しょうもん》には病を称して出向せず（『左経記』）、治安元年（一〇二一）に罪名勘文が進上されたが、結局は許されている

（『小右記』）。為幹はこの事件にしか、一次史料に登場しない。

以上、「天慶勲功者」である貞盛の子弟、およびその子孫は、中央軍事貴族として上級貴族の許に出入りして奉仕を続けながら、常陸にも地盤を有して、国衙に一定の地歩を築く辺境軍事貴族としての立場も保持していったのである（元木泰雄『武士の成立』）。

ただし、都においては、源氏はもちろん、伊勢に進出した維衡流に比べても、その地位は低いものであったし、坂東においても、良兼・良文流の平氏と比較すると、その子孫は大きな成長を見せることはなかった。こうして後の時代には、貞盛流伊勢平氏と、坂東武者としての良兼・良文流平氏とが、未曾有《みぞう》の戦乱を繰りひろげることになるのである。

2　貞盛流以外の武家平氏

次に視線を、いま少し坂東の方向に向けてみることにしよう。とはいえ、彼ら貞盛流以外の武家平氏も、完全に坂東に土着《どちゃく》していたわけではない。辺境軍事貴族とはいっても、都にも居宅を持って貴顕《きけん》の邸第《ていだい》に出入りし、官位の上昇を望んでいたのである。できることなら都で出世したいとも願っていたはずである。また、一家全員が武士となったわけでもなく、兄弟のなかには蔵人などに補されたり、学者になったりした者も、数多く存在した。

ここでは、主に坂東に視点を置きながら、高望流桓武平氏がその勢力を拡大していった過程を眺めることにしよう。平安時代末期以降になると、私も専門外の時代になるので、『国史大辞典』や『平安時代史事典』（主に野口実氏の執筆）の成果にお世話になることにする。

ちなみに、彼ら平氏の諸家が各地に進出してその名字《みょうじ》（苗字）を名乗った場合、正確にはそれは「家」と称すべきなのであるが、ここでは慣例に従って「千葉氏」や「三浦氏」などのように、「氏」と称することとする。

良兼流の平氏

平将門の乱において、将門と対立した良兼の子孫たちから見ていくことにしよう。良兼の子としては、公雅と公連が知られる。

承平《じょうへい》七年（九三七）には公雅・公連ともに将門によって追捕される対象となったが、天慶三年に将門の謀反《むへん》が明らかになると、将門を追討する「東国の掾八人」として、公雅が上総《かずさの》掾《じょう》、公連が下総権少掾《しもうさのごんのしょうじょう》に任じられ、追捕凶賊使《ついぶきょうぞくし》を兼ねた。やがて将門が敗死すると、公雅は残党を掃討した恩賞《おんしょう》で従五位上に叙されて安房守に任じられ、天慶五年（九四二）には武蔵守に遷っている。将門の乱で荒廃した金龍山浅草寺《きんりゅうざんせんそうじ》（現東京都台東区浅草）を再建し

桓武平氏（高望流）系図③

＊□は『続本朝往生伝』「天下の一物」の「武士」、——は『二中歴』の「武者」、……は坂東八平氏

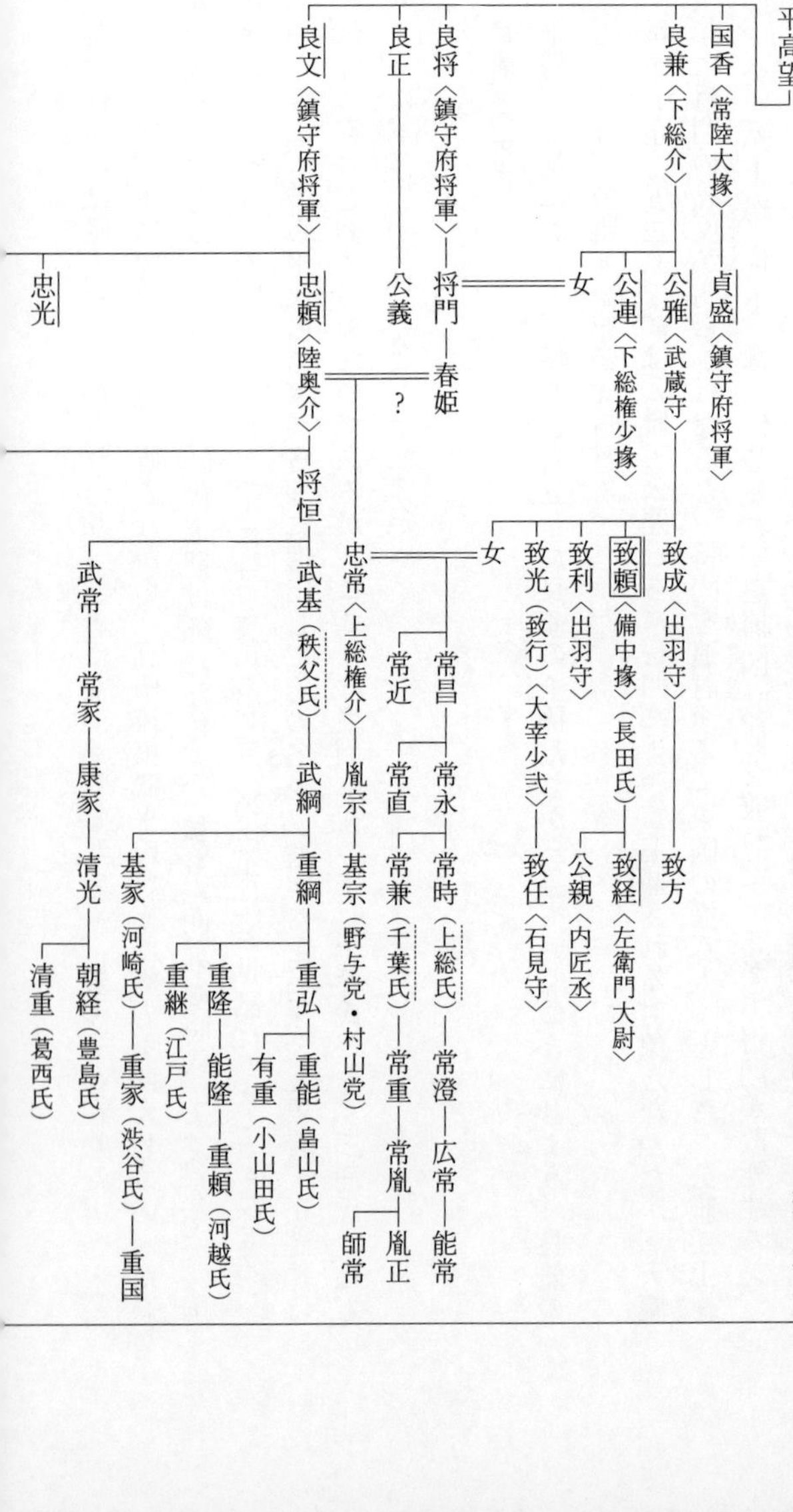

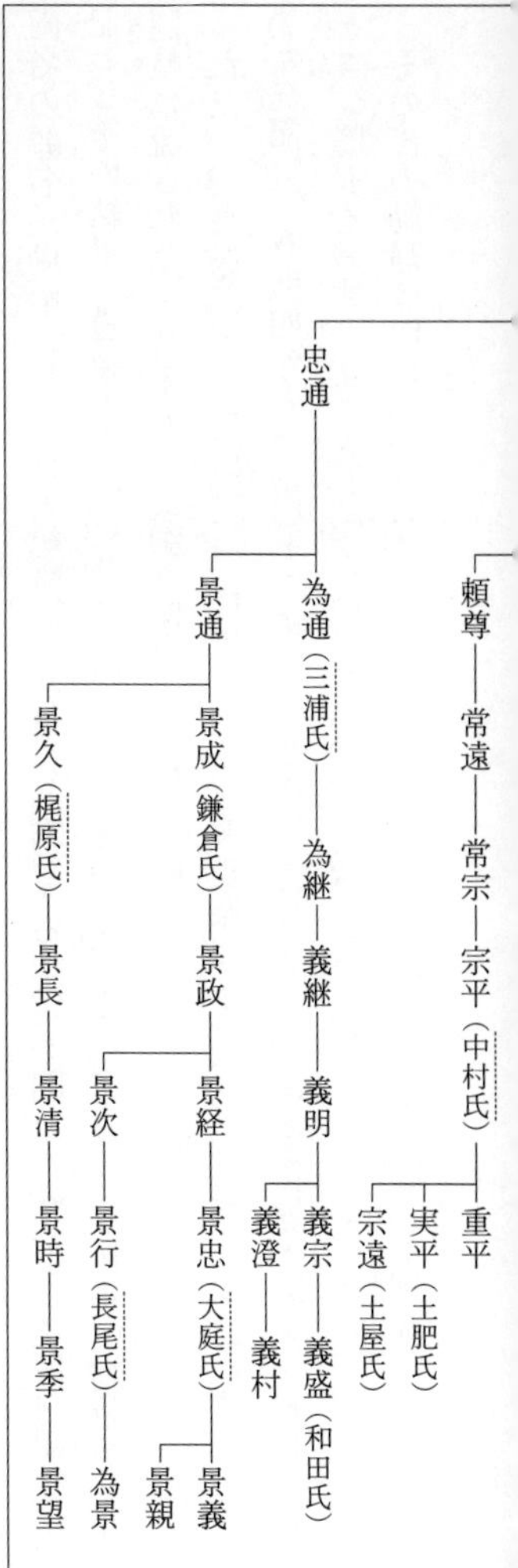

たという伝えもある（『武蔵国浅草寺縁起《むさしのくにせんそうじえんぎ》』）。

一方、公連は押領使に任命されて下総国で残党の掃討を行なった。恩賞をはじめとする乱後の動静は、史料に見えず、子孫も伝わらない。

公雅の子としては、『尊卑分脈』は正五位下出羽守《でわのかみ》の致利《むねとし》と従五位上出羽守の致成《むねなり》を載せるが、いずれも他の史料には見えない。

武者として有名なのは、「平五大夫《へいごたいふ》」と称された致頼である。『続本朝往生伝《ぞくほんちょうおうじょうでん》』の「天下の一物《いちぶつ》」のなかの「武士」、『二中歴』の「武者」に、その名が列挙されている。本領は傭兵《ようへい》隊長《たいちょう》的なものと考えられており（髙橋昌明『清盛以前』）、天延二年に天台《てんだい》宗と対立していた祇園感神院《ぎおんかんじんいん》が延暦寺《えんりゃくじ》の末寺化した時、感神院別当良算《りょうさん》の傭兵として、父公雅とともに郎等《ろうどう》を祇園方に貸し出している（『今昔物語集』）。

致頼は従五位下の位階を帯し備中掾《びっちゅうのじょう》に任じられていたが、任が終わって散位《さんい》になった長徳四年（九九八）、多くの従類《じゅうるい》を率いて伊勢《いせ》国の神郡《しんぐん》（度会《わたらい》・多気《たき》・飯野《いいの》・員弁《いなべ》・三重《みえ》・安《あ》濃《のう》郡）に住し、国郡の煩いや人民の愁《うれ》いを招いていたところ、同じく伊勢国に地盤を持った貞盛四男の維衡と合戦を起こした（『権記』）。『今昔物語集』の説話では、致頼の方から挑戦したものとある。

両人は都に召喚《しょうかん》されることとなり（『権記』）、翌長保二年（一〇〇〇）に検非違使庁で訊問《じんもん》を受け、維衡は過状《かじょう》（始末書）を提出したが、致頼は提出することはなかった（『本朝世紀』）。両名の罪名が勘申《かんじん》され（『日本紀略』）、罪科《ざいか》を議定する陣定が開かれた（『御堂関白記』『小右記』）。その結果、致頼の方に従五位下の位階を奪って遠流《おんる》に処すという厳しい判断が下り、隠岐《おき》に流された（『日本紀略』『御堂関白記』『小右記』）。

ただし、長保三年（一〇〇一）に赦されて、翌長保四年（一〇〇二）に本位に復している（『左経記』）。寛弘四年（一〇〇七）には、金峯山詣に際して、藤原伊周・隆家が致頼と相語って、道長を殺害しようとしたという噂が、『小記目録』に見える。

その後の動静は明らかではないが、『古事談《こじだん》』や『宇治拾遺物語《うじしゅういものがたり》』『十訓抄《じっきんしょう》』の説話では、丹後守《たんごのかみ》藤原保昌《やすまさ》が与謝《よさの》山で白髪の武士一騎（実は致頼）と逢い、郎従《ろうじゅう》たちが下馬しないのを咎《とが》めようとしたところ、保昌が、「一人当千《いちにんとうせん》という馬の立て様である。並みの人間ではない」と制止したということになっている。

致頼は寛弘八年（一〇一一）に死去したが（『尊卑分脈』）、伊勢国における致頼と維衡の抗争は、世代を越えて致経《むねつね》と正輔に受け継がれることとなった。

能古島・博多湾

致頼の弟の致光《むねみつ》（致行《むねゆき》）は、公役滝口《くやくたきぐち》であったが、寛和《かんな》二年（九八六）に潔斎《けっさい》中の斎宮済子《さいぐうさいし》女王と野宮《ののみや》において密通したとの噂が立ち（『日本紀略』『吉記《きっき》』）、斎宮は退出せざるを得なくなり、伊勢への群行《ぐんこう》も行なわれなくなった（『斎宮記《さいぐうき》』）。実際には宰相君《さいしょうのきみ》という斎宮女房と語らっただけのようであり（『本朝世紀』）、斎宮の退出も花山天皇の退位によるものだったのであろうが、この事件は世間の耳目を集め、後世、この「情事」を題材とした『小柴垣草子《こしばがきそうし》』が作られるにいたった。

その後は伊周の家司《けいし》として中関白家《なかのかんぱくけ》の傭兵隊長的存在

となり（関幸彦『刀伊の入寇』）、「長徳の変」では検非違使に追捕されている（『小右記』）。後に大宰大監（『尊卑分脈』）、次いで大宰少弐《だざいのしょうに》に任じられたようで、寛仁三年の「刀伊の入寇」では、致光は兵船三十余艘で刀伊を追撃した（『朝野群載《ちょうやぐんさい》』所収「寛仁三年四月十六日大《だ》宰府解《ざいふげ》（「撃取刀伊国賊徒状」）」）。その後は連絡がなく、大宰権帥《だざいのごんのそち》隆家は、皆、大宰府の大切な武者たち（「府の止《や》むこと無き武者等」）であって、はなはだ嘆くところであるとの書状を実資に送っている（『小右記』）。

致頼の子の致経も、「大箭《おおや》ノ左衛門尉」と謳《うた》われた武者で、父とともに『二中歴』の「武者」に、その名が列挙されている。平安京東宮町《へいあんきょうとうぐうまち》に寄宿するとともに、伊勢北部から尾張《おわり》にかけての地を本拠とした。寛仁四年には東宮《とうぐう》の下部《しもべ》数十人によって宅が破壊されたが（『左経記』）、藤原道長の命によるとする史料もある（『小記目録』）。長和《ちょうわ》二年（一〇一三）に所領の伊勢益田荘《ますだのしょう》（現三重県桑名《くわな》市）を藤原頼通に寄進《きしん》した（「近衛家文書《このえけもんじょ》」）。

治安元年に東宮史生安行《とうぐうししょうやすゆき》を殺害した罪によって伊勢で追捕され、比叡《ひえい》山横川《よかわ》に隠れたものの、検非違使に捕らえられ、解官《げかん》となった（『左経記』『小記目録』）。この間、東大寺《とうだいじ》に紺《こん》瑠璃唾壺《るりだこ》を施入している（『東大寺別当次第《とうだいじべっとうしだい》』）。

長元二年（一〇二九）には、伊勢国司から、致経が官物を弁進《べんしん》しないという解文《げぶみ》が提出された（『小右記』）。相変わらず伊勢で活躍していたようであるが、そうなると当然、維衡流伊勢平氏との抗争を続けざるを得なくなる。

長元三年には伊勢で正輔・正度《まさのり》兄弟と合戦を起こした。翌長元四年に陣定で致経・正輔両人の罪名が定められた。致経の進上した証人は皆、近親者とのことで、神民《しんみん》を拷訊《ごうじん》していたことも明らかとなった。しかし、八箇月にもわたる幾度もの議定の結果、寛恕《かんじょ》の法を適用すべしとの頼通の裁定と、最終的には後一条天皇の勅定によって（「事の起こりは維衡が伊勢に住したことにある」との由）、両者とも優免《ゆうめん》された（『小右記』）。両者ともに朝廷や関白、各公《く》卿《ぎょう》と利害関係を結んでいることによる曖昧《あいまい》な決着であるが、このような朝廷の態度が、地方において武士を「成長」させていくのである。

その後の致経の動静は、史料に見えなくなる。致経の死によって、伊勢における維衡流の地位は安定したものとなり、伊勢平氏が形成されたのである。

致経は『詞花和歌集《しかわかしゅう》』に和歌が採られている。『今昔物語集』には、頼通の命により左衛門尉として、黒装束の郎等たちとともに明尊僧正《みょうそんそうじょう》を三井寺《みいでら》まで護衛する説話を載せる。なお、『尊卑分脈』に治承《じしょう》三年（一一七九）に出家し、四十二歳で入滅《にゅうめつ》したとあるのは、誤記であろう。後世、源頼信・藤原保昌・平維衡とともに「世に優れた四人の武士」（いわゆる「四天王《してんのう》」）と称されることもある（『十訓抄』）。

なお、致頼の代には長田《おさだ》氏を称して尾張国知多《ちた》郡野間荘《のまのしょう》（現愛知県知多郡美浜町《みはまちょう》野間）に勢力を伸ばし、尾張平氏とも呼ばれた。致頼の五世孫に、平治《へいじ》の乱において敗れた主君の源義朝《よしとも》を風呂場で暗殺し、後に源頼朝に処刑された長田忠致《ただむね》がいる。

以上、良兼流武家平氏の華々しい活躍を眺めてきた。致経の次の世代からは、目立った活躍をした人物が出ていない。むしろ、致頼の妹である女性が、良文流の平忠常と結婚し、生まれた常昌《つねまさ》が千葉氏や上総氏など有力武士の祖となることによって、良兼流の血脈《けつみゃく》を後世にまで残したことに注目すべきであろうか。

良文流の坂東八平氏

平将門の乱において、もっとも将門と対立したとされる平良正については、実は『将門記』と『尊卑分脈』くらいしか、史料に登場しない。『尊卑分脈』では、良正を良茂なる人物の子とし（つまり貞盛の従兄弟《いとこ》）、三浦氏・和田氏・鎌倉氏・大庭氏・梶原氏・長尾氏の祖としているのであるが、このあたりの系譜はまことに混乱を極めており、『桓武平氏系図《かんむへいしけいず》』にも良正の名が見えないとなると、その実在性も含めて、慎重にならざるを得ない。

一方、「坂東八平氏《ばんどうはちへいし》」と称される武家平氏は、すべてが平良文の子孫を称しているのであるが、この良文の方は『将門記』に登場しないのであるから、話がややこしい。これらの系譜の混乱は、桓武平氏とは無縁の氏族が後世になって仮冒《かぼう》したのではないかとも言われるが

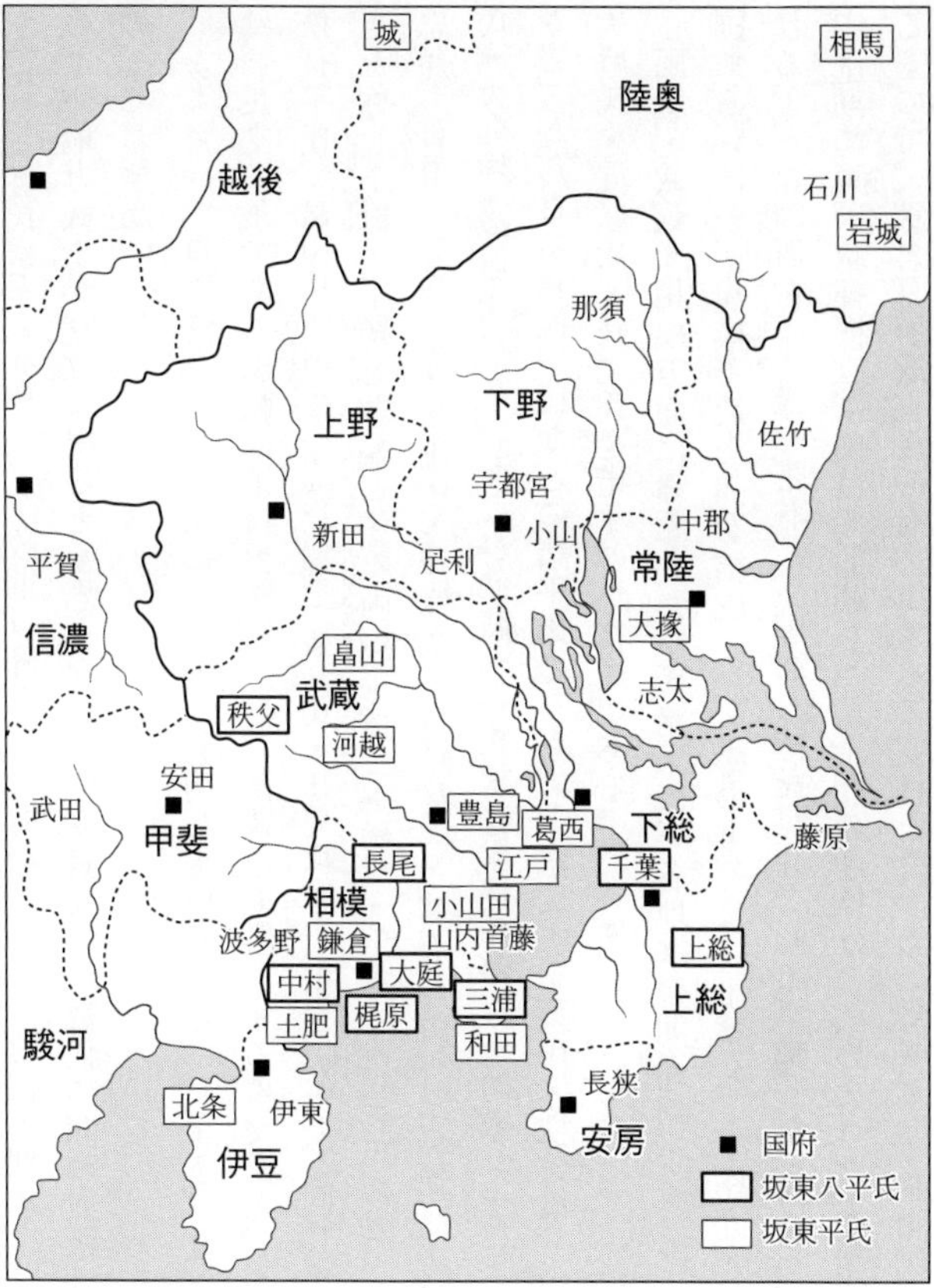

平家政権下の東国武士団（野口実『源氏と坂東武士』を基に，加筆して作成）

（太田亮『姓氏家系大辞典』）、院政《いんせい》期以降ならともかく、平安時代中期にまったく平氏と血縁のない地方武士が官位を得るとも思えないので、良文から数代の間の血縁は史実の可能性を考えておきたい。

ここでは、良文流の武家平氏について、説明していくことにしよう。なお、坂東八平氏とは、良文の子である忠頼の子将恒《まさつね》を祖と称し武蔵を地盤とする秩父氏と、そこから分かれた秩父平氏（畠山氏・河越《かわごえ》氏・葛西《かさい》氏・豊島《としま》氏・江戸《えど》氏・小山田《おやまだ》氏など）、同じく忠頼の子忠常を祖と称し上総《かずさ》・下総を地盤とする両総《りょうそう》平氏（上総氏・千葉氏・相馬氏など）、忠頼の弟である忠通《ただみち》（貞道《さだみち》）を祖と称し相模を地盤とする鎌倉氏と、そこから分かれた諸家（三浦氏・長尾氏・大庭氏・梶原氏など）、および武蔵から相模に本拠を移した諸家（中村氏・土肥氏・土屋《つちや》氏など）からなる相模平氏などの諸平氏のうち、上総氏・千葉氏・秩父氏・中村氏・三浦氏・大庭氏・梶原氏・長尾氏を指すのが普通である。

両総・武蔵・相模方面に蟠踞《ばんきょ》した平氏諸家は、各地域の開発領主《かいほつりょうしゅ》として強盛を誇り、一国あるいは一郡規模で武士団を結成した。その多くは、千葉介《ちばのすけ》・上総介・三浦介《みうらのすけ》と通称されるような国衙在庁職《こくがざいちょうしょく》を帯有し、国衙公権を媒介として卓越した地位を形成した。源平の内乱期に東国政権樹立に向けて活躍した武士団の中核は、このような坂東平氏に源流を有するもので、鎌倉幕府成立後の有力御家人の支柱となった（野口実『中世東国武士団の研究』）。

平忠常の乱と両総平氏

忠頼の子が忠常（忠恒・忠経）である。父祖の地盤を受け継いで房総半島に勢力を有し、上総権介《かずさのごんのすけ》・下総権介《しもうさのごんのすけ》などに任じられた。『今昔物語集』によると、忠常は多くの私兵を持ち、上総・下総をすべて意のままに支配していた。租税《そぜい》などまったく無視し、常陸介《ひたちのすけ》の下命もなおざりにしたので、寛弘《かんこう》から長和《ちょうわ》年間に常陸介であった源頼信と繁盛の子である平維幹に攻められ、頼信と主従関係を結んだという説話がある。

なお、千葉県香取《かとり》郡東庄町《とうのしょうまち》にある大友《おおとも》城政所台《まんどころだい》は、平忠常の居館《きょかん》跡と伝承されており、『今昔物語集』で頼信に攻められた説話を髣髴《ほうふつ》とさせる。実際の年代は確定できず、千葉氏が大椎《おおじ》城（現千葉市緑区大椎町）に移る前の居館であったものと思われる。

「源頼信告文《みなもとのよりのぶこうもん》」（「石清水田中家文書《いわしみずたなかけもんじょ》」）には、すでに藤原道長の生前の万寿四年（一〇二七）から対国衙闘争を始めていたことが記されている。そして道長の死を契機に、忠常は敏感に反応し、本格的な国衙襲撃へと進んだことになる。なお、忠常は関白《かんぱく》藤原頼通の同母弟である内大臣藤原教通を私君と仰いでいたことが知られており、中央政界の動きにも通じていた。

長元元年、忠常は安房国府を襲撃し、安房守平惟忠を焼殺した（『応徳元年皇代記』）。次い

大友城政所台（平忠常居館跡）

で忠常は上総国府の上総介県犬養為政の館《たち》（現千葉県市原市《いちはら》藤井《ふじい》・山田橋《やまだばし》か）に乱入して為政を軟禁《なんきん》し、妻子を上洛《じょうらく》させ（『小右記』）、二箇国を占拠した。まさに将門の再来である。

朝廷は貞盛の曾孫である平直方と中原成通を追討使《ついとうし》に任命したが（『左経記』）、貞盛流平氏と良文流平氏は南関東《かんとう》の覇《は》を争う仇敵《きゅうてき》であり、これに忠常が屈するわけにはいかなかった。忠常は教通に密書《みっしょ》を送り、追討停止を懇請《こんせい》したが（『小右記』）、追討使が進発した結果、徹底的な抗戦を余儀なくされてしまった。

直方の方も、現地に下向した後、合戦らしい合戦はなく、戦果のないまま、追討使はいたずらに歳月を費やしていた（下向井龍彦『武士の成長と院政』）。結局、長元三年十二月に更迭され召還《しょうかん》された（『小記目録』）。

その後、長元四年に直方の後任となった源頼信の折衝によって、忠常は帰降《きこう》し、乱は終結した。忠常自身は、上京途上の美濃国野上《みののがみ》（現岐阜県不破《ふわ》郡関ヶ原町《せきがはらちょう》野上）で病死している（『左経記』）。

忠常の首は頼信が随身して入京したが、降人《こうじん》であるということで、その首は梟《さら》されることなく忠常の従類に下され（『日本紀略』『扶桑略記』）、忠常の子である常昌（恒将）と常近《つねちか》（恒親）も、父の喪中《もちゅう》ということで、追討されずに赦免《しゃめん》されることとなった（『左経記』）。

忠常の子の常昌は「千葉介」を称し（『尊卑分脈』）、両総平氏の祖となった。官位など、都における動静は不明である。

常昌の子の常永《つねなが》（常長）は、『尊卑分脈』では従五位下の位階を帯し、「千葉太郎《ちばたろう》」を称したとされる。元服に際しては源義家が烏帽子親《えぼしおや》となったという伝承があり、源頼義・義家に随って前九年・後三年《ごさんねん》の役に参戦したというが、常永の名は『陸奥話記《むつわき》』『後三年合戦絵巻《ごさんねんかっせんえまき》』にも見えないため、史実としては不明である。

常永の子が常時《つねとき》（常晴《つねはる》）と常兼《つねかね》（経兼）で、常時が上総介として上総氏の祖、常兼が下総権介として千葉氏の祖となった（野口実『坂東武士団の成立と発展』）。

常時の子孫は、上総国の在庁官人《ざいちょうかんじん》（上総権介）となり、代々上総介を称した。この一家も総領《そうりょう》の座をめぐって一族内の抗争を続けるのである。

相馬御厨故地

大治《だいじ》五年（一一三〇）に下総国相馬郡布施《ふせ》郷を伊勢内宮《いせないくう》に寄進して、相馬御厨《そうまのみくりや》が成立した。相馬御厨は、現在の茨城県取手《とりで》市から千葉県我孫子《あびこ》市・柏《かしわ》市・鎌ヶ谷《かまがや》市にかけて、田数千町とも称された広大な地域である（『神鳳鈔《じんぽうしょう》』）。他にも上総氏は、上総国から下総国にまで勢力を拡大し、頼朝挙兵を迎えることになる（野口実『坂東武士団の成立と発展』）。

常兼の子に常重《つねしげ》がいる。伯父である常時の養子となり、相馬御厨を相続し、下総国千葉《ちば》郡・相馬《そうま》郡・香取《かとり》郡立花《たちばな》郷を支配した。さらに相馬郡司《ぐんじ》に補され、千葉荘《ちばのしょう》の検非違所《けびいしょ》（国内の非違を取り締まる機関として国衙内に構成された分課的な「所」）となった。また、在庁官人として正六位上下総権介となった。『吾妻鏡』に「千葉大夫《ちばたいふ》」と見える。

鳥羽院政期頃、本拠千葉郡を皇室に寄進し（千葉荘）、検非違所として千葉を名字とした。この頃、上総国大椎（現千葉市緑区大椎町）から千葉（現千葉市中央区亥鼻《いのはな》）に本拠を移したともされる。保延《ほうえん》元年（一一三五）、子の常胤《つねたね》に相馬御厨の地主職《じぬししき》を譲与したが、その後、

千葉館故地（亥鼻城跡）

御厨内公田官物《こうでんかんもつ》の未進《みしん》を理由に、下総守藤原親《ちか》通《みち》に捕縛された。この千葉氏も、一族内の抗争のみならず、国司や源氏を巻き込んだ対立が絶えなかった。

なお、常胤の二男師常《もろつね》が相馬郡を領し、相馬氏を称した。師常は文治《ぶんじ》五年（一一八九）に常胤とともに源頼朝の奥州平泉《おうしゅうひらいずみ》征伐に加わって戦功をあげ、本領のほかに陸奥《むつ》国行方《なめかた》郡（現福島県南相馬《みなみそうま》市・相馬《そうま》郡飯舘《いいたて》村）を与えられた。奥州相馬氏は「明治維新《めいじいしん》」まで続いている。

秩父平氏について

良文の子である忠頼の子将恒（将常）は、『尊卑分脈』では従五位下武蔵権守《むさしのごんのかみ》とされていて、都からも一定の地歩を認められていたようである。武蔵国秩父《ちちぶ》郡中村《なかむら》郷（現埼玉県秩父市

秩父氏館故地

中村町《なかむらまち》）を本拠とし、秩父氏を称した（安田元久『武蔵の武士団』）。

将恒の子の武基《たけもと》は秩父牧《ちちぶのまき》の別当《べっとう》となって「秩父別当《ちちぶべっとう》」を称し、これも従五位下を帯した（『尊卑分脈』）。武基の子の武綱《たけつな》は「秩父十郎《ちちぶじゅうろう》」を称し、前九年・後三年の役で武功をあげたという。武基が秩父郡吉田《よしだ》郷に居館を構え、武綱が吉田郷に城館として秩父氏館（現秩父市下吉田）を築いた。

その後、一族は武蔵国の各地に分立して支配を行なった。武綱の子の重綱《しげつな》は「秩父権守《ちちぶごんのかみ》」を称し、在庁官人として武蔵国留守所検校職《るすどころけんぎょうしょく》に補された。その弟の基家《もといえ》は現在の川崎市川崎区に進出して河崎《かわさき》氏を称し、基家の子の重家《しげいえ》は相模国高座《こうざ》郡の渋谷荘《しぶやのしょう》（現神奈川県藤沢・大和《やまと》・綾瀬《あやせ》市近辺）に進出して渋谷荘司《しぶやしょうじ》となり、渋谷氏を称した。

また、重綱の四男重継《しげつぐ》が、十一世紀末から十二世紀初頭に武蔵国荏原《えばら》郡江戸《えど》郷（現東京都千代田区から台東区の日比谷入江《ひびやいりえ》に面する地域）に進出し、江戸氏を称した。

伝畠山重忠墓

秩父氏本宗家《ほんそうけ》の方は、重綱の一男重弘《しげひろ》の子の重能《しげよし》が、武蔵国男衾《おぶすま》郡畠山荘《はたけやまのしょう》（現埼玉県深《ふか》谷《や》市川本《かわもと》）を本拠とし、畠山庄司《はたけやましょうじ》と称した。重能の子が重忠《しげただ》であるが、重忠の居館と伝える畠山館跡が荒川右岸の河岸段丘上に存在し、重忠の墓とされる五輪塔《ごりんとう》や板碑《いたび》が残り、土塁状の高まりや井戸もある。発掘調査では、五輪塔下に方形の石組や骨蔵器《こつぞうき》が検出された。

　重能の弟の有重《ありしげ》は、武蔵国小山田荘《おやまだのしょう》（現東京都町田《まちだ》市上小山田町・下小山田町、多摩《たま》市唐木《からき》田《だ》）に進出し、小山田氏を称した。

　一方、すでに武基の弟である武常《たけつね》は平野部の武蔵国豊島《としま》郡（現東京都北区豊島）・下総国葛飾《かつしか》郡葛西御厨《かさいのみくりや》（現東京都葛飾区・江戸川区）に進出して豊島権守《としまごんのかみ》を称し、豊島氏・葛西氏の祖となった。葛西氏は武常四世孫の清重《きよしげ》が父清光《きよみつ》から葛西郡を譲られたのに始まる。

なお、「武蔵七党《むさししちとう》」と称される中小武士団のうち、武蔵国埼玉郡《さいたま》野与荘《のよのしょう》（現埼玉県加須《かぞ》市）を地盤とした野与党《のよ》と、武蔵国多磨《たま》郡村山郷《むらやま》（現埼玉県所沢市《ところざわ》・入間市《いるま》から東京都東村《ひがしむら》山《やま》市・東大和市《ひがしやまと》・武蔵村山市《むさしむらやま》）を地盤とした村山党《むらやま》は、忠常の子胤宗《たねむね》の子の基宗《もとむね》を祖とすると称した。もちろん、系図の世界の話である。

相模平氏について

相模平氏に含まれる諸家のうち、中村氏・土肥氏・土屋氏は、秩父平氏から分かれて、相模湾沿いに進出した家である。

忠頼の子で秩父平氏の祖となった将恒の弟の頼尊《よりたか》の曾孫にあたる宗平《むねひら》は、相模国余綾《よろぎ》郡中《なか》村荘《むらのしょう》（現神奈川県小田原《おだわら》市・足柄上《あしがらかみ》郡中井町《なかいまち》）を本拠とし、「中村庄司《なかむらしょうじ》」を称した。久安《きゅうあん》元年（一一四五）、相模国高座《たかくら》郡大庭御厨《おおばのみくりや》（現神奈川県藤沢市）の停廃に出動するなど、相模国の在庁官人でもあった。これが中村氏のはじまりとされる。源義朝に属した。中村（現神奈川県中《なか》郡二宮《にのみや》町山西《やまにし》）には居館跡が残る。

土肥氏は相模国足下《あしのしも》郡土肥《どひ》郷（現神奈川県足柄下《あしがらしも》郡湯河原町《ゆがわらまち》・真鶴町《まなづるまち》）を本拠とした。宗平が二男の実平《さねひら》にみずからの所領のうち土肥郷を譲り、実平が「土肥次郎《どひじろう》」と称したのがは

衣笠城址

じまりである。土肥郷の他に早川荘《はやかわのしょう》を支配し、早川や小早川《こばやかわ》の名字を名乗る者も出た。

土屋氏は、宗平の子の宗遠《むねとお》が土屋郷司《つちやごうじ》となり、相模国大住《おおすみ》郡土屋《つちや》郷（現神奈川県平塚《ひらつか》市土屋）を本拠として名乗ったのがはじまりである。

次に三浦氏をはじめとする東相模の平氏について述べよう。三浦氏は、良文の子の忠通の流れである。忠通が前九年の役の戦功として康平六年（一〇六三）に相模国三浦《みうら》郡（現神奈川県横《よこ》須賀《すか》市周辺）を領し、衣笠《きぬがさ》城（現横須賀市衣笠《きぬがさ》町《ちょう》）に居したのに始まる。衣笠城は三浦氏の勢力拡大によって拡張されていったが、現在も衣笠山一帯には井戸や堀跡、墓所（円通寺《えんつうじ》跡やぐら群）が残っている。居館は後に寺院となり、大善寺《だいぜんじ》・満昌寺《まんしょうじ》、薬王寺《やくおうじ》跡が残る。

忠通の子の為通《ためみち》は、康平六年に源頼義から相模国三浦郷を与えられ、「三浦平大夫《みうらへいたいふ》」を称したという(『三浦系図《みうらけいず》』)。

為通の子の為継《ためつぐ》(為次)も、三浦郡を本拠として「三浦平太郎《みうらへいたろう》」を称した。後三年の役に源義家に属して従軍し、一族の景政《かげまさ》(鎌倉氏)の右眼に当たった矢を抜こうとして景政が怒ったという伝説(『奥州後三年記』)で有名である。

為継の子の義継《よしつぐ》(吉次)は、治暦三年(一〇六七)生まれ。「三浦介《みうらのすけ》」を名乗り、「平六《へいろく》庄司《しょうじ》」「六郎庄司《ろくろうしょうじ》」「荒太郎《あらたろう》」と称された。烏帽子親の義家から「義」の字を与えられたという。天養《てんよう》元年(一一四四)の源義朝による大庭御厨鵠沼郷《くげぬま》(現藤沢市鵠沼)乱入事件に際して、義継と子の義明《よしあき》(吉明)が動員されている(『天養記《てんようき》』)。この頃すでに、義朝の勢力下に統率されていたことがうかがえる。

義継の子の義明は、寛治《かんじ》六年(一〇九二)生まれ。平治《へいじ》元年(一一五九)に九十三歳で死去した。「三浦大介《みうらだいすけ》」を名乗り、天治《てんじ》年間(一一二四～一一二六)以来、相模国の在庁官人として国務に参画していた。

三浦氏から分かれた一族が和田氏である。義明の孫で義宗《よしむね》の子の義盛《よしもり》が、「和田小太郎《わだこたろう》」と称したことに始まる。相模国三浦郡和田郷《わだ》(現神奈川県三浦市初声町《はっせまち》和田)、あるいは武蔵国六浦荘《むつらのしょう》和田(現横浜市金沢《かなざわ》区六浦町《むつうらちょう》)を地盤とした。義盛は久安三年(一一四七)の生まれ。

頼朝の挙兵に際して活躍した。

良文の曾孫景成《かげなり》が相模国鎌倉郡鎌倉郷(現神奈川県鎌倉市)に住して「鎌倉権守《かまくらごんのかみ》」を称し

たのが、鎌倉氏のはじまりである。

景成の子の景政（景正）は、相模国高座郡大庭郷《おおば》（現藤沢市大庭）を本拠地とした。「鎌倉《かまくら》権五郎《ごんごろう》」を称した。十六歳で義家に属して後三年の役に従軍してその剛勇を讃《たた》えられ、東国武士の精神を伝える説話として、長く伝えられた。長治《ちょうじ》年間（一一〇四〜〇六）に現在の藤沢市大庭一帯の地を先祖相伝の私領と称し、浮浪人《ふろうにん》を招き寄せて開発し、伊勢神宮に寄進して、その御厨にしようと計画し、永久《えいきゅう》四年（一一一六）に承認を受けて大庭御厨が成立し、景政は下司職《げすしき》を得た。景政の子孫が開発領主権を保有してその御厨司《みくりやし》となり、大庭氏を名乗った。景政の曾孫が景義《かげよし》や景親《かげちか》になる。大庭の地には、「大庭の館」と呼ばれ、景親らの軍事拠点となった大庭城址が残る。

大庭城址

良文の曾孫、つまり景通《かげみち》の子である景久《かげひさ》が、相模国鎌倉郡梶原《かじわら》郷（現鎌倉市梶原）を本拠とし、「梶原太郎《かじわらたろう》」を称したのが、梶原氏のはじまりである。景久の曾孫にあたる景《かげ》時《とき》は、「梶原平三《かじわらへいぞう》」と称した。治承四年（一一八〇）の石《いし》橋山《ばしやま》の戦で同族の大庭景親とともに頼朝を攻めたが、頼朝

梶原景時館址

の危急を救ったことから、後に頼朝の信任を得た。

景時の所領であった相模国一宮《いちのみや》（現神奈川県高座《こうざ》郡寒川町《さむかわまち》一之宮）には、梶原景時館址と称する遺跡があり、堀址も残されている。

武家平氏と中世の開幕

平忠常の乱や前九年・後三年の役を契機として、河内源氏は坂東を統轄する地位を固めた。頼信や頼義・義家は、良文の子孫をはじめとする坂東武者たち（辺境軍事貴族）に名簿を奉呈させて主従関係を結び、忠常の子孫の上総氏や千葉氏は「源氏相伝《そうでん》の家人」と称して、保元《ほうげん》の乱や治承合戦で活躍し（下向井龍彦『武士の成長と院政』）、やがて上総広常《ひろつね》や千葉常胤、北条時政《ときまさ》をはじめとする坂東武家平氏が、頼信の子孫である頼朝を担いで貞盛の子孫である伊勢平氏の清盛家（平家）を滅ぼし、鎌倉幕府を開いていくことになる。

3　伊勢平氏の成立

伊勢平氏の成立

いよいよ、伊勢平氏について語ることにしよう。保元の乱より以前の伊勢平氏については、すでに髙橋昌明氏の伝説的名著『清盛以前　伊勢平氏の興隆』が存在するので、ここではこの名著に導かれながら、簡単に平維衡の子孫の伊勢平氏を眺めていこう。

伊勢平氏の祖維衡

貞盛の子のうち、維将・維叙・維敏の三人は、都の武者として活動しながら坂東に地盤を持ち続けた。一方、四男の維衡（孫という伝えもある）は伊勢国北部の鈴鹿《すずか》郡・三重《みえ》郡（現三重県亀山《かめやま》市から鈴鹿《すずか》市・四日市《よっかいち》市）を勢力圏として、伊勢平氏の祖となった。『続本朝往生伝』の「天下の一物」のなかの「武士」、『二中歴』の「武者」に、その名が列挙されている

桓武平氏（高望流）系図④

＊□は大臣、□は議政官、□は三位に上った者

- 平貞盛〈鎮守府将軍〉
  - 維将〈肥後守〉
  - 維叙〈陸奥守〉
  - 維敏〈陸奥守〉
  - 維衡〈常陸介〉
    - 正輔〈安房守〉
    - 正度〈常陸介〉
      - 維盛〈駿河守〉
        - 盛忠〈刑部丞〉
        - 宗盛〈上総介〉
        - 貞度—盛房〈斎院次官〉—業房〈相模守〉
        - 盛基〈信濃守〉—盛時〈伊予守〉—正時〈伊予守〉—基時
      - 貞季〈駿河守〉
        - 範季〈筑後守〉—季盛〈主殿助〉
        - 正季〈大監物〉—範季—季房—家貞〈筑前守〉
        - 兼季〈上総守〉—盛兼〈和泉守〉—信兼〈河内守〉—兼隆〈山木氏〉
        - 兼信〈右馬助〉—兼孝〈治部大輔〉
      - 季衡〈下総守〉
        - 季継〈相模権守〉—盛良〈右衛門尉〉
        - 盛光〈左京進〉—盛行〈右兵衛尉〉—頼宗〈伊勢守〉—頼俊〈兵庫頭〉—俊経〈肥後守〉
        - 盛国〈左衛門尉〉—盛康〈右衛門尉〉
      - 貞衡〈左衛門尉〉—貞清〈中宮長〉—清綱—維綱〈右衛門尉〉—良平—桓平〈摂津守〉
    - 正済〈出羽守〉
      - 正家〈信濃守〉
      - 貞弘〈出羽守〉

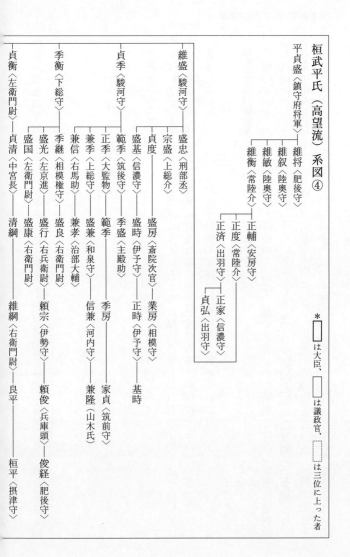

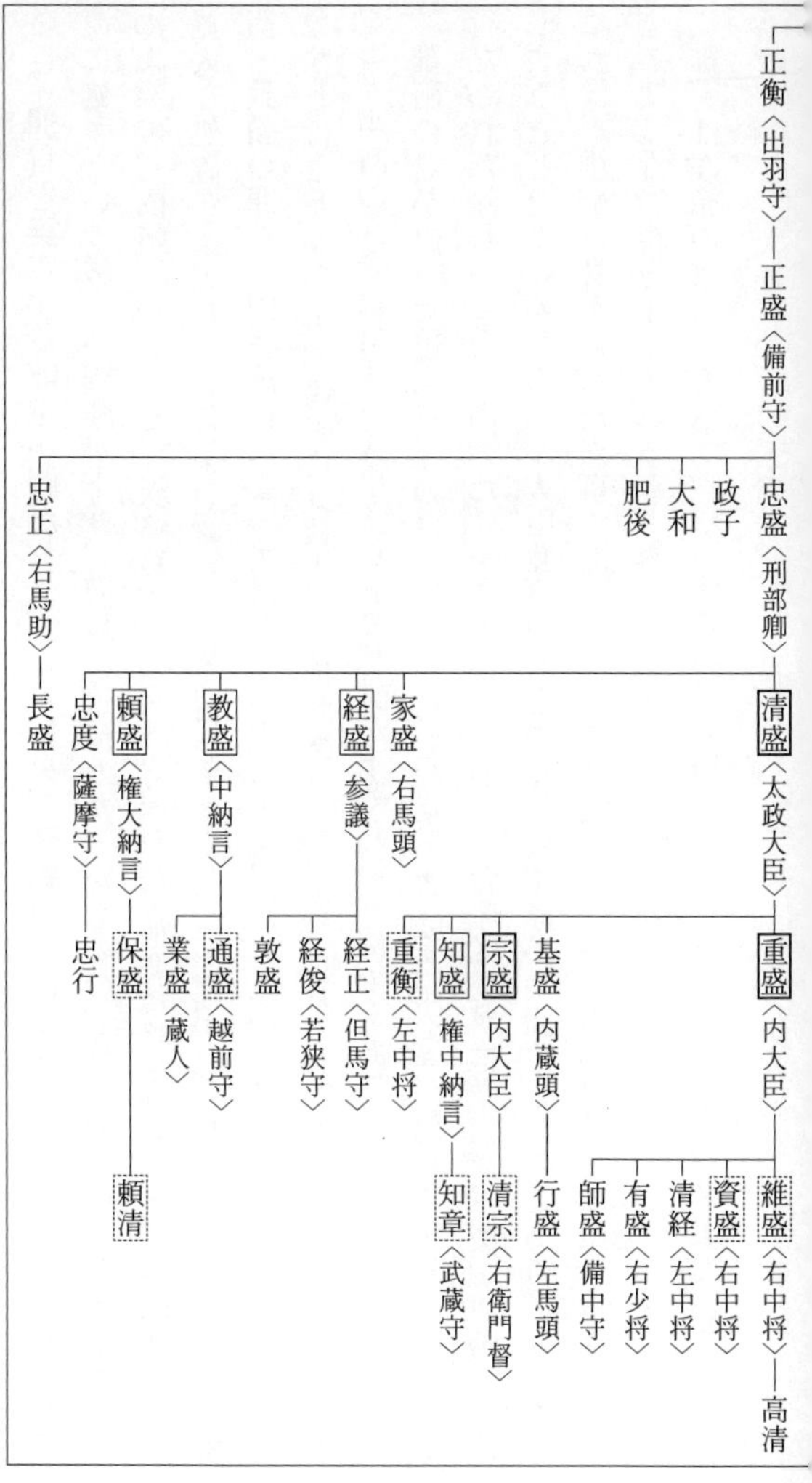

ほか、『十訓抄』でも「世に優れた四人の武士」として、源頼信・藤原保昌・平致頼と並んで、維衡が挙げられている。

従五位上前下野守《さきのしもつけのかみ》であった維衡は、長徳四年、同じく伊勢国に地盤を持った良兼流の平致頼と合戦を起こした。両人は都に召喚されることとなり（『権記』）、翌長保元年に検非違使庁で訊問を受け、維衡は過状を提出した（『本朝世紀』）。両名の罪名が勘申され（『日本紀略』）、罪科を議定する陣定が開かれた。その結果、致頼の方には従五位下の位階《いかい》を奪って遠流に処すという厳しい判断が下り、隠岐に遠流となったものの、維衡の方は一条天皇の恩情によって、位階を帯したまま淡路移郷《あわじいごう》（本貫地《ほんがんち》を追われて他郷に移されること）に処すという寛大な処置が決定した（『日本紀略』『御堂関白記』『小右記』『権記』）。しかも一条天皇は、維衡・致頼の罪を、内裏焼亡によって優免すべきことを提案したのであるが、公卿たちは、優免すればこれからも内裏焼亡（放火）の怖《おそ》れありとして、これを却下したのである（『小右記』）。当時の武者に対する天皇や貴族の認識がよくわかる例でもある。

維衡の名が史料に現われるのは、それから七年後の寛弘三年（一〇〇六）正月二十八日に行なわれた除目《じもく》のことであった。一条天皇が、右大臣藤原顕光が推挙した維衡を伊勢守《いせのかみ》に任じようとしたところから、左大臣《さだいじん》藤原道長との意見の相違が表面化したのである。もちろんこれは、維衡自身が望んだ人事であった。伊勢に地盤を持つ維衡が伊勢守に任じられれば、どのような役得を手に入れるか、容易に想像がつく。

維衡は顕光の家人でもあり、『栄花物語』を信じるならば、一条天皇の女御《にょうご》である顕光女の元子《がんし》の里邸《りてい》である堀河殿《ほりかわどの》を修造していた。道長が維衡の任官に反対したのは、一条天皇が維衡を伊勢守に任じるということが、それだけ元子を重く見ている証左であったからである（倉本一宏『一条天皇』）。道長は激しく抵抗し、その時点で除目を打ち切るという挙に出た。「御門《みかど》（一条天皇）のお考えは、未だよくわからない。不審に思ったことは極まり無かった」と日記に記している（『御堂関白記』）。

なお、維衡は三月十九日に早くも伊勢守を解任《げにん》されている（『日本紀略』『権記』）。道長が巻き返しをはかり、一条天皇に圧力を加えて翻意を勝ち取ったものとされる（髙橋昌明『清盛以前』）。ただし、維衡は道長にも接近して家人となり、六月には上野介に任じられ、寛弘七年（一〇一〇）や寛弘八年には道長に馬を貢上している（『御堂関白記』）。

道長たち上級貴族にとって、維衡のような武者は、兵を自在に使って政敵を恫喝《どうかつ》し、放火や群盗《ぐんとう》の襲撃に備え、自己に関係する各種紛争を強権的に解決できる、重宝な存在であったという（髙橋昌明『清盛以前』）。なお、当時の武者が複数の公卿を主君と仰ぐことは一般的であり、道長の家人になったこと自体は、倫理的に非難されることではなかった。

その後、寛仁二年に藤原保昌の牛飼童《うしかいわらわ》と維衡の草刈男《くさかりおとこ》が相論《そうろん》に及び、維衡の一男で検非違使の平正輔が保昌の宅で濫行《らんぎょう》をはたらいた事件については、正輔のところで述べることにしよう。

寛仁四年には維衡の郎等が、近江《おうみ》の粟津《あわづ》（現滋賀県大津市粟津町《あわづちょう》）において前上野介《さきのこうずけのすけ》藤原定輔《さだすけ》に射殺されるという事件が起こっている（『左経記』『小記目録』）。上野介交替《こうたい》に際して、後任の定輔といざこざがあったものと思われる。維衡の郎等は六人のうち三人が殺されたのだが、実際は右衛門尉平時通《ときみち》（系譜不詳）の犯行であったともいう。

この年には常陸介に任じられ（『左経記』）、赴任に際しては、実資が、「家人である上に、芳心《ほうしん》が有る」というので、馬一疋や織物の褂《うちき》を下賜している（『小右記』）。いつの間にか、実資の家人にもなっていたのである。ただし、維衡の常陸介在任中は、作田《さくでん》はわずか三百町で人民は飢餓《きが》に苦しみ、毎年、不作に逢って、国はますます亡弊《ぼうへい》したとのことであった（『小右記』）。

治安三年に筑前守平理義（平親信の子で道長の家司）が大宰権帥源経房の納所を検封し、印《いん》鎰《やく》を出すよう責めたてた事件では、道長は維衡を筑紫に派遣している（『小右記』）。経房の財産や家族を守護させるためであろう（髙橋昌明『清盛以前』）。貴顕が武者に期待した役割がよくわかる例である。

常陸関連の事件をもう一つ挙げよう。万寿二年三月、常陸の相撲人公侯有恒《すまいびときみこのありつね》は、前年に殺害されたのであるが、前常陸介《さきのひたちのすけ》の維衡は、相撲人公侯恒木《つねき》に殺されたものと関白《かんぱく》藤原頼通に言上した。しかし、恒木は上京して、有恒は維衡に殺されたものと申上した。真偽を調べて言上するよう宣旨《せんじ》を下すと、七月になって、常陸国の解文と勘問日記《かんもんにっき》が提出された。有恒の妻と恒木を勘問したところ、恒木が殺したという申文《もうしぶみ》は、維衡が有恒の妻を無理に責めて取り進めた「圧状《おうじょう》」であるという。これらは後一条天皇に奏聞《そうもん》されたが（『小右記』）、維衡がこの事件で処罰された形跡はない。武者の暴力団的相貌がよく表われた例である。

長元元年には伊勢国人が三河《みかわ》国人二六人を略取するという事件が起きたが、その張本は維衡の郎等である押領使公侯延高《のぶたか》と伊藤掾《いとうのじょう》（伊勢掾《いせのじょう》藤原重高《しげたか》か）とされ、維衡を責めるべきであるということで、検非違使が伊勢に遣わされた。二人の郎等は伊勢神宮の御厨に逃げ込んだが、維衡が実犯者一人を進上した。検非違使も延高を追捕して上京したが、伊藤掾の方は逃げおおせたようである（『小右記』『左経記』）。伊藤氏というのは藤原秀郷流で伊勢に土着した武士であるが、伊勢国の在庁官人となっていたのである。代々、平氏の郎等として活躍し、伊藤景清《かげきよ》などが治承合戦で活躍している。これなどは、維衡によって伊勢国内における武力集団の組織化が進行していたことがうかがえる例であろう。

その後、長元四年九月二日には、伊勢奉幣使《ほうべいし》として伊勢を訪れた源経頼《つねより》（宇多源氏）にも、維衡は牛二頭を進上しようとしているが、経頼はもらう理由が無いとしてこれを返却している（『左経記』）。このような実務官人にも維衡は心配りを忘れないかというと、実はこの頃、維衡の一男正輔が闘乱に関して罪に問われており、罪名定《ざいめいさだめ》の直前だったのである。

同じ長元四年九月二十日に、正輔が平致経と私闘を行なった件について罪名を勘申された際に、「事はただ、維衡が身は四品《しほん》（従四位上）でありながら伊勢に住していることによるものである」と見える記事（『小右記』）が、維衡に関する最後の史料となる。『尊卑分脈』には、維衡は八十五歳で死去したと記されている。『古事談』には維衡が出家・受戒《じゅかい》したという説話があるが、真偽のほどは不明である。

維衡流第二世代の正輔・正度・正済

維衡の男子としては、正輔・正度・正済の三人が知られるが、一男の正輔は『尊卑分脈』には載せられていない。

正輔が史料に登場するのは、寛仁二年正月に左衛門尉として検非違使に補されたという記事からである（『左経記』）。ところが同じ寛仁二年の閏四月、維衡の草刈男が、道長の家司で武勇で聞こえた藤原保昌の牛飼童と相論に及んだ際、正輔が郎等二人を引き連れ、また下人を遣わして、保昌の宅に入って濫行《らんぎょう》をはたらいた。保昌は左馬允《さまのじょう》行方《ゆきかた》（姓不明）に付けて、自分の牛飼童を維衡の許に送り遣わしたが、維衡は牛飼童を返し送った。

しかし、行方の馬の口取男《くちとりおとこ》が正輔の随身に濫行を行なった。正輔はその口取男を捕らえて獄所《ごくしょ》に拘禁させ、打擲《ちょうちゃく》した。ところがその口取男は道長の土御門第《つちみかどてい》の木守《こもり》（庭木の手入れをする庭番、さらに広く屋敷番）だということで放免《ほうめん》され、逆に四位の官人である保昌の宅に随身を踏み込ませたのは不当であるということで、正輔は勘当《かんどう》の処分を受けた。検非違使庁で勘問《かんもん》されることになったものの、病と称して応じなかった（『御堂関白記』『小右記』）。

治安元年八月には、横川に隠れていた平致経を隠匿した法師を検非違使が追捕したが、「実は維衡の郎等の正輔が差し遣わしたものである」との説を、藤原隆家が実資に語っている（『小右記』）。この時点では、実質的には検非違使から外されていた可能性もある。

そして治安三年正月、正輔は後一条天皇の綸旨《りんじ》によって、検非違使を停任《ちょうにん》された（『小右記』）。理由は明らかではないが、致経との私闘が影響しているのは間違いのないところであろう。この年の十一月には、常陸介の交替業務について、正輔は実資の許を訪れ、切々と訴えているが、実資は左大弁《さだいべん》に告げるよう命じ（『小右記』）、突き放している。

この正輔がふたたび公卿社会の話題に上ったのは、長元三年三月のことであった。長元元年五月に起こった平忠常の乱の鎮圧を期待され、正輔は安房守に任じられたのである（『日本紀略』）。そもそもこの戦乱は、忠常が安房国府を襲撃し、安房守平惟忠を焼殺したところから表面化したのであるが、その後、長元三年三月に安房守藤原光業《みつなり》が印鎰を棄てて上洛したことを承けて、忠常と同じ武家平氏の正輔が安房守に任じられたのであろう。正輔はさっそく、追討のためとして諸国から船舶《せんぱく》および不動穀《ふどうこく》を拠出させることを申請している（『小右記』)。

追討使に補された貞盛流の平直方を援護するために、安房守として任地に下向することを期待されていたはずであるが、正輔は伊勢国において、一族で忠常の姻戚《いんせき》である致経との私闘に忙殺され、ついに下向することはなかった。

その私闘の様子は、致経に攻められたことを伊勢国司に告げながら、返事を聞かずに合戦に進向し、民家を多く焼亡し、両者の兵は矢に当たって死んだとある。致経は尾張国にいると称しながら、伊勢との交通路を遮断したという。正輔には弟の正度も加勢したようである(『小右記』)。

この正輔と致経との合戦は、長元四年正月に伊勢国からの解文と両者の証人が進上されたが、正輔方の証人は皆、従者か近親、および神郡の神民であるということで、二月に拷訊されている。三月には罪名が勘申され、正輔は絞刑《こうけい》が勘申されたが、八月になって両者の罪が議定され、九月、事の起こりは維衡が伊勢に住していたことにあるとして、減刑を求める意見が相次ぎ、「寛恕の法」を行なわれるようにということになり(『小右記』『左経記』)、閏十月、後一条天皇の勅定で、両者を優免することで決着した(『左経記』)。

その後、致経の子孫は、伊勢から姿を消した。正輔の子孫に駆逐《くちく》されたものと推測される(髙橋昌明『清盛以前』)。これが伊勢平氏の成立ということになるが、ただし、正輔の方も、この後、史料から姿を消す。そして結局、伊勢平氏の嫡流は弟の正度の子孫に受け継がれていくことになる。

維衡二男の正度は、正輔とともに罪名を勘申された記事以外には、一次史料に登場しない。『尊卑分脈』によれば、維衡の子で、母は陸奥国住人の女とある。帯刀長《たちはきのおさ》・斎宮助《さいぐうのすけ》・諸陵助《しょりょうのすけ》・常陸介・出羽守を歴任し、従四位下越前守《えちぜんのかみ》が最終官位である。治暦三年以前には死去していたようである（『太神宮諸雑事記《だいじんぐうしょぞうじき》』）。

三男正済は、長和元年に正六位で玄蕃権助《げんばのごんのすけ》に任じられ（『除目大成抄《じもくたいせいしょう》』）、後に正五位出羽守にいたった（『尊卑分脈』）。

正済の子としては、正家《まさいえ》と貞弘《さだひろ》が知られる。正家は長門守《ながとのかみ》藤原信繁《のぶしげ》の女から生まれ、従五位下信濃守《しなののかみ》に任じられた（『尊卑分脈』）。『後拾遺和歌集《ごしゅういわかしゅう》』に入集している。『勅撰作者部類《ちょくせんさくしゃぶるい》』では駿河守《するがのかみ》であったとあり、延久《えんきゅう》五年（一〇七三）まで生きていたとある。『今昔物語集』には、正家の雑色《ぞうしき》が馬盗人と共謀した嫌疑を受けて正家に礫《はりつけ》にされたが、法華経を読《どく》誦《ず》した功徳《くどく》によって許されたという説話が収められている。

貞弘は、従五位下出羽守とあるが、母が源頼義の女とあることに注目したい（『尊卑分脈』）。河内源氏との姻戚関係が始まっていたのであろうか。この系統も伊勢国に大井田御厨《おいだのみくりや》（現三重県いなべ市〔旧員弁郡《いなべ》〕大安町《だいあんちょう》）・笠間御厨《かさまのみくりや》（現いなべ市〔旧員弁郡員弁町〕笠田新田《かさだしんでん》）・石《いし》河御厨《かわのみくりや》（現いなべ市〔旧員弁郡〕藤原町《ふじわらちょう》石川）・富津御厨《とづのみくりや》（現三重県桑名市〔旧桑名郡〕多度《たど》町《ちょう》）などの所領を有していたが、貞弘の子である正弘《まさひろ》の子の家弘《いえひろ》、その子の頼弘《よりひろ》・光弘《みつひろ》は、保元の乱に際して崇徳《すとく》上皇方の有力な武力となり、乱後にことごとく斬られた。

維衡流第三世代の維盛・貞季・季衡・貞衡、そして正衡

その次の世代についても、信頼できる史料が少ない。日記を記録する貴族にとっては、その程度の存在だったのであろう。

正度一男の維盛《これもり》は従五位上で、検非違使・駿河守とある（『尊卑分脈』）。駿河守は康平五年（一〇六二）まで、その任にあった（『朝野群載』）。その子孫では、貞度《さだのり》と盛基《もりもと》の血脈が、後世まで存続している。

二男貞季《さだすえ》も従五位上で、検非違使・駿河守とある（『尊卑分脈』）。維盛の重出かとも思えるが、『伊勢公卿勅使部類記《いせくぎょうちょくしぶるいき》』に、寛治四年（一〇九〇）に「前駿河守《さきのするがのかみ》貞季」と見えるので、実際に駿河守に任じられていたのである。その子には、範季《のりすえ》（筑後守《ちくごのかみ》）・正季《まさすえ》（大監物《だいけんもつ》）・兼《かね》季《すえ》（上総守）・兼信《かねのぶ》（右馬助《うまのすけ》）があり、京官に任じられた者もいるところが特徴である。

三男季衡《すえひら》は正五位上で、木工助《もくのすけ》・大夫尉《たいふのじょう》・下総守に任じられて検非違使に補され、永保《えいほう》元年（一〇八一）に六十歳で死去したとある（『尊卑分脈』）。左衛門尉・検非違使であったことは、治暦三年から承暦《じょうりゃく》元年（一〇七七）時点では確認できる（『太神宮諸雑事記』『水左《すいさ》記《き》』）。その子の季継《すえつぐ》（相模権守《さがみのごんのかみ》）・盛光《もりみつ》（左京進《さきょうのじん》）・盛国《もりくに》（左衛門尉）のなかでは、盛光の血脈が、後世まで存続している。

安濃津故地

なお、季衡七男の盛国は、清盛の郎等となり、保元・平治の乱で活躍した。厳島《いつくしま》神社（現広島県廿日市《はつかいち》市宮島町《みやじまちょう》）所蔵の「平家納経《へいけのうきょう》」にも、盛国の署名が見える。後に清盛は八条河原口《はちじょうかわらぐち》の盛国の家で死去している。盛国はすでに承安《じょうあん》二年（一一七二）に出家していたが、平家滅亡後の文治二年（一一八六）に、法華経に向かい、断食して命を絶った。

正度四男の貞衡は「安濃津三郎《あのつさぶろう》」と称され、帯刀長・左衛門尉・掃部助《かもんのすけ》に任じられたとある（『尊卑分脈』）。安濃津《あのつ》（現三重県津市柳山津興《やなぎやまつおき》）とは、明応《めいおう》七年（一四九八）の大地震までは古代・中世の日本三津に数えられた港であり、一見すると、この地が伊勢平氏の本拠地のように考えられるが、それはあくまで伊勢北部の鈴鹿郡や三重郡なのである。子孫は鷲尾《わしお》・桑名《くわな》・富津《とづ》・柘植《つげ》など、現地の地名を名字として、後世まで伊勢に盤踞している（『尊卑分脈』）。伊勢国内の地名を名乗っているのは、この貞衡の系統のみであり、正度の系統では、この貞衡が伊勢国内の嫡流を継いだものと考えられている（安田元久『平家の群像』）。

五男正衡は、従四位下（従五位下の誤りか）で検非違使・出羽守とある（『尊卑分脈』）。寛治五年（一〇九一）には検非違使として見え（『後二条師通記《ごにじょうもろみちき》』）、検非違使の巡爵《じゅんしゃく》で出羽守に任じられたのは康和《こうわ》元年（一〇九九）のことであるが（『本朝世紀』）、それ以降は史料から姿を消す。子孫の都における伊勢平氏嫡流については、後に述べる。

以上の五人の正度の子は、いずれも検非違使に補され、その巡で受領に任じられているが、高橋氏が断じられたように、彼らにとって受領経験は官歴の最後を飾るもので、維衡や正度のように受領を歴任することができなかったことは、伊勢平氏の家格が、一応は貴族階級と言えた諸大夫から、侍《さむらい》身分へと低下したことを示している（高橋昌明『清盛以前』）。

彼らも父祖と同様、都の貴顕に家人として仕え、有事の際には緊急出動を行なって、治安維持に努めた。正衡は関白藤原師実の家人であったし（『水左記』）、承暦三年（一〇七九）の延暦寺武装山僧二〇〇人（あるいは千人）の強訴に際しては、検非違使大夫尉季衡・尉季国・右衛門尉正衡・右衛門尉宗盛《むねもり》が、清和源氏の面々とともに鴨《かも》川の堤下に参集した（『為《ため》房卿記《ふさきょうき》』『百練抄』『扶桑略記』）。

その一方で地元の伊勢国では、治暦三年に奄芸《あげ》（安芸）郡の稲生《いのう》社（現三重県鈴鹿《すずか》市稲生の伊奈冨《いのう》神社）で、伊勢神宮検非違使と維盛・季衡の従者が闘乱し、検非違使の従者が射殺されるなど（『太神宮諸雑事記』）、相変わらずの武士的活動を続けていた。

承保《じょうほ》二年（一〇七五）には、正衡が天台僧良心《りょうしん》と同心し、謀計によって、桑名郡に鎮座する多度《たど》神社（現桑名市多度町）の神宮寺《じんぐうじ》（天平宝字《てんぴょうほうじ》七年〔七六三〕の僧満願《まんがん》の多度神託宣《たくせん》により建立されたもの）で東寺《とうじ》の末寺でもある法雲寺《ほううんじ》を、天台別院《てんだいべついん》と称してその所領や荘園《しょうえん》（原御厨《はらのみくりや》・富津御厨・近衛家領益田荘など）を押妨《おうぼう》しようとした（「東寺文書《とうじもんじょ》」所収「承保二年五月十二日付官宣旨案《かんせんじあん》」）。この紛争は、長治二年（一一〇五）に真言別院《しんごんべついん》であると確定されている（「東寺文書」所収「嘉承《かしょう》元年八月十四日堀河天皇宣旨案《ほりかわてんのうせんじあん》」）。

しかし、その後も伊勢平氏の多度神社と神宮寺への介入は続き、平師衡《もろひら》（系譜不詳）が神宮寺俗別当職《ぞくべっとうしょく》にあり、嘉承元年（一一〇六）には平盛正《もりまさ》（系譜不詳）なる人物も別当職への補任と寺領の支配を命じる政所下文《まんどころくだしぶみ》の下付を請い、畠地や在家の検注《けんちゅう》を約束している（「東寺文書」所収「長治三年二月七日平盛正解《たいらのもりまさげ》」）。多度神社にとっても、伊勢平氏の協力を必要としたのであろう。伊勢平氏は、徐々に多度神宮寺の有力な檀越《だんおつ》となり、多度神宮寺を氏寺《うじでら》化するとともに多度神社を氏社《うじしゃ》としていったようである。以後、多度神社は鹿島《かしま》・香《か》取《とり》・諏訪《すわ》・熱田《あつた》社などと並んで、軍神《いくさがみ》として『梁塵秘抄《りょうじんひしょう》』に歌われるようになる（髙橋昌

多度神社

明『清盛以前』)。

なお、多度神宮寺は多度神社の東方、多度山南麓にあったとされ、遺跡包蔵地(現桑名市多度町多度字山下)もある。元亀《げんき》年間(一五七〇~七三)、長島一向一揆《ながしまいっこういっき》側に立ったため、織田信長《おだのぶなが》軍のために焼かれ、社寺は消滅したが、後に桑名藩によって再興された。

維衡流第四世代の正盛

正衡には、正盛《まさもり》しか子女が確認できない。この正盛こそ、白河法皇と結んで中央政界に進出し、忠盛《ただもり》―清盛と続く平家隆盛の基礎を築いた人物である。すでにこの頃には、たとえば永保元年に延暦寺と園城寺《おんじょうじ》の抗争を鎮圧するために、白河天皇の命で「廷尉《ていじょう》(検非違使)ならびに源平両氏」が動員されたように(『為房卿記』)、王権を護る都の武者としての地位が確立していた。

正盛は生没年不詳。検非違使の功で、寛治年間（一〇八七〜九四）の末年に隠岐守《おきのかみ》に任じられるなど（『中右記《ちゅうゆうき》』、「東大寺文書《とうだいじもんじょ》」所収「六条院御領注文《ろくじょういんごりょうちゅうもん》」）、それこそ父祖と変わらぬ、というより下国《げこく》の隠岐《おき》では父の世代よりも劣る地位にあったが、承徳《じょうとく》元年（一〇九七）、伊《い》賀《が》国の所領である山田《やまだ》・鞆田《ともだ》両村（現三重県伊賀《いが》市〔旧阿山《あやま》郡大山田村〕平田《ひらた》、〔旧阿山郡阿山町〕上・中・下友田）を故郁芳門院媞子《いくほうもんいんていし》内親王の菩提所《ぼだいしょ》である六条院《ろくじょういん》に寄進したことから、白河法皇の近臣となり、院の下北面《げほくめん》（北面の武士）の地位を得た。

院の寵妃《ちょうひ》である祇園女御《ぎおんのにょうご》や院の近臣藤原為房《ためふさ》・藤原顕季《あきすえ》らと結んで勢力を伸長し、若《わか》狭守《さのかみ》・因幡守《いなばのかみ》と、段々と格の高い国の守を歴任していった。それにともなって、本来は伊勢平氏のなかでも庶流に属していた正衡流が同族内で優位を占め、季衡・貞衡流は正衡流に従属するようになったという（髙橋昌明『清盛以前』）。

そして嘉承二年（一一〇七）六月、九州で乱行をはたらいたかどで隠岐に配流されていた前対馬守《さきのつしまのかみ》源義親《よしちか》（義家の二男）が出雲《いずも》に渡って目代《もくだい》を殺害し、近隣諸国を従えつつあった。十二月十九日にその鎮圧にあたる追討使に抜擢《ばってき》されたのが、因幡守の正盛であった（『殿《でん》暦《りゃく》』）。

さっそく進発した正盛は、近境の国々の兵士を徴発《ちょうはつ》して義親を追討し、何と翌天仁《てんにん》元年

（一一〇八）正月十九日には義親や従類四人の首を持って上洛するとの報が到達した。二十四日には早くもその行賞が議され、上国《じょうこく》の但馬守《たじまのかみ》に任じられた。藤原宗忠《むねただ》は、「正盛は最下《さいげ》品《ぼん》の者で、第一国に任じられるのは、殊寵《しゅちょう》の者であるからか。あれこれ述べてはならない。院のあたりに伺候《しこう》する人は、天が幸いを与えた人か」と非難している。二十九日、義親たちの首を鉾《ほこ》に刺した一行（甲冑《かっちゅう》の者四、五〇人と郎従百人）は、院御所《いんごしょ》である鳥羽殿《とばどの》（現京都市南区上鳥羽、伏見区《ふしみ》竹田《たけだ》・中島《なかじま》・下鳥羽一帯）を経て凱旋《がいせん》し、首を西獄《にしのごく》の樹に懸けた。白河法皇も行列を見物し、見物の男女は道路に満ちたという（『中右記』）。なお、正盛の随兵の多くは「西海《さいかい》（九州）・南海《なんかい》（紀伊と四国）の名士」とされ（『長秋記《ちょうしゅうき》』）、早くも西国の兵の組織化が始まっていることがうかがえる。

あまりに迅速な追討に、この首の真偽が取り沙汰され、その後も義親と称する者が次々と現われたことは、言うまでもない。ともあれ、これで義家流河内源氏の没落は決定的となり、代わって正衡流伊勢平氏のみが擡頭する契機となったのである。永久元年（一一一三）に延暦寺と興福寺《こうふくじ》が抗争した際にも、白河法皇の命で「武士は丹後守正盛以下、天下の武者で源氏・平氏の輩」が出動している（『中右記』）。

これらの追討が契機となったのかは知る由もないが、正盛は仏堂の建立を始めた。天永元年（一一一〇）、鴨川の東の六波羅《ろくはら》に私堂を建立し、永久元年には二度にわたって白河法皇を迎えた（『殿暦』）。大江匡房《おおえのまさふさ》によって作られた堂供養願文《どうくようがんもん》が残るが、そこでは年齢が五十歳を過ぎたので来世《らいせ》の安楽を求めると記している（『江都督納言願文集《ごうととくなごんがんもんしゅう》』）。この六波羅堂（後に常光院《じょうこういん》）は、阿弥陀堂《あみだどう》に南北の塔を備えたものであった（『殿暦』）。元永《げんえい》二年（一一一九）に正盛は、この堂で一切経供養を行なっている（『中右記』）。

六波羅堂は京都市東山区薬師町《ひがしやまやくしちょう》から北御門町《きたごもんちょう》に所在したと推定されるから（『山槐記《さんかいき》』）、現在の六波羅蜜寺《ろくはらみつじ》と鴨川との間の地であろう。平安京の葬送地である鳥辺野《とりべの》への入口で、六《ろく》道辻《どうのつじ》とも称され墳墓堂《ふんぼどう》が林立していたこの地に、正盛は私堂を建立したことになる。それは伊勢平氏が本格的に六波羅に進出した第一歩でもあった。

なお、正盛の邸第は、宗忠から天仁元年に譲り受けた五条烏丸《ごじょうからすまる》の地（『中右記』）、ほぼ四分の一町と推定されている（髙橋昌明『清盛以前』）。当時の受領の邸第としては規定どおりの広さである。現在、俊成社《しゅんぜいしゃ》がビルに埋もれて所在するあたりであろう。その後、正盛はこの邸第を平盛基に譲り、「春日富小路高倉《かすがとみこうじたかくら》」に広大な邸第を新造したという（『中右記』）。現在の京都御苑から丸太町《まるたまち》通を挟んだ南側のいずこかであろうか。

この間、天永元年に丹後守、永久元年に備前守《びぜんのかみ》に任じられ（『殿暦』）、元永元年（一一一八）には重任を果たしている（『百練抄』）。右馬権頭《うまのごんのかみ》にも任じられたほか、保安《ほうあん》元年（一一二〇）には従四位下に昇叙《しょうじょ》され、讃岐守《さぬきのかみ》に任じられた（『中右記』）。

平正盛邸故地（春日富小路高倉）

これは上賀茂社《かみがも》や石清水八幡宮大塔《いわしみずはちまんぐうだいとう》、また白河法皇御願の尊勝寺《そんしょうじ》九体阿弥陀堂《くたいあみだどう》（後の蓮華蔵院《れんげぞういん》）や曼荼羅堂《まんだらどう》などを造進した成功《じょうごう》、さらには永久元年の興福寺・延暦寺大衆《だいしゅ》の強訴を鎮圧して衆徒《しゅうと》の入京を防ぎ、元永二年に京中の盗賊や鎮西《ちんぜい》（九州）の謀叛《むほん》人平真澄《まさずみ》（系譜不詳）を追捕するなど、治安・軍事面で院の武力として活躍した功績、鳥羽天皇中宮《ちゅうぐう》藤原璋子《しょうし》（後の待賢門院《たいけんもんいん》）の政所別当《まんどころべっとう》として奉仕した功績によるものである。

なお、永久の強訴においては、白河法皇は検非違使別当《けびいしべっとう》の宗忠を通すことなく、頭ごなしに正盛以下検非違使の発動を命じている（『中右記』）。こういった国家機構や本来の官職とは関係のない武力発動の積み重ねが、やがて武士の世を招く遠因となったのである（元木泰雄『武

伝平正盛墓

士の成立』)。

さて、正盛は讃岐守に任じられたものの、在任中の保安二年(一一二一)四月に死去したと推測されている。家格を上昇させ、伊勢平氏繁栄の基礎を作ったとはいっても、院の昇殿《しょうでん》を許されることもなく、地位としては下北面という侍品《さむらいぼん》に過ぎなかった。安濃津の故地である津市の産品《うぶしな》という所の置染《おきそめ》神社境内には、「伝平正盛墓」と称する宝篋印塔《ほうきょういんとう》が残るが、もちろん真偽のほどは定かではない。

維衡流第五世代の忠盛

正盛の男子も、忠盛と忠正《ただまさ》の二人しか確認できない。

忠盛は、永長《えいちょう》元年(一〇九六)生まれ。先ほど挙げた津の産品には、「忠盛塚《ただもりづか》」と称する

忠盛塚（平氏発祥伝説地）

忠盛出生伝承地（胞衣塚《えなづか》）があるが、もとより信じるに足りない。

天仁元年に十三歳で左衛門少尉に任じられ、永久元年に十八歳で検非違使に補された。内裏蘭林坊宝蔵《らんりんぼうほうぞう》の賊を追捕した行賞で従五位下に叙され（『殿暦』）、大夫尉となった。永久五年（一一一七）に二十二歳で伯耆守《ほうきのかみ》兼右馬権頭に任じられ、鳥羽天皇中宮藤原璋子の政所別当となった。保安元年に越前守、大治二年（一一二七）に備前守に任じられた。ともに受領としては最上級の国である。この年には従四位下に叙され、父正盛の極位《ごくい》に、早くも三十二歳で並んだことになる。

この間、元永二年には賀茂臨時祭《かもりんじさい》の新舞人《まいびと》、保安元年には石清水臨時祭《いわしみずりんじさい》の舞人を務め、「世は許さなかった」と批判されながらも、その華やかさや振る舞いには、「道に光花《こうか》を施し、万事に耳目を驚かした。まことに希代の勝事《しょうじ》である」と称讃された（『中右記』）。

一方では、保安四年（一一二三）には延暦寺大衆の強訴を鎮圧し（『百練抄』）、大治四年（一一二九）には山陽《さんよう》・南海両道の海賊を追捕するため追討使となっているなど（『朝野群載』）、父祖譲りの役割を果たしている。なお、実際には海賊が跳梁《ちょうりょう》していたわけではなく、瀬戸内海の海賊を手中に収めるための口実として追討の院宣《いんぜん》を請うたとの指摘もある（竹内理三『武士の登場』）。保延元年にはふたたび追討使として山陽・南海道の海賊を追捕したが、自分の家人ではない者を賊と称して都に連行したという（『中右記』）。保延五年（一一三九）にも、南都《なんと》の大衆の入京を宇治《うじ》橋と淀《よど》で阻止している（『南都衆徒入洛記《なんとしゅうとじゅらくき》』）。

この頃、白河法皇の院殿上人《いんのてんじょうびと》となり、院判官代《いんのはんがんだい》・院御厩預《いんのみまやのあずかり》に補されて、下北面の首領的地位にあった。白河法皇の女房との間に清盛を儲《もう》けたというのも、こういった立場によるものであろう（五味文彦『平清盛』）。

大治四年に白河法皇が死去した後、新たに院政を開始した鳥羽上皇からも恩寵《おんちょう》を受けた忠盛は、大治五年に鳥羽上皇の御給《ごきゅう》で正四位下に叙され、鳥羽院別当《とばいんべっとう》に補された。この異例の昇進に、村上源氏の師時《もろとき》は、「一つとして道理はない。無縁の貧者（師時）は憑《たの》むところが無いようである」と嘆息している（『長秋記』）。

すでに大治四年に待賢門院璋子御願の白河《しらかわ》や祇園の塔を造進していた忠盛であったが、天《てん》承《しょう》元年（一一三一）には鳥羽の新御堂（白河法皇の遺骨を納めた三重塔の拝所。後の成《じょう》菩《ぼ》提《だい》院《いん》）や白河の三十三間の御堂（得長寿院《とくちょうじゅいん》）を造進し、翌長承《ちょうしょう》元年（一一三二）には、その功によって備前守重任と内裏の昇殿を許され（『中右記』）、殿上人となった。

武家としては破格の処遇を得たこととなったが、当然ながら貴族層からは反撥《はんぱつ》を買い、宗忠は、「この人の昇殿は、やはり未曾有の事である」と記している（『中右記』）。『平家物《へいけもの》語《がたり》』の有名な「殿上闇討《てんじょうやみうち》」の逸話《いつわ》は、この年のこととして設定されているものである。殿上人の仲間入りの儀式に際して、洗礼としてよく起こることであったらしいのだが（五味文彦『平清盛』）。

忠盛家の家格も、侍品から諸大夫層に上昇していたはずである。六波羅に公卿にしか許されていない「方一町」の邸第を起点に、泉殿《いずみどの》や池殿《いけどの》の原型となる平家屋形《へいけやかた》（六波羅館《ろくはらやかた》）を造営したというのも、その一環であろう（髙橋昌明『清盛以前』）。

長承二年（一一三三）頃には、鳥羽院領肥前国神崎荘《かんざきのしょう》（現佐賀県神埼《かんざき》市神埼町）の預所《あずかりどころ》として対宋《そう》貿易を行なうなど、院領荘園《しょうえん》支配と日宋《にっそう》貿易の面でも手腕を示した。これが後の清盛の対外政策につながっていくことになる。

天養元年には白河北殿再建の成功によって正四位上に叙され、美作守《みまさかのかみ》から尾張守《おわりのかみ》（右京《うきょう》大夫《たいぶ》も兼任)、そして久安元年頃には播磨守《はりまのかみ》に任じられるなど、受領としては最高の地位に上った。久安四年(一一四八)には鳥羽院執事別当《とばいんしつじべっとう》、翌久安五年(一一四九)には美福門院《びふくもんいんの》庁別当《ちょうべっとう》にも補されるとともに、内蔵頭《くらのかみ》に任じられ、仁平《にんぴょう》元年(一一五一)には刑部卿《ぎょうぶきょう》を兼ねた。まさに三位以上の公卿(非参議《ひさんぎ》)の一歩手前の地位にまで上りつめたことになる。侍品という出自から考えると、まったく破格の地位である。

この間、久安三年六月には、祇園社の下部(神人《じにん》)と忠盛の嫡子《ちゃくし》である清盛の従者とが闘乱し、互いに負傷者を出したり、清盛の郎等が放った矢が神殿の柱に当たったりするという事件が起こった。祇園社の本寺である延暦寺は、忠盛・清盛父子を訴え、流刑《るけい》に処すことを鳥羽法皇に請うてきた。鳥羽法皇は仕方なく摂政《せっしょう》藤原忠通と公卿に忠盛父子の罪を議させた(『台記』『本朝世紀』『百練抄』)。

忠盛は下手人七人を鳥羽院《とばいんのちょう》庁に進上したが、延暦寺僧徒は強訴に及ぶとの風聞もあり、事態は緊迫した。鳥羽法皇は清盛を贖銅《しょくどう》三〇斤に処すこととした。贖銅とは実刑の代わりに銅を納めさせることで、三〇斤だと徒《ず》一年半に相当する(名例律《めいれいりつ》・徒刑条)。これで何とか事件は決着し、忠盛・清盛父子は政治生命の危機を脱したとともに、鳥羽法皇が最大の努力を払ってこの家を庇護《ひご》していることが明らかとなったことになる(髙橋昌明『清盛以前』)。

公卿の座もうかがいかけていた忠盛であったが、仁平三年(一一五三)正月、死去した。

五十八歳（『本朝世紀』）。他人に厳しい内覧《ないらん》兼左大臣の藤原頼長にも、「数国の吏を経、富は百万を累《かさ》ねた。奴僕《ぬぼく》は国に満ち、武威《ぶい》は人に過ぎた。ところが人となりは恭倹《きょうけん》で、未だかつて奢侈《しゃし》の行ないはなかった。時の人はこれを惜しんだ」と讃えられたように（『台記』）、まことにあっぱれな武人人生であったと称せよう。

なお、忠盛は歌人としても優れ、『千載和歌集《せんざいわかしゅう》』以下の勅撰集《ちょくせんしゅう》に一一首、入集している。崇徳上皇歌壇に参加して久安六年（一一五〇）に崇徳上皇に百首歌を詠進し、死後には家集『平忠盛集《たいらのただもりしゅう》』が撰された。笛の名手とも伝えられる。

鳥羽法皇が死去し、保元の乱が起こったのは、忠盛の死の三年後のことであった。

忠盛の子供たち

ここで忠盛の子供たちについて、一男清盛については後に詳しく述べることとして、他の男子について述べておきたい。

清盛の生母と思われる女性は保安元年に死去したが、その死亡の記事は、『中右記』に、「「伯耆守忠盛の妻が急に卒去した」と云うことだ。これは仙院《せんいん》（白河院）のあたりである。近日、京都の下人があちこちで夭亡《ようぼう》しているという風聞がある」とある。この女性は、名前も系譜も不明であり、下人の死と同列に記されているところから、あまり身分の高くない院

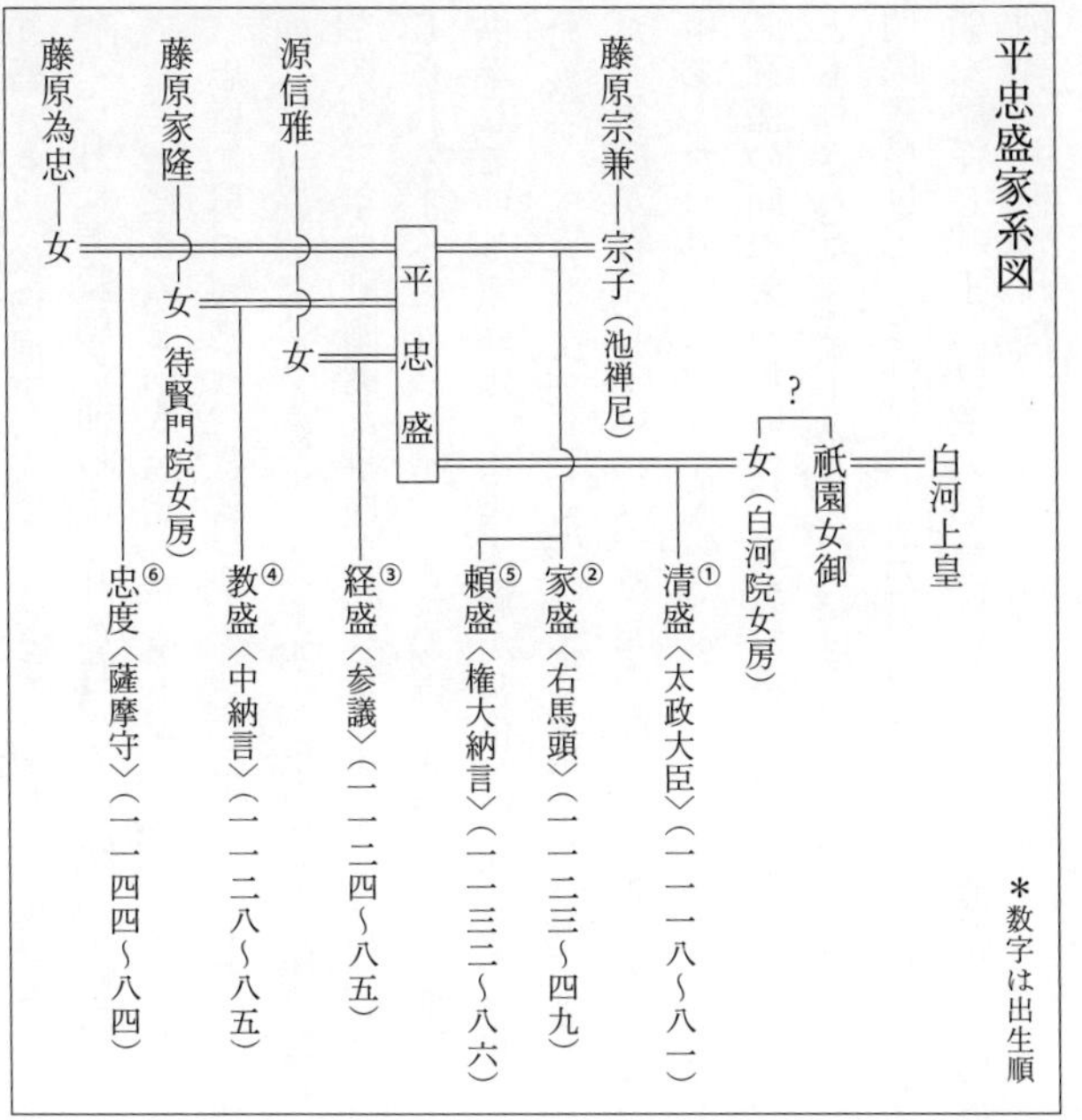

女房であったと推測されている(五味文彦『平清盛』)。

この後、忠盛は白河法皇の近《きん》習《じゅう》である従四位上修理権大夫《しゅりのごんのだいぶ》藤原宗兼《むねかね》の女の宗子《そうし》を嫡妻《ちゃくさい》とした。「夫の忠盛をも支えるほどの者」(『愚管抄《ぐかんしょう》』)と称されることになる女性である。この女性は、待賢門院璋子にも伺候していた。保安四年に家盛《いえもり》、長承元年に頼盛《よりもり》を産んだ。忠盛と死別した日に出家し、六波羅の邸第の中心である池殿を相続してそこに住んだので、「池禅《いけのぜん》尼《に》」と呼ばれた。保元元年(一一五六)の保元の乱に際して、頼盛たちに後白河天皇側につくよう諭《さと》し（『愚管抄』）、平治の乱の後、永暦《えいりゃく》元年（一一六〇）二月に源頼朝が捕らえられた時、その助命を嘆願した。頼朝が家盛の幼い頃に姿が似ていたことによるという伝えもある（『平治物語《へいじものがたり》』）。

忠盛二男の家盛は、長承三年（一一三四）に十二歳で六位蔵人《ろくいのくろうど》に補され、殿上人から左衛《さえ》門佐《もんのすけ》・常陸介などを経て、久安四年に右馬頭《うまのかみ》に任じられ、従四位下に叙された。

久安三年に祇園闘乱事件を起こした清盛に代わって、嫡妻の長子である家盛が朝廷で重んじられるようになったが、それも束の間、久安五年三月、鳥羽法皇の熊野詣《くまのもうで》に病をおして供奉していた家盛は、途中で病が悪化し、都に戻る間もなく、宇治川の落合《おちあい》（現宇治市槇島《まきしま》町《ちょう》落合）あたりで死去した。二十七歳。これで忠盛の後継者として、清盛の立場が確定した。家盛が存命していれば、保元の乱をはじめ、その後の一門の命運も異なっていた可能性もあった（五味文彦『平清盛』）。

家盛の同母弟の頼盛は、五男にあたる。家盛の死後は、嫡妻の子として、「当腹《むかいばら》の嫡子」とも称された（『源平盛衰記《げんぺいじょうすいき》』）。後白河天皇や八条院《はちじょういん》（鳥羽天皇皇女の暲子《しょうし》内親王。母は美福門院藤原得子）に近侍し、清盛の弟ではもっとも栄達を見た。常陸・安芸《あき》・三河・尾張の受領を歴任し、正二位権大納言《ごんだいなごん》にいたった。六波羅の池殿に居住したことから、「池殿」「池大《いけだい》納言《なごん》」と称された。

かならずしも清盛と良好な関係にあったわけではなく、後に清盛と後白河上皇の関係が悪化すると、清盛とは微妙な対立を生じた（髙橋昌明『平家の群像』）。

三男の経盛《つねもり》は、村上源氏の顕房《あきふさ》五男信雅《のぶまさ》の女から天治元年（一一二四）に生まれた。伊賀《いがの》守《かみ》・若狭守・内蔵頭などを歴任した後、嘉応《かおう》二年（一一七〇）に従三位、安元《あんげん》三年（一一七七）に正三位に叙され、養和《ようわ》元年（一一八一）に参議《さんぎ》に任じられた。

忠盛の歌人的な側面を継承し、守覚法親王《しゅかくほうしんのう》（後白河第二皇子）の仁和寺《にんなじ》歌会や二条《にじょう》天皇内裏歌会に参加したほか、諸所の歌合《うたあわせ》に出詠《しゅつえい》し、自邸でも歌合を開催した。『治承三十六人《じしょうさんじゅうろくにん》歌合《うたあわせ》』に入るなど、当代の評価は高かったが、朝敵《ちょうてき》となったので、『千載和歌集』には「よみ人しらず」として一首が入集し、『新勅撰和歌集《しんちょくせんわかしゅう》』以下に一一首が入集する。家集に『経盛集《つねもりしゅう》』がある（『平安時代史事典』）。

四男の教盛《のりもり》は、関白藤原師通の次男である家隆《いえたか》の女の待賢門院女房から、大治三年（一一二八）に生まれた。左近将監《さこんのしょうげん》・蔵人・淡路守《あわじのかみ》・左馬権頭《さまのごんのかみ》・大和守《やまとのかみ》・越中守《えっちゅうのかみ》・常陸介を歴任した。応保《おうほう》元年（一一六一）に憲仁《のりひと》親王（後の高倉《たかくら》天皇）の立太子《りったいし》を企てた陰謀に坐して官職を解却《げきゃく》されたが、翌応保二年（一一六二）に許されてからは、能登守・内蔵頭・春宮《とうぐうの》亮《すけ》に任じられ、仁安《にんあん》三年（一一六八）に高倉天皇が即位すると、蔵人頭《くろうどのとう》・参議となり、正三位中納言に進んだ。六波羅の門脇邸に居住したことから、「門脇中納言《かどわきちゅうなごん》」と称された。実際の戦闘には一度も参加しないまま、寿永《じゅえい》二年（一一八三）に西走した。

六男の忠度《ただのり》は、清盛の末弟にあたる。生母は丹後守藤原為忠《ためただ》の女、あるいは鳥羽院御所の女房とも伝えられるが、未詳。天養元年に生まれたが、右衛門佐《えもんのすけ》・伯耆守などを経て、正四位下薩摩守《さつまのかみ》にいたった。

むしろ忠度は歌人として有名で、『千載和歌集』『新勅撰和歌集』『玉葉和歌集《ぎょくようわかしゅう》』などの勅撰集に和歌が採られている。西走の際に和歌の師である藤原俊成《としなり》に歌稿を託して、勅撰集への採録を依頼し、俊成がそのなかから、「さゝ波や志賀の都はあれにしを昔ながらの山さくらかな」の一首を「よみ人知らず」として『千載和歌集』に載せたという逸話は有名である。

平忠正について

忠盛とその一家の華々しい活躍に比べて、異母弟である忠正の方は、政治的にも軍事的にも経済的にも、まったくぱっとしない存在であった。

忠正は、生年や生母は不明。つまり史料にそれらが記録されるほどの存在ではなかったことになる。左兵衛尉《さひょうえのじょう》に任じられ、白河法皇に仕えた。元永二年に顕仁《あきひと》親王（後の崇徳天皇）が生まれると、その家司である御監《ごげん》に補された（『中右記』）。後に右馬助に任じられたが、長承二年に鳥羽上皇から勘当の処分を受けた（『長秋記』）。

その後は官職に就くことも院の軍事動員を受けることもなく、散位にとどまった。その代わり、保延二年（一一三六）に頼長の車を警護するなど（『台記』）、摂関家の家人として活動し、仁平二年（一一五二）には頼長の家司職事《けいししきじ》も勤めていた（『兵範記《へいはんき》』）。忠盛や清盛とは不和であったと伝えられている。

これらの人間関係が、保元の乱に際しての行動と破滅につながったことになる。保元元年、忠正は頼長とともに宇治から上洛し、崇徳上皇方の拠点である白河北殿《しらかわきたどの》に立て籠《こも》ったが、後白河天皇方の清盛や源義朝に敗北して、伊勢に逃亡した。その後、清盛を頼って子息の長盛《ながもり》（崇徳上皇北面）・忠綱《ただつな》（皇后侍）・正綱《まさつな》（頼長勾当《こうとう》）・通正《みちまさ》をともない投降したが、六波羅で清盛の手によって処刑された。一般に死刑の復活とされている。

翌保元二年（一一五七）、山城《やましろ》や伊賀・伊勢に所在した忠正の散在所領は、没官されて後院領《ごいんりょう》に編入されたが、それは小規模な散在田畠を集積したものであったという（『兵範記』）。その点でも、忠盛とは大きな較差《かくさ》が存在していたのである。

第五章　公家平氏と武家平氏の邂逅

はるか昔、天長《てんちょう》二年（八二五）に賜姓《しせい》された桓武平氏は、当初から都で実務官人を輩出した高棟流と、坂東《ばんどう》で武家となった高望流とに分かれ、それぞれ別々の歩みを続けていた。それが何という歴史の偶然か、高棟－惟範－時望－真材－親信－行義－範国－経方－知信－時信－時忠と続いてきた公家平氏と、高望－国香－貞盛－維衡－正度－正衡－正盛－忠盛－清盛と続いてきた伊勢《いせ》平氏とが、三〇〇年以上の時を超えて、ふたたび結合することとなったのである。

もっとも、正盛の女《むすめ》の政子《せいし》は、平滋子の乳母《めのと》で、若狭局《わかさのつぼね》という名前で高倉天皇の女房として出仕し、後白河天皇の晩年の寵妃である高階栄子《たかしなのえいし》（丹後局《たんごのつぼね》）の母であるとされる。他にも正盛の女二人が大和《やまと》・肥後《ひご》という名前で出仕していたというので（西井芳子「若狭局と丹後局」）、もう少し早くから公家平氏と武家平氏の関係は存在していた可能性もある。

両平氏が結合したミウチ的結合である平家《へいけ》は、天皇家をも包摂して、新たな王権と都城を創設した。しかしそれは、公卿《くぎょう》層や寺院勢力から平家を遊離させる結果となり、わずか十数年の命脈しか保ち得なかった。

治承《じしょう》四年（一一八〇）に始まる日本未曾有の内乱は、（武家の）清和源氏を頭目に戴く坂東平氏が、伊勢平氏の末裔《まつえい》である平家とその王を打倒する戦いでもあった。そして文治《ぶんじ》元年（一一八五）、ほとんどの平家とその王は西海《さいかい》に沈み、日本は新たな時代を迎えた。生き残った平氏にとっても、それまでとは違った歩みが待ち受けていたのである。

1　清盛家と公家平氏の結合

清盛の昇進と結婚

清盛の官位昇進は、若い頃はむしろ早いとは言えなかった（元木泰雄『平清盛の闘い』）。清盛が生まれた元永《げんえい》元年（一一一八）には、祖父正盛は備前守《びぜんのかみ》、父忠盛は二十三歳で越前守《えちぜんのかみ》であり、その家格も、まだ諸大夫《しょたいふ》層といった時期であった。

清盛家・公家平氏系図

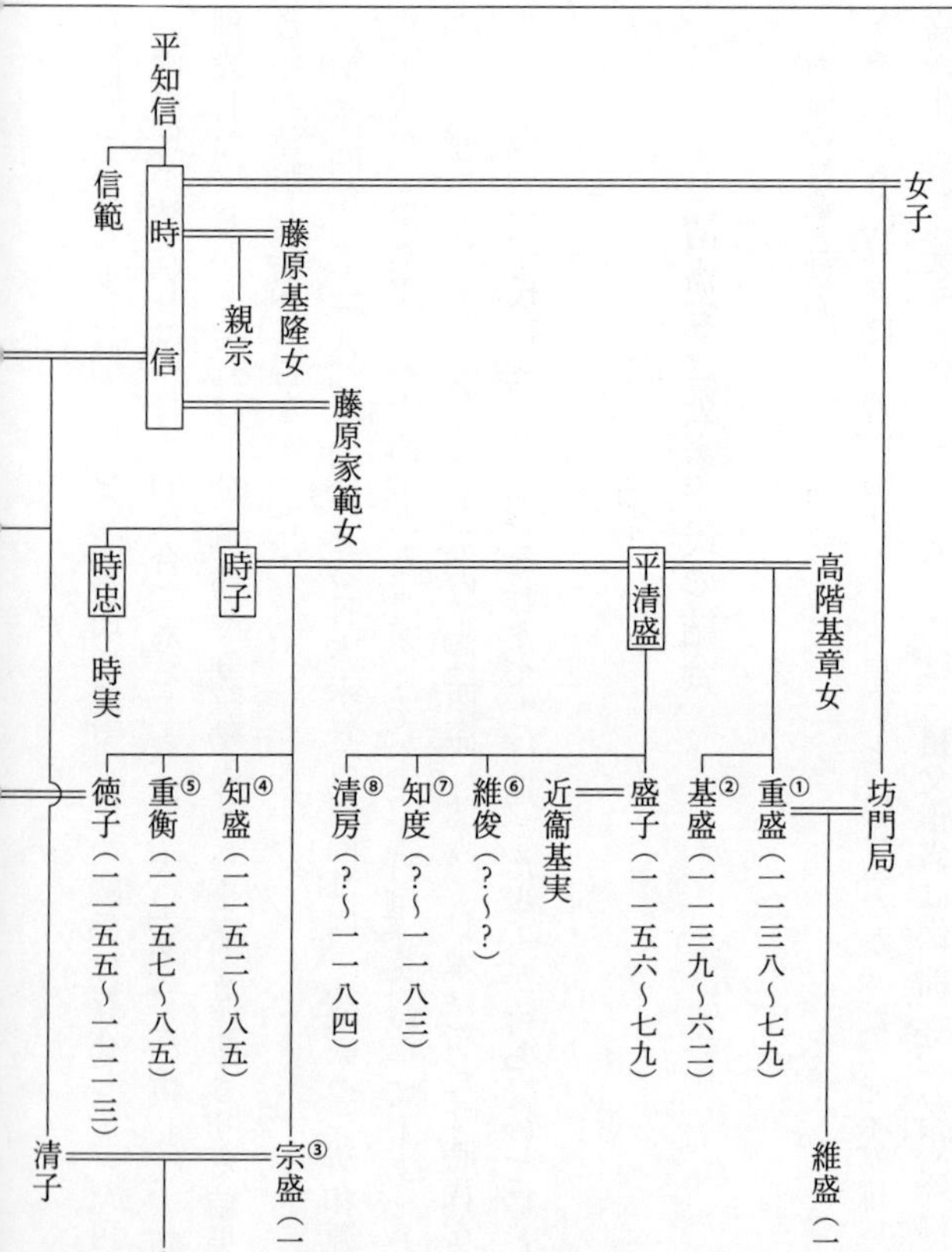

＊数字は出生順

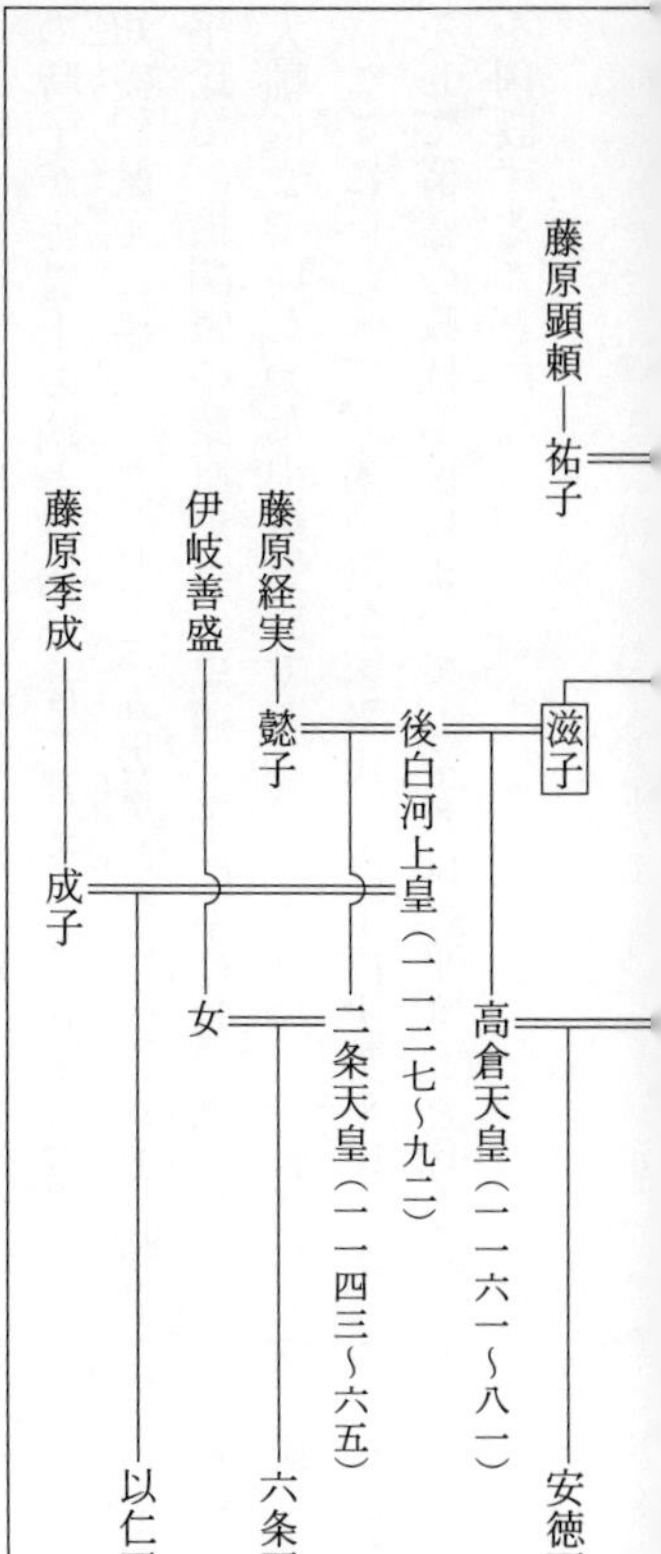

無品《むほん》の「高平太《たかへいだ》」と揶揄《やゆ》されたともいう（延慶本《えんぎょうぼん》『平家物語《へいけものがたり》』）清盛は、鳥羽院非蔵人《とばいんひくろうど》（六位の者のなかから選ばれ、昇殿《しょうでん》を許されて殿上の雑務に従事した者）から大治《だいじ》四年（一一二九）に十二歳で従五位下左兵衛佐《さひょうえのすけ》に任じられた。その後、天承《てんしょう》元年（一一三一）に十四歳で従五位上、保延《ほうえん》元年（一一三五）に十八歳で正五位下、次いで忠盛の海賊追討の功で従四位下に叙され、保延二年（一一三六）に十九歳で忠盛の譲りで中務権大輔《なかつかさのごんのたいふ》に任じられた。保延三年（一一三七）に熊野本宮《くまのほんぐう》造営の賞で肥後守《ひごのかみ》を兼任、保延六年（一一四〇）に二十三歳で従四位上に昇叙《しょうじょ》、久安《きゅうあん》二年（一一四六）に鳥羽法皇御給《ごきゅう》で二十九歳で正四位下に昇叙され、安芸守《あきのかみ》を兼任した（『公卿補任《くぎょうぶにん》』）。

諸大夫層の院の近臣の嫡子《ちゃくし》としては、まずは順調な昇進ではあるが、かといってこれを根拠に白河法皇の落胤《らくいん》と断定できるような状況でもなかろう。そして久安三年（一一四七）、祇園《ぎおん》闘乱事件を起こしている。

この間、高階基章《もとあき》（源家実《いえざね》の子）の女と結婚し、保延四年（一一三八）に一男重盛、保延五年（一一三九）に二男基盛《もともり》が生まれている。基章は右近将監《うこんのしょうげん》という下級官人に過ぎず、清盛が中務大輔《なかつかさのたいふ》であった時に職務上の関係で知り合ったものとされる（五味文彦『平清盛』）。この名前も伝わっていない女性が清盛の嫡妻《ちゃくさい》であったかどうか、したがって重盛が確固たる嫡男《ちゃくなん》となり得たかどうかは、難しい問題である。

次いで清盛は、平時信の女である時子と結婚し、久安三年に三男宗盛が生まれている。この時子が実質上の嫡妻であったと言えよう。時子は続いて、仁平《にんぴょう》二年（一一五二）に四男知盛《とももり》、保元《ほうげん》二年（一一五七）に五男重衡《しげひら》を産んでいる。時信は親信から数えて五代目の公家平氏で、摂関家の藤原忠実・忠通父子に奉仕し、鳥羽《とば》院判官代《いんはんがんだい》を勤めるとともに、兵部権大輔《ひょうぶのごんのたいふ》にまでいたった中級貴族である。つまりはごく普通の公家平氏である。

ここにいたって、高棟流公家平氏と高望流伊勢平氏とが、ふたたび結び付いたのである。そして清盛の政権掌握によって、それは「平家」と称される一族となり、やがて新たな王権を創設することになる。

保元の乱と伊勢平氏

保元元年（一一五六）に起こった保元の乱は、王権における後白河天皇と崇徳上皇・重仁《しげひと》親王父子、摂関家における藤原忠通と藤原忠実・頼長父子の確執が、それぞれ近臣と武力を背景にしていたことが原因である。河内《かわち》源氏における源為義《ためよし》と義朝父子、伊勢平氏における平忠正と清盛の対立もからまって、双方が武力を行使する要因となった。

鳥羽法皇の存命中は、これらの勢力はかろうじてバランスを保っていたものの、鳥羽法皇が死去すると、院近臣の中心であった信西（藤原通憲）によってクーデター計画の噂を流された崇徳上皇と頼長は追いつめられ、白河北殿《しらかわきたどの》（白河殿）に籠《こも》った。信西の突き上げに、やむなく関白《かんぱく》忠通は夜襲の攻撃命令を下し、約四時間で後白河天皇側の勝利で決着した。

この間、伊勢平氏、特に清盛の動向は、乱の趨勢《すうせい》に決定的な影響を及ぼした。清盛の父である忠盛は、実は重仁親王の乳父《めのと》を務めていた。忠盛が存命であったならば、忠盛や頼盛は崇徳上皇側に付いた可能性もあり、清盛が後白河天皇側に付いていれば、平氏も父子や兄弟の対決となっていた可能性もあった（髙橋昌明『清盛以前』、五味文彦『平清盛』）。その場合、崇徳上皇側の勝利に帰していた可能性も、まったく否定できないのである。

しかしながら、重仁親王の乳母も務めた忠盛嫡妻の藤原宗子（池禅尼）が、（『愚管抄《ぐかんしょう》』を信じるならば）「この事はきっと、新院（崇徳上皇）の御方は負けるであろう。しっかりと兄の清盛に付くように」と頼盛たちに諭《さと》したことで、伊勢平氏嫡流の兄弟対決は回避され、一気に後白河天皇側の軍事力が優勢となった。

平忠正や家弘など、同じ維衡流の伊勢平氏とはいっても、嫡流からはほど遠く、崇徳上皇や頼長との人間関係が強かった面々しか軍事力として期待できなかった崇徳上皇側は、作戦面の未熟さも露呈して、後白河天皇側にあっけなく敗れてしまった。積極的に夜襲を主張した義朝に比べて、清盛はあまり積極的ではなかったとの評価もあるが（元木泰雄『平清盛の闘い』）、それでも三〇〇騎あまりで二条《にじょう》大路を東に進撃して白河殿を攻撃し（『兵範記《へいはんき》』）、乱の帰趨に決定的な軍事的役割を果たした。

頼長以外にはほとんど有力者で死傷した者のいない（『保元物語《ほうげんものがたり》』）、この不思議な戦乱の結果、中央における王権や摂関家内部の対立の解決にも、武力が不可欠となってしまった。まさに慈円《じえん》が「鳥羽院が亡くなられて後、日本国の乱逆と云うことが起こって後、ムサ（武者）の世になってしまった」と評したように（『愚管抄』）、本格的な中世の開幕となったのである。

保元の乱と坂東平氏

さて、保元の乱においては、坂東各地に地盤を持った平氏は、どのような活動を見せたのであろうか。まず清盛の配下にあった武者は、『兵範記』では異母弟の頼盛・教盛、嫡男の重盛と一門の者しか見えず、『保元物語』でも伊勢や伊賀《いが》、それに安芸《あき》や筑後《ちくご》、備前《びぜん》・備中《びっちゅう》といった西国各地の武者が中心で、坂東平氏の名は見られない。

それに対し、義朝の配下には、広く東国《とうごく》一帯の武者が集められ、なかでも坂東平氏では、『保元物語』に、相模《さがみ》の大庭景義・景親、上総《かずさ》の上総広常、下総《しもうさ》の千葉常胤、武蔵《むさし》の熊谷直実・河越重頼《しげより》・師岡重経《もろおかしげつね》が列挙されている。坂東平氏が「武家の棟梁《とうりょう》」を志向する河内源氏によって組織化されていたことを示すものであるが、あくまでそれは国家による公的な動員の結果であった。

保元の乱後の伊勢平氏

話を伊勢平氏に戻すと、清盛は乱直後の行賞《こうしょう》で、大国《たいこく》、しかも院の愛顧を受けた近習《きんじゅう》で四位の貴族のトップが就く播磨守《はりまのかみ》に任じられた（『公卿補任』）。それまでの官位と軍事力から考えて、妥当な行賞と考えられている（五味文彦『平清盛』、元木泰雄『平清盛の闘い』、髙橋昌明『平清盛　福原の夢』）。その他、頼盛が常陸介《ひたちのすけ》、経盛が安芸守、教盛が淡路守《あわじのかみ》の座を占めたのに続いて、頼盛と教盛が昇殿を許され、殿上人《てんじょうびと》となった。

信西が主導した国政改革にも、清盛をはじめとする平氏一門が財力や武力を提供して寄与したとされる（五味文彦『平清盛』）。内裏《だいり》再建にも、清盛は仁寿殿《じじゅうでん》を造営しているなど、一門を挙げて協力している。保元二年正月付の「鎮西《ちんぜい》の凶悪の輩《やから》」の追討に関わる清盛自筆の文書も、『兵範記』の紙背に残されている。

保元三年八月には、美福門院（藤原得子）と信西の「仏と仏との評定」により、後白河天皇が譲位し、第一皇子で十六歳の守仁親王が即位している（『兵範記』）。二条天皇である。本来、暗愚《あんぐ》な後白河天皇の即位は守仁親王への中継ぎのためであったのであり、これで皇統《こうとう》も安定するかに見えたが、後白河上皇は政治から離れることなく、後白河院政《いんせい》派と二条親政《しんせい》派との対立が生じることになった。

なお、翌保元三年（一一五八）に清盛は、前例では公卿が任じられる大宰大弐《だざいのだいに》に任じられた（『公卿補任』）。播磨守を信西男の藤原成範《なりのり》（清盛女の婚約者）に譲ってのことである。これで日宋《にっそう》貿易にも本格的に乗り出すことができるようになったことになる。

平治の乱と伊勢平氏、そして清盛

このまま信西と清盛の連携による国政改革が続くかと思われたが、後白河院政に反対する二条親政派のなかから、権大納言《ごんだいなごん》藤原経宗《つねむね》や検非違使別当《けびいしべっとう》藤原惟方《これかた》、そして後白河院政派のなかからも、後白河上皇の「寵愛」を受けた権中納言《ごんちゅうなごん》藤原信頼《のぶより》など、反信西の動きが生まれた。

信頼は二条親政派と結び、後白河院近臣の源義朝の武力を恃《たの》んで、平治《へいじ》元年（一一五九）に清盛が熊野詣《くまのもうで》に出かけた隙《すき》を突いて、三条烏丸御所《さんじょうからすまるごしょ》を襲撃した（『百練抄《ひゃくれんしょう》』）。平治の乱である。御所を脱出した信西は、山城《やましろ》の田原《たわら》（現京都府綴喜《つづき》郡宇治田原町《うじたわらちょう》）で自害した（殺害されたとも）。信頼は後白河上皇と二条天皇を幽閉《ゆうへい》し、人事権を奪って除目《じもく》を行なったが（『愚管抄』）、これといった対策を立てられないまま、日を過ごした。経宗・惟方と信頼の分裂もすぐに始まった。

何とか帰京した清盛は、二条親政派と連携して二条天皇を六波羅《ろくはら》に脱出させ、重盛や頼盛を派遣して義朝軍を壊滅させた（『愚管抄』）。

この戦乱は史上はじめて、穢《けがれ》を排除し清浄であるべき平安京《へいあんきょう》を舞台としたことで画期的なものであったが、信頼は斬首され、義朝は一〇騎あまりで逃亡途中の尾張で良兼流平氏の長田忠致に殺害された。義朝の子の朝長《ともなが》は美濃《みの》で自害し、義平《よしひら》は斬首されたが、翌永暦元年（一一六〇）に、美濃の関ヶ原《せきがはら》で捕らえられた頼朝の助命を忠盛嫡妻の池禅尼が清盛に嘆願し、頼朝は伊豆《いず》国田方《たがた》郡北条《ほうじょう》の蛭ヶ島《ひるがじま》（現静岡県伊豆《いず》の国《くに》市土手和田《どてわだ》）に流刑《るけい》となった。このことが二〇年後、平氏に大きな禍根《かこん》をもたらすことになる（元木泰雄『平清盛の闘い』）。なお、頼朝は直方流平氏を称する北条氏のほか、頼盛たち池《いけ》家の管理下にもあったとされる（川合康『源頼朝』）。

乱の結果、源氏が没落し、平氏のみが武力を独占して軍事・警察権を掌握し、王権を護持《ごじ》する体制となった。乱の行賞として、重盛が伊予守《いよのかみ》、宗盛が遠江守《とおとうみのかみ》、頼盛が尾張守《おわりのかみ》、教盛が越中守《えっちゅうのかみ》、経盛が伊賀守《いがのかみ》に任じられた。のみならず、永暦元年に清盛が正四位下から一気に正三位に昇叙され、参議《さんぎ》に任じられて見任《げんにん》公卿《くぎょう》となると（『公卿補任』）、公的な「家」を形成するようになった（髙橋昌明『平家の群像』）。武家としては、もちろんはじめての見任公卿である。清盛の政治的地位も不動のものとなり、これ以降、清盛家を「平家」と称することとする。なお、清盛は翌応保《おうほう》元年（一一六一）には権中納言・検非違使別当に昇任している（『公卿補任』）。

さて、永暦元年、二条天皇の即位儀礼として八十島祭《やそしままつり》が行なわれたが、勅使《ちょくし》となったのは清盛の妻で二条天皇の乳母の時子であった（『山槐記《さんかいき》』）。清盛が後白河院司《ごしらかわいんじ》であるのみならず、二条天皇の乳父という立場で後見《こうけん》していることを示すものであった（髙橋昌明『平清盛』）。

時子の名前が出たついでに、同母弟の時忠についても触れておこう。時忠は大治三年（一一二八、『吾妻鏡』）か大治五年（一一三〇、『公卿補任』）の生まれ。久安二年に十七歳で非蔵人に補されて以来、久安三年に六位蔵人《ろくいのくろうど》・大学助《だいがくのすけ》・左兵衛少尉《さひょうえのしょうじょう》・左衛門少尉《さえもんのしょうじょう》を歴任し、久安四年（一一四八）に検非違使《けびいし》に補された。義兄の清盛とともに鳥羽法皇の院司も兼ね、保元の乱の後に兵部権少輔《ひょうぶのごんのしょう》・刑部大輔《ぎょうぶのたいふ》、平治の乱の後の永暦元年に右衛門権佐《えもんのごんのすけ》・右少弁《うしょうべん》・兵部権大輔《ひょうぶのごんのたいふ》に昇進した。なお、時忠が検非違使であった時の検非違使別当は、清盛であった。

ここまでは、先祖以来の公家平氏の歩みとそれほど変わるところはなかったが、清盛が異数《いすう》の昇進を遂げると、それを支える時忠も、これまでの公家平氏とはまったく異なる歩みを見せることになる。

平治の乱と坂東平氏

なお、保元の乱では国家による公的な動員だったのに対し、平治の乱はクーデターのための隠密裡《おんみつり》の召集であり、義朝が組織できたのは私的武力に限られ、兵力も僅少だったと推測されている（元木泰雄『保元・平治の乱を読みなおす』、野口実『源氏と坂東武士』）。坂東平氏からは、『平治物語《へいじものがたり》』によれば挙兵後に三浦義澄《よしずみ》・上総広常・渋谷重国《しげくに》が参戦したに過ぎなかった。

この戦乱で義朝家が壊滅状態となったものの、義朝に従属していた坂東武士には直接の処分は下されなかったようであるが、それでもさまざまなかたちで大きな痛手を受けることとなった（野口実『源氏と坂東武士』）。

上総氏では内紛が勃発し、それは頼朝挙兵まで続いた。千葉氏は相馬御厨《そうまのみくりや》の支配権を常陸《ひたち》源氏の佐竹《さたけ》氏に奪われた。武蔵では畠山氏が留守所《るすどころ》兼業職《けんぎょうしき》を失い、秩父氏がその地位を掌中に収めた。相模でも三浦氏や中村氏の立場は大きく揺らぎ、清盛に登用された大庭景親が擡頭した（野口実『源氏と坂東武士』）。こうして坂東の地は、地域間・同族間紛争のなかで、平家政権の誕生、そして頼朝挙兵の時を迎えるのである。

平滋子の入内と平氏

さて、時子や時忠の異母妹で、権中納言藤原顕頼の女の祐子から康治《こうじ》元年（一一四二）に生まれた平滋子は、上西門院統子《じょうさいもんいんとうし》内親王（鳥羽天皇第二皇女で、後白河天皇の准母《じゅんぼ》）の女房で、小弁《こべん》と称した。やがて後白河上皇に召されて、応保元年に八条河原口《はちじょうかわらぐち》の平盛国宅で憲仁親王（後の高倉天皇）を産み、仁安《にんあん》三年（一一六八）に高倉天皇が即位した日に皇太后《こうたいごう》となり、翌嘉応《かおう》元年（一一六九）に院号宣下《いんごうせんげ》を受けることになる。ただし、憲仁親王の出産に際して、「世上に嗷々《ごうごう》の説」があったとあり（『百練抄』）、中級貴族層である公家平氏に対する貴族社会の認識がうかがえる。

ここにおいて、公家平氏は王権の外戚《がいせき》ということになり、公家平氏と姻戚《いんせき》関係にある清盛家（平家）も、その余慶に与って、より深く王権と関わることになったのである。もちろん、この時代には、それは政権とは関わりのない、一族の格に関する出来事であった。

そういう自覚によるものであろうか、清盛は「愚昧《ぐまい》」な後白河上皇と「末世《まっせ》の賢王《けんおう》」二条天皇の双方と良好な関係を築き、長寛《ちょうかん》二年（一一六四）には後白河上皇の命によって蓮華王院《れんげおういん》（三十三間堂《さんじゅうさんげんどう》）を造営したりしている。まさに『愚管抄』が、「清盛も誰も内心では、この後白河院の御世で世を治めることを、如何《いかが》なものかと思っていたが、清盛はよくよく慎しんで、うまくはからって、院と天皇の間を、あちらにもこちらにも（アナタコナタ）上手に奉仕した」と評したゆえんである。

時忠・教盛の解官

人は得てして突然に地位が上昇すると舞い上がってしまい、本来の立場を失うもののようである。憲仁親王が誕生した直後の九月十五日、教盛と時忠をはじめとする後白河上皇の近臣が、二条天皇によって解官《げかん》され（『帝王編年記《ていおうへんねんき》』）、時忠の叔父にあたる信範も左遷されてしまった（『公卿補任』）。「由々しい過言《かごん》」を行なったのが原因とされるが（『愚管抄』）、『源平盛衰記《げんぺいじょうすいき》』では憲仁親王を皇太子にしようと謀ったとされている。

時忠は応保二年（一一六二）に出雲《いずも》に配流《はいる》となったが、これで後白河上皇の院政は停止《ちょうじ》され、二条天皇の親政が行なわれた。武力を背景にする清盛によって、後白河上皇の政務が否定されたとの見方もある（髙橋昌明『平清盛』）。

清盛は押小路《おしこうじ》東洞院《ひがしのとういん》に内裏《だいり》を造営して二条天皇を迎え、そこに武士を動員して三年交替で警護させるという内裏大番役《おおばんやく》を定めた。これが後に承久《じょうきゅう》の乱に際して、北条政子から非難されることになろうとは（『承久記《じょうきゅうき》』）、皮肉なものである。

なお、永万《えいまん》元年（一一六五）六月に二条天皇が数え年二歳の第一皇子（出生順では第二皇子）順仁《のぶひと》親王に譲位して（六条《ろくじょう》天皇）、七月に二十三歳で死去すると、後白河上皇の院政が復活した。十二月に憲仁親王に親王宣旨《しんのうせんじ》が下り、清盛はその勅別当《ちょくべっとう》に補されている。ときに親王宣下の翌日、後白河上皇の第二皇子（出生順では第三皇子）以仁王《もちひと》が人目を忍んで元服した（『平家物語』）。やがてこの皇子が、歴史の転換に大きな役割を果たすことになる。

時忠は九月に召還《しょうかん》され、仁安元年（一一六六）に左少弁《さしょうべん》・右中弁《うちゅうべん》・蔵人頭《くろうどのとう》と昇進し、翌仁安二年（一一六七）には右大弁《うだいべん》、そして参議に任じられ、従三位に叙されている（『公卿補任』）。教盛も本位に復され、能登守《のとのかみ》に任じられた。

この間、清盛は一門によって書写された「平家納経《へいけのうきょう》」を長寛二年に厳島《いつくしま》神社に奉納し、仁安三年頃には厳島神社の社殿を造営している。やがて厳島神社は平家やその王権にとって、

六波羅館模型（京都市歴史資料館蔵・京都市平安京創生館展示）

重要な位置を占めるようになる。

平家政権への道

清盛は永万元年に権大納言に昇任し、後白河上皇との連携を復活させた。嫡男の重盛も、同年に正三位参議に任じられている（『公卿補任』）。まだ二十八歳の若さであった。こうして平家政権への道は、従前の貴族社会の常識を越えて、着実に進んでいったのである。

なお、かつて竹内理三氏は、「平氏が源氏より一歩先に政権を得た重要な内部的条件」として平氏の族制に注目し、平氏が他に先立って惣《そう》領制《りょうせい》的同族結合への転換をとげ、それを基礎とする戦闘集団をいち早く作り上げたところに、平家政権成立の重要な条件を見出そうとされた（竹内理三「平氏政権成立の諸条件」）。北は五条《ごじょう》

平時忠邸故地

大路（現松原《まつばら》通）末から南は七条《しちじょう》大路末、西は鴨川《かも》東岸から東は東山《ひがしやま》山麓に及び、惣領家の邸宅である泉殿《いずみどの》を中心とした広大な六波羅《ろくはら》館《やかた》、そして後には平安京八条《はちじょう》にも西八条第《にしはちじょうてい》と八条大路沿いに邸第《ていだい》を並べて集住する平家の姿は、たしかに源氏とは異なる風景を形成していた（髙橋昌明『平家と六波羅幕府』）。

ただし、すぐに頼盛たち池家と重盛たち小松《こまつ》家が、宗盛たち時子所生の嫡流と分裂を見せ、やがて分裂したまま都落ちを迎えることになる。

ちなみに、時忠の六条第《ろくじょうてい》は、六条《ろくじょう》大路の南、左女牛《さめうし》小路の北、東洞院大路の東、高倉小路の西に所在したとされる（『山槐記』）。平信範の邸第の東隣、東本願寺渉成園《ひがしほんがんじしょうせいえん》の北西に位置する。武家平氏の邸第が並び、実質は京外であった八条よりも北に邸第を営んだのは、公家平氏としての矜持《きょうじ》なのであろうか。

2　平家王権の成立

「平家政権」の成立

仁安元年十一月、ついに清盛は内大臣《ないだいじん》に任じられた（『公卿補任』）。「勲功が久しく積もって、社稷《しゃしょく》（国家）を安全にした。その功は大昔にも比類が少ないので、酬賞《しゅうしょう》が無くてはいけない」というのがその理由で（『兵範記』）、軍事的な功労によるものであった。ただ、近《この》衛大将《えのたいしょう》を兼ねておらず、任大臣の兼宣旨《けんせんじ》（あらかじめ任命を伝えるもの）もなく、任大臣大《にんだいじんだい》饗《きょう》（大臣に任じられた時の盛大な饗宴）も行なわれないなど、異例続きの任命であった。

なお、当時は大臣に任じられる官人は、ほぼ摂関家などの藤原氏か、摂関家のミウチで「御堂《みどう》（藤原道長）の末葉《まつよう》」とされた村上源氏に限られていて、中央有力氏族出身者ではない大臣としては、道鏡《どうきょう》・吉備真備《きびのまきび》・菅原道真に続く例であった。

この任命には後白河上皇の意向が強くはたらいたのであろうが（元木泰雄『平清盛の闘い』）、すぐに名誉職である太政大臣《だいじょうだいじん》に昇任するという含みがあったとの指摘もある。清盛嫡男の重盛も権大納言に昇任していることから、後継者である重盛の官位上昇と地位の確保を狙ったのであろう（五味文彦『平清盛』）。

いずれにせよ、これまで貴族社会に俗説として人口に膾炙《かいしゃ》していた清盛の皇胤《こういん》説は朝廷から公認され、これで王家の一員として、名実ともに王権を分有する立場になったという見方もある（元木泰雄『平清盛の闘い』）。この年、清盛は四十九歳であった。

三箇月後の仁安二年二月、今度は兼宣旨を受けて清盛は太政大臣に昇任し（今回も任大臣大饗は行なっていない）、その三箇月後の五月に辞任した。すでに摂関期の藤原兼家や藤原為《ため》光《みつ》・藤原道長・藤原公季の頃から、太政大臣という官は天皇元服の加冠《かかん》の役を奉仕する摂関か、宿老《しゅくろう》の大臣を遇する地位となっていたが、この辞任によって、重盛が平家の「家督《かとく》」（氏長者《うじのちょうじゃ》）の座に就いたことになる。同じ五月、重盛は東山・東海・山陽・南海道における軍事・警察権を清盛から継承している。なお、八月には宗盛も参議に任じられている。

とはいえ、よく「平家政権」と称されることがあるものの、平氏の見任公卿（議政官《ぎせいかん》）は意外と少なく（もっとも多い時でも、内大臣重盛、権大納言宗盛、権中納言時忠・頼盛、参議教盛の五人）、しかも武家平氏には弁官《べんかん》経験者が一人もいないせいで政務処理能力がなく、まして公家《くげ》の儀礼や行事の先例（故実《こじつ》）に通じた「有職《ゆうしょく》」とはほど遠い存在では、政務や儀式を取りしきることは不可能であった。何せ一世代前までは中下級貴族の家格しか持たない軍事貴族だったのである（髙橋昌明『平清盛』）。

平家の公卿たちが院評定《いんのひょうじょう》をはじめとする公卿議定《ぎじょう》にまったく参加することがなかった

のは（元木泰雄『院政期政治史研究』、下郡剛『後白河院政の研究』）、そもそも謂《いわ》れのないことではなかったのである。

その意味では、わずかに「日記《にき》の家」の出身である信範は右少弁・権右中弁《ごんのうちゅうべん》、時忠は右少弁・左少弁・右中弁・右大弁の経験があり、貴重な補完勢力となったことであろう。また、平家の意思は、姻戚である親平家の公卿たちに代弁させたものと考えられている（髙橋昌明『平清盛』）。このようにして、貴族社会も平家を軸として再編成されていったのである。

「太政大臣　平清盛」（『公家列影図』．京都国立博物館蔵）

入道相国清盛の王権

仁安三年二月二日、清盛は寸白《すばく》という病に倒れた（『玉葉《ぎょくよう》』）。さなだ虫などの寄生虫によると考えられていた病気である。種々の原因によって起こる下肢《かし》のリンパ鬱血《うっけつ》・静脈怒張《じょうみゃくどちょう》も寸白と呼ばれた（『国史大辞典』）。

貴族社会は動揺し、日ごろは清盛に批判的な兼実でさえ、「天下の大事は、ただこの事にある。この人（清盛）が死去した後は、いよいよ天下が衰弊《すいへい》するのか」と記して憂慮している（『玉葉』）。後白河上皇と皇太子憲仁によって安定しつつあった皇統が、ふたたび不安定になるとの観測によるものであった（元木泰雄『平清盛の闘い』）。

病状は快復せず、清盛は十一日に、時子とともに出家した。この年、五十一歳であった。熊野詣に出かけていた後白河上皇も急遽《きゅうきょ》帰京し、二度にわたって清盛を見舞った。そして十九日、政治的な後ろ盾を失うことを怖れた後白河上皇は六条天皇を譲位させ、憲仁親王を践祚《せんそ》させた（髙橋昌明『平清盛』）。高倉天皇である。

高倉天皇の践祚とともに滋子は皇太后となり、宗盛が皇太后宮権大夫《こうたいごうぐうごんのだいぶ》に任じられ（『兵範記』）、清盛三女で関白近衛基実の妻となっていた盛子《せいし》（生母は不明）が高倉天皇の准母《じゅんぼ》・准后《じゅんごう》となった（『山槐記』）。蔵人頭には清盛の弟で後白河上皇近臣の教盛と、公家平氏で滋子の叔父にあたる信範が補された。時忠も従三位に上り、後白河上皇との取り次ぎを担当した。

こうして高倉天皇・後白河上皇・皇太后滋子の周辺を、武家平氏・公家平氏が囲繞《いにょう》する王権が構築されたのである（元木泰雄『平清盛の闘い』）。なお、滋子は翌嘉応元年四月に院号宣下を受け、建春門院《けんしゅんもんいん》となっている。もちろん、平氏からははじめての女院《にょういん》である。後に

福原京故地

『愚管抄』では、「日本国女人入眼《じゅがん》（日本国は女人の力で成り立つ）」の例として、この滋子を挙げているほど、政治力に優れた女性であった。後白河上皇もこの年の六月に出家して、法皇《ほうおう》となった。

病から快復した清盛は、福原山荘《ふくはらさんそう》（現神戸市兵庫区湊山町《みなとやまちょう》）に退隠し、そこから平家一門を遠隔操作した。福原では数々の発掘調査が行なわれ、徐々にその姿が明らかになってきている（髙橋昌明『平家と六波羅幕府』）。

さて、同じ嘉応元年十二月、延暦寺《えんりゃくじ》の大衆《だいしゅ》が、院近臣藤原成親の流罪《るざい》を求めて強訴《ごうそ》を行ない、内裏の建礼門《けんれいもん》に到った。朝廷の議定では、検非違使別当の時忠が、大衆の要求を受け入れるのならすみやかに下命し、そうでなければ武士（重盛の二〇〇騎、宗盛の一三〇騎、頼盛の一五〇騎）を内裏に派遣するよう主張したが、重盛たちは出動に消極的で、後白河法皇は大衆の要求を受け入れるよう裁許した（『兵範記』）。

この結果、いったんは成親の解官と流罪が決定したが、四日後、成親が召還されて検非違使別当に補され、代わりに時忠が出雲、信範が備後《びんご》に配流されることとなった（『公卿補任』）。後白河法皇の武家平氏への不満が、公家平氏一門にぶつけられたという評価もある（元木泰雄『平清盛の闘い』）。翌嘉応二年（一一七〇）正月にふたたび大衆が騒ぐと、清盛は福原から上京し、その結果か、今度は成親が解官、時忠と信範が召還と決定された（『玉葉』）。

そして承安《じょうあん》元年（一一七一）十二月、清盛と時子との間に生まれていた二女の徳子《とくし》が着裳《ちゃくも》（女子の成人式）の儀を行ない、その夜のうちに高倉天皇に入内《じゅだい》し、女御《にょうご》となった。高倉天皇十二歳、徳子十八歳という、かりそめの「夫婦」であった。

徳子が後白河法皇と重盛の猶子《ゆうし》のかたちをとったことで、二人が姉弟となったことを非難されたが（『玉葉』）、武家の女ということは何ら問題となっていない。また、この時代には摂関と外戚は分離していて、外戚の座は政治的地位を上昇・安定させるものの、政権獲得とは関係ないと考えるべきであろう。この入内を実現させたのが高倉天皇生母の建春門院滋子であったという指摘もある（元木泰雄『平清盛の闘い』）。徳子は翌承安二年（一一七二）二月に中宮《ちゅうぐう》に立てられた（『玉葉』）。

権力の翳り

しかしながら、摂関期に最強の権力を誇った藤原道長でさえ、望月《もちづき》というのは一瞬で、晩年には相次ぐ子女の死や自身の病悩、そして何より嫡男頼通が子女に恵まれないなど、その権力には翳《かげ》りが見えていた。そもそも権力とは、そういうものである。なお、官職にかかわらずに王権とのミウチ関係で権力を行使し続けた道長の姿は、明らかに清盛の先蹤《せんしょう》となっていたはずである。

それはさておき、清盛にとってもっとも大きな打撃となったのは、後白河法皇と清盛を繋いでいた建春門院滋子の死であった。安元《あんげん》二年（一一七六）六月、腫物《しゅもつ》（二禁《にきみ》）が胸腹など諸所に発して重態に陥り、七月八日、法住寺殿《ほうじゅうじどの》で死去した（『顕広王記《あきひろおうき》』）。三十五歳。美貌と人徳を備えた女院であったと『たまきはる（建春門院中納言日記《けんしゅんもんいんちゅうなごんにっき》）』や『建礼門院右京大夫集《けんれいもんいんうきょうのだいぶしゅう》』に讃《たた》えられた女院の死は、何より平家や高倉天皇の権力基盤を突き崩し、清盛と後白河法皇のぎりぎりの連携にも亀裂を生じることとなったのである。『愚管抄』が、「その後は院中が荒れて行くように過ぎた」と評したゆえんである。

翌治承元年（一一七七）正月に重盛が左大将《さだいしょう》、宗盛が右大将《うだいしょう》に任じられ、三月には重盛が内大臣に任じられるなど、一見すると平家の全盛期が訪れたかのようにも見えるが（重盛と宗盛の対立は伏在《ふくざい》していたが）、後白河法皇は五月に天台座主《てんだいざす》明雲《みょううん》を逮捕して配流し（途中で大衆が奪還した）、「内心は悦ばなかった」（『玉葉』）という清盛に延暦寺攻撃を命じるなど、強硬姿勢を露《あら》わにして、徐々に亀裂は深まっていった。

そのような政治情勢のなかで起こったのが、俗にいう「鹿ヶ谷《ししがたに》の陰謀」である。六月、西《さい》光《こう》（俗名藤原師光《もろみつ》）や権大納言藤原成親をはじめとする後白河法皇の近習が逮捕された。そのなかには、検非違使の平資行《すけゆき》（系譜不詳）と平康頼《やすより》（本姓は中原氏）も含まれていた（平成《なり》房《ふさ》も連行されそうになった）。そして西光は拷問《ごうもん》の結果、清盛を誅殺《ちゅうさつ》する謀議を後白河法皇や近臣が行なっていたと「白状」した（『玉葉』『愚昧記《ぐまいき》』『顕広王記』）。

この事件によって、後白河法皇の人事介入は自粛され、もちろん、清盛との同盟関係は解消された。後白河法皇に近い立場で、殺害された成親の女を妻としていた重盛の立場も微妙になり、左大将を辞任するにいたった（髙橋昌明『平清盛』）。

安徳天皇の誕生とクーデター

治承二年（一一七八）五月、時忠が徳子の懐妊《かいにん》を高倉天皇に伝えた（『山槐記』）。清盛は種々の祈禱《きとう》を行ない、十一月十二日に徳子は重盛の泉殿で言仁《ときひと》親王を出産した。後の安徳天皇である。時忠室の藤原領子《りょうし》が乳母に選ばれている。清盛は二十六日に上洛すると、すぐに言仁親王を立太子するよう、後白河法皇に要求した。諮問を受けた兼実は、急速に行なうのが末代《まつだい》の政治であり、「乱世《らんせ》の政」に適《かな》うと報答している（『玉葉』）。

言仁は十二月十五日に立太子し、清盛は次代の外祖父《がいそふ》の座を手中にした。春宮大夫《とうぐうだいぶ》宗盛以下、春宮亮《とうぐうのすけ》重衡、春宮権亮《とうぐうごんのすけ》維盛《これもり》と、平家一門で宮司《みやづかさ》を固めた言仁親王の存在は、久々に宮廷に華やかな雰囲気をもたらし、後白河法皇・高倉天皇・清盛の三者にとって、安定した王権の要《かなめ》として、円滑な関係をもたらすはずであった。

「内大臣　平重盛」（『公家列影図』．京都国立博物館蔵）

ところが何ということか、清盛の子女が相次いで死去するという不幸に見舞われてしまった。嫡男の重盛は、治承三年（一一七九）二月に病によって籠居《ろうきょ》し、三月に熊野詣を行なって「後世《ごせ》の事」を祈った（『山槐記』）。『愚管抄』では「早く死にたい」と祈ったとされている。途中で吐血《とけつ》し、「不食《ふしょく》の病」となって、内大臣を辞任し、五月に出家した。

そうした折、清盛の三女で関白近衛基実の後家《ごけ》として摂関家領を管理し、高倉天皇の准母・准后でもあった盛子（白河殿）が、同じく「不食の病」となり、六月十七日に二十四歳で急死した。「異姓《いせい》（平氏）の身でありながら藤原氏の領を伝領したので、氏の明神《みょうじん》（春日《かすが》社）がこれを憎み、罰を与えた」との世評も見える（『玉葉』）。この摂関家領は後白河法皇に奪われてしまい、清盛との衝突が避けられなくなった。

世間では、この頃、「銭の病」が流行したと称した（『百練抄』）。平家による日宋貿易が引き起こしたとの政治批判であろう。

重盛の方も病状が悪化し、七月二十九日に死去した。四十二歳。「心がうるわしく」（『愚管抄』）とか、「文章がうるわしく心に忠を存し、才芸が正しくて詞に徳を兼ねていた」（『平家物語』）や「武勇は人に優れたが、心操《しんそう》は甚だ穏やかである」（『百練抄』）と讃えられた嫡男の死は、清盛や平家に大きな打撃をもたらした。

もともと、後白河法皇の権威に従属し、治天《ちてん》の君の秩序を重んじる保守的発想の持ち主であった重盛であったが（元木泰雄『平清盛の闘い』）、その死によって、清盛と後白河法皇との間の緩衝材が失われてしまったことになったのである。しかも後白河法皇は重盛の知行国《ちぎょうこく》であった大国越前《えちぜん》を奪うなどの挑発を続けた。

清盛が積年の怨念《おんねん》と憎悪を爆発させて（元木泰雄『平清盛の闘い』）、行動を起こしたのは、十一月十四日のことであった。数千騎の大軍を率いて福原を発ち、上洛して西八条第に入ったのである。そして、朝政が安堵《あんど》できないので、中宮や東宮《とうぐう》を連れて鎮西（九州）に下るとの意向が、後白河法皇に伝えられた。翌十五日、後白河法皇から、今後は政務に介入しないとの意向が届いた。しかし清盛は納得せず、関白藤原基房《もとふさ》が解任《げにん》されて大宰府《だざいふ》に配流され（途中で出家して備前に留められたが）、清盛の女婿《じょせい》である藤原基通《もとみち》が非参議《ひさんぎ》から一挙に関白・内大臣・氏長者に上った。関白の解任に兼実は、「天を仰ぎ、地に伏した。いまだに信受《しんじゅ》していない。夢か夢ではないのか、弁《わきま》え思うところはない」と、その驚きを記している（『玉葉』）。保元の乱以来の摂関の地位低下も、ここに極まったと言えよう。

十七日、臨時の除目が行なわれ、太政大臣以下、院近臣が大量に解官された。そのなかには右衛門督で清盛異母弟（嫡妻の子）の頼盛や、時忠の弟の親宗、子の時家《ときいえ》も含まれていた。頼盛は、「長く弓矢の道は捨てる」と宣言させられ（『愚管抄』）、これで池家の武門としての道は閉ざされたことになる。

また、大量の受領《ずりょう》が解任され、大幅な交替《こうたい》が行なわれた結果、平家一門の知行国は一九箇国、平家と親しい公卿の知行国を合わせると三二箇国に上っており（五味文彦『平清盛』）、

『平家物語』が「すでに（日本秋津島《あきつしま》の）半国に及んでいる」と評した状況となっていた。

これですむかと思われたが、何と十九日、清盛は後白河法皇を鳥羽殿《とばどの》に移し、幽閉状態に置いた。治天の君が臣下によって院政を停止され、しかも幽閉されるという、国家史上、重大な事態が発生したのである（元木泰雄『平清盛の闘い』）。

そして、頼盛を六波羅に討伐《とうばつ》するという風聞のなか（『玉葉』『山槐記』）、清盛は後事を高倉天皇や基通、そして宗盛に託して、福原に戻っていった。残された人びとの困惑もさることながら、国守交替にともなって各地で混乱が生じたように、平家に反撥する勢力を全国に増やすこととなった（髙橋昌明『平清盛』）。

また、後白河天皇第二皇子である以仁王の所領の城興寺領《じょうこうじりょう》が没収されて新天台座主明雲に与えられたことは、清盛にとってはさしたる意味を持たなかったが、以仁王にとっては、清盛に対する強い憤懣《ふんまん》と怨念をもたらした（元木泰雄『平清盛の闘い』）。やがて訪れる大乱の原因を、清盛は作ってしまったのである。

ちなみに、この時に清盛が入った西八条第は、もともとは時子の所有になる邸第で、左京八条一坊のうち、六町を占めていた。単一の大きな区画ではなく、独立した建物が道路を隔てて建っていたという。中心的な建物は、八条坊門《はちじょうぼうもん》小路南、櫛笥《くしげ》小路西にあった八条西殿《はちじょうにしどの》であった。防御施設はない、普通の貴族の邸第であり、周辺の八条大路沿いには重衡・重

西八条第故地

盛・頼盛・宗盛など一門の邸第が建ち並んでいた（髙橋昌明『平清盛』）。清盛が福原から上洛した時は、かならず古女房時子のいる西八条第に入ったという（髙橋昌明『平家の群像』）。東寺の北、現在の梅小路公園からJR東海道線（京都線）にかかる地である。

なお、時忠が語ったと覚一本《かくいちぼん》『平家物語』に見える、「この一門でないような人は、皆、人非人《にん ぴにん》であろう」という言葉は、確実な史料には見えないので、史実かどうかは、はなはだ怪しい。また、「この一門」が公家平氏のみを指すのか、それとも堂上平氏をも含んだ意味なのかもわからない。加えて、当時、「人非人」というのは「人でなし」という意味ではなく、「その集団・階層でまともな扱いをされる人びとではない人」という意味で（曽我良成『物語がつくった驕れる平家』)、平家が自身の栄華を誇った言葉ではなく、清盛たち武家平氏が朝廷内で優勢の位置を占めているという事実を、追従《ついしょう》気味に述べたものと考えた方がよさそうである(髙橋昌明『都鄙大乱』)。

はじめに挙げた「驕《おご》る平家は久しからず」とともに、この言葉が平家のイメージ創りに少なからぬ役割を果たしてきたことを考えると、誤読と偏見の産物からは、すみやかに解放されなければならない(髙橋昌明『都鄙大乱』)ことは言うまでもないが、それにしても時忠にとっては迷惑千万な話である。ただ、実際にもこの年五月には、自邸の前で強盗一二人の右手を切り落とさせたりしているのであるから(『百練抄』『山槐記』)、時忠の方にも、このような説話が作られる素地はあったのである。兼実は時忠のことを、「時忠はもとから狂乱の人である」と評している(『玉葉』)。

平家王権の確立

清盛は十二月にふたたび上洛し、東宮言仁親王の即位の準備を始めた。そして翌治承四年二月二十日、言仁親王の着袴《ちゃっこ》の儀と同日に、大輪田泊《おおわだのとまり》(現神戸市兵庫区)の修築が認可された(『玉葉』『山槐記』)。清盛が福原近隣に新王朝に相応しい新都を建設し、国際貿易港を擁した王権を構想していたという意見もある。そうなると、ここに清盛は、摂関期に天皇の外祖父として王権を支えた藤原道長の先例をはるかに超えた、国際的視野に立脚した王権の構築を目指したことになる（髙橋昌明『平清盛』）。

二月二十一日、いよいよ高倉天皇が言仁親王に譲位し、ここに数え年三歳、満年齢では一歳三箇月の安徳天皇が践祚した（『玉葉』『山槐記』）。それは高倉院政のはじまりでもあった。高倉上皇は清盛の強い要請で、安芸の厳島神社への御幸が計画された。この前例のない措置に、延暦寺・園城寺《おんじょうじ》・興福寺《こうふくじ》といった旧仏教勢力は反撥し、後白河法皇の奪還を企画したが、三月十九日に高倉上皇は出立《しゅったつ》した。

安徳天皇の方は、四月二十二日に内裏紫宸殿《ししんでん》で即位式《そくいしき》を行なっている。これで平家王権が確立したことになるが、大極殿《だいごくでん》ではなく紫宸殿で即位式を行なったのは、藤原基経に退位させられた陽成天皇と、病弱であった冷泉《れいぜい》天皇だけであるとの勘申《かんじん》もあり（『玉葉』）、前途にいささかの不安を感じさせるものであった。

そしてその頃、以仁王は摂津《せっつ》源氏の源頼政《よりまさ》に平家打倒を持ちかけ、「以仁王令旨《もちひとおうりょうじ》」が、河内源氏の源行家《ゆきいえ》（為義の十男）によって、東国各地に届けられていた（髙橋昌明『都鄙大乱』）。

3　平家王権の崩壊

以仁王の乱

以仁王《もちひと》は親王宣下《しんのうせんげ》も受けられず、幼くして天台座主最雲《さいうん》（堀河天皇皇子）に預けられたが、出家・得度《とくど》をせず、人目を忍んで元服した後、八条院暲子内親王の猶子となった。治承三年の平清盛によるクーデターで、以仁王も城興寺領を没収され、さらに翌治承四年二月に高倉天皇の皇子言仁親王が即位して（安徳天皇）、即位の望みも完全に絶たれてしまった（倉本一宏『皇子たちの悲劇　皇位継承の日本古代史』）。

同年四月、平家討伐を決意した以仁王は、源頼政にはたらきかけ、安徳天皇と平家政権の排除を唱え、平家追討の令旨を全国の源氏に発して挙兵・武装蜂起を促した。その趣旨を要約した事書《ことがき》は、「東海《とうかい》・東山《とうさん》・北陸《ほくりく》三道諸国の源氏および軍兵などの所は、まさに早く清盛法師および従類叛逆《じゅうるいはんぎゃく》の輩を追討すべき事」というものであり、その内容は、反平家に踏み切った自分を聖徳《しょうとく》太子や天武《てんむ》天皇に対比し（ということは、清盛を蘇我馬子《そがのうまこ》、高倉上皇を大王天智《てんじ》、安徳天皇を大友《おおとも》王子に擬したということか）、即位後の恩賞《おんしょう》を約束して決起を呼びかけたものであった（『吾妻鏡《あずまかがみ》』『平家物語』）。また、以仁王が最勝王経《さいしょうおうきょう》にちなむ「最勝《さいしょう》親王」を称したことは、仏敵《ぶってき》である清盛を滅ぼすという名目であった。

以仁王も頼政とともに挙兵しようとしたが、五月になって計画が事前に平家方に漏れ、十五日に検非違使の土岐光長《ときみつなが》・源兼綱《かねつな》（頼政の養子）によって三条高倉《さんじょうたかくら》の館《やかた》（現在の京都府京都文化博物館の地）を襲撃された。以仁王はすでに脱出しており、三井寺《みいでら》（園城寺《おんじょうじ》）に逃れ、延暦寺《えんりゃくじ》の大衆《だいしゅ》にも援軍を請うた。この間、以仁王は皇籍《こうせき》を剥奪《はくだつ》され、後白河法皇から源姓を下賜されて「源以光《もちみつ》」と改められ、土佐国《とさ》への配流《はいる》が決した（倉本一宏『公家源氏　王権を支えた名族』）。

三井寺には以仁王を引き取るために、十六日に平時忠の使者が派遣されたが、坂東平氏千葉常胤の子である日胤《にちいん》をはじめ、三井寺の悪僧《あくそう》たちはこれを拒否した。二十一日、平家は宗盛を総大将とし、宗盛・頼盛・教盛・経盛・知盛・維盛・資盛《すけもり》・清経《きよつね》・重衡・源頼政といった一〇人を大将として三井寺を攻めようとしたが、このうちで頼政は以仁王の許に走った（『玉葉』）。興福寺《こうふくじ》悪僧の蜂起も知らされ、平家打倒の陰謀に広範な連携が伏在していたことが明らかとなって、「天下の大事」が実感された。

なお、この時、大番役で上洛していた三浦義澄や千葉常胤といった坂東平氏たちも、「官兵《かんぺい》」として待機させられていた。坂東平氏も、もはや時代の転換に無関係ではいられなくなっていたのである。

以仁王と頼政は、三井寺と対立していた延暦寺の協力を得ることができず、二十六日に五〇騎程度で興福寺を頼ったが、頼政は宇治《うじ》の平等院《びょうどういん》で討ち死にし、以仁王は南山城の加幡《かは》河原《がわら》（現京都府木津川《きづがわ》市山城町綺田《やましろちょうかばた》。『平家物語』では光明山寺《こうみょうさんじ》の鳥居の前）で、追討軍に追い付かれて討たれた。三十歳。

九条兼実は、「まだ王化《おうか》は地に墜ちておらず、入道相国《にゅうどうしょうこく》（清盛）の運報《うんぽう》を示すものである」と記しているが（『玉葉』）、事態はそれほど楽観できるものではなかった。治承二年に清盛の推挙で清和源氏始まって以来の従三位に叙され、すでに七十七歳に達していた頼政が積極的に以仁王を挙兵させるとは考えられない。むしろ以仁王を猶子として、鳥羽天皇―近衛天皇―二条天皇―六条天皇といった正統王権の担い手を自負していた八条院が、高倉天皇―安徳天皇という、清盛によって創設された非正統の不当な簒奪《さんだつ》王権の打倒を企図して、頼政に挙兵を促し、八条院蔵人の源行家に「令旨」の散布を命じたものと考えるべきであろう（元木泰雄『平清盛の闘い』）。

挙兵には失敗したものの、以仁王の令旨は諸国の源氏に大きな影響を与え、やがて治承・寿永《じゅえい》の乱の発生につながった。『平家物語』によると、以仁王の首は清盛の前で首実検《くびじっけん》にかけられたが、以仁王の顔を知る人は少なく、また頼朝などの策略もあって、以仁王は東国で「新皇《しんのう》」として生存しているという噂が意図的に流され、東国各地に以仁王伝説が作られた。

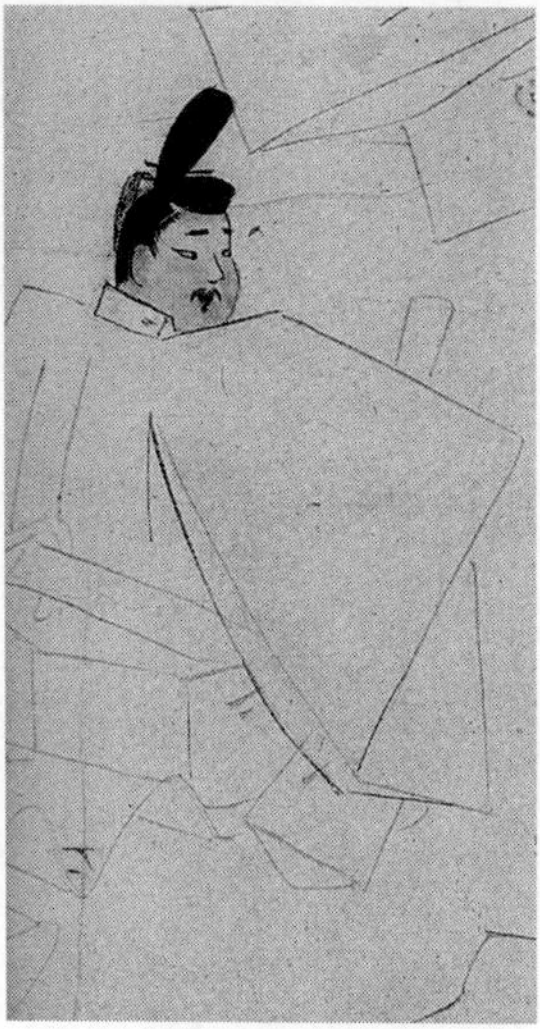
「内大臣　平宗盛」（『公家列影図』．京都国立博物館蔵）

平家の軍事編制

この「戦乱」における過程で、「官軍」（平家）側の軍事編制の一端が見えているという。
平家が派遣する追討軍のうち、基幹となる戦闘部隊は、

1　平家一門をはじめ家人・郎等からなる直属軍
2　各地から公的な動員権に基づいて動員し、国衙《こくが》に結集した武士層の軍事力

からなる（田中文英『平氏政権の研究』）。

そして平家内では、ほとんど自動的に、誰が出動するかが決まっていたという。平家の場合、清盛の子弟がそれぞれ公卿として家政機関《かせいきかん》を開き、それぞれの侍所《さむらいどころ》を通して侍（御家人《ごけにん》）を統制するようになった

結果、まとまった軍勢を動員するときには、つねに一門を構成する各家の連合という形をとらざるを得ず、大将軍といっても他家所属御家人への直接的な指揮はあり得なかった。その主力部隊は、「父太郎《ちちたろう》」重盛以来の小松家に所属する御家人集団と、「母太郎《ははたろう》」宗盛に従う御家人集団であって、それぞれを維盛と知盛または重衡が率いるかたちになっていたが、重盛亡き後は、小松家は宗盛を中心とする集団に圧倒されていった（髙橋昌明『平清盛』）。

すでに治承三年のクーデター以来、平家は後白河法皇の近臣から知行国を奪い、平家御家人の目代《もくだい》が全国各地で進出して、非御家人を抑圧していた。以仁王の乱の鎮圧後、清盛は頼政の一族や頼朝をはじめとする諸国源氏の追討を命じた。東国には「私郎従《しろうじゅう》」と称された大庭景親を下向させて相模の平家御家人を統率させていた（上杉和彦『源平の争乱』）。このように、平家御家人と非御家人の軋轢《あつれき》が、やがて大きな内乱につながっていったのである（元木泰雄『平清盛の闘い』）。

福原「遷都」

以仁王の挙兵に味方した三井寺、一部が賛同した延暦寺、そして何より悪僧が蜂起した興福寺に対する処置が、五月二十七日に高倉上皇の殿上において議定された。その前には高倉上皇の御前において、宗盛や時忠、それに親平家公卿が「内議《ないぎ》」を行なっている。興福寺追討を主張した平家側に対し、兼実ら特に藤原氏の公卿が反対し、追討は中止となった（『玉葉』）。宗盛はもちろん、時忠もそれまで正式な院殿上定《いんのてんじょうさだめ》に参列してこなかったことが影響したのである。

この結果を承けた清盛は、六月二日に後白河法皇・高倉上皇・安徳天皇を福原に遷幸させた。「貴賤の者は天を仰いだ。ただ天魔《てんま》が朝家《ちょうか》を滅ぼそうと謀っている。悲しまなければならない」という兼実の言葉（『玉葉』）が、延暦《えんりゃく》十三年（七九四）の平安遷都以来、平安京に暮らしてきた人びとに共通する思いであったに違いない。つねに天皇に随伴《ずいはん》する剣璽《けんじ》（天叢雲剣《あまのむらくものつるぎ》と八坂瓊勾玉《やさかにのまがたま》）のみならず、通常は内裏の内侍所《ないしどころ》に置かれている神鏡《しんきょう》（八咫鏡《やたのかがみ》。実際には焼損した銅の破片と付近の土）や竈神《かまどがみ》もともなっての遷幸は、清盛が将来的に本格的な遷都を構想していたことを意味するという（髙橋昌明『平清盛』）。

当然のこと、福原には宿所の準備も十分ではなく、とりあえず後白河法皇は教盛邸（現神戸市兵庫区熊野町《くまのちょう》に伝承地あり）、高倉上皇は清盛山荘（現神戸市兵庫区湊山町）、安徳天皇は頼盛邸（現神戸市中央区楠町《くすのきちょう》から兵庫区荒田町《あらたちょう》の楠・荒田町遺跡）が充《あ》てられた（髙橋昌明『平家と六波羅幕府』）。宿所の得られなかった官人は、「道路に坐《すわ》るようなものであった」という（『玉葉』）。

いずれにせよ、その遷幸は興福寺をはじめとする権門寺院との対決を避けて逃避・避難するという消極的な意味も持っていたものの、平家内部でも異論のあった福原遷幸を断行したことは、清盛が軍事独裁を開始したことを意味した（元木泰雄『平清盛の闘い』）。

新都としては、まずは「和田《わだ》の松原の西の野」（『平家物語』）、つまり福原の南、大輪田泊の西、現在の神戸市兵庫区南部から長田《ながた》区にかけての地が候補となったが、平坦地が少なく、六月十五日に放棄された。同じ日、時忠は兼実に、摂津の小屋野《こやの》（昆陽野）を京とせよとの高倉上皇の命を伝えた（『玉葉』）。現在の兵庫県伊丹《いたみ》市付近の交通の要衝である。ところがこの日、妾《しょう》である厳島内侍《いつくしまのないし》の託宣を受けた清盛は、播磨《はりま》の印南野《いなみの》での造都を命じた。現在の兵庫県加古川《かこがわ》市から明石《あかし》市にかけての地であるが、「水が無いので叶い難い」ということで、七月上旬に立ち消えとなった（『百練抄』）。

すでに平安京も左京北部の一部が使われていたに過ぎないので、大規模な都城造営は必要ないにしても、この相次ぐ造都計画とその放棄は、清盛が新都について明確なビジョンを持つことなく、とりあえず王権を挙げて平安京を離れたことを意味している。結局、七月中旬には、「しばらく福原を皇居とするように」道路を開き通し、宅地を人びとに下給するようにとということで（『玉葉』）、福原に逗留《とうりゅう》することとなった。

ともあれ、「高倉－安徳」といった新王朝を創設した清盛は、かつて「光仁－桓武」新皇統がそうであったように、新都を造営することによって王朝の権威を確立しようとしたのである。もちろん、時忠らを除くほとんどすべての貴族たちや寺社勢力、それに平安京の都市民たちも、これには強く反撥したはずであり、すぐに還都《かんと》の議論が起こることになった。

源頼朝の挙兵

そのような折も折、八月十七日の夜、平治の乱の後に伊豆に流されていた源頼朝が北条《ほうじょう》で挙兵した（『吾妻鏡』）。時忠を知行国主、時忠猶子の時兼《ときかね》を国守とする伊豆の目代となったばかりの平兼隆《かねたか》（山木判官《やまきはんがん》）の館（現伊豆の国市山木）を急襲して滅ぼしたのである。この兼隆というのは正度から五代目にあたる貞季流武家平氏である。旗揚げの際の参加者は、西相模の中村氏一族（土肥実平・土屋宗遠・岡崎義実《おかざきよしざね》・中村景平《かげひら》）と伊豆の在庁官人《ざいちょうかんじん》である北条氏など三、四〇名に過ぎなかった（『吾妻鏡』。野口実『源氏と坂東武士』、髙橋昌明『都鄙大乱』）。

ただしその後、頼朝は東相模の三浦氏と合流するために移動したものの、二十三日に西相模の石橋山《いしばしやま》（現神奈川県小田原市石橋）で、相模の大庭景親、伊豆の伊東祐親《いとうすけちか》、武蔵の畠山重忠らと合戦して大敗した。頼朝を破った景親たちは、旧来の相模の在庁官人である三浦氏の衣笠城《きぬがさ》を攻略した。

三浦氏は石橋山の戦には加勢できず、鎌倉の由比ガ浜《ゆいがはま》で重忠軍を破った。後に重忠は一族の河越重頼と江戸重長《しげなが》の加勢で衣笠城を攻め、これを落城させた。三浦義明は、「老命を武《ぶ》衛《えい》（頼朝）に投げうって、子孫の勲功を募ろうと思う」と言って、嫡男の義澄たち一族を安《あ》房《わ》の頼朝の許に走らせ、自身は城に留まって最期を遂げた（『吾妻鏡』）。八十九歳。

さて、京都に頼朝挙兵の報が届いたのは九月三日であった。兼実は清盛の暴虐《ぼうぎゃく》が「謀叛《むほん》の賊義朝の子」をはじめ各地の蜂起を招いたと批判し（『玉葉』）、中山忠親《なかやまただちか》はこの蜂起を「義兵《ぎへい》」と記して、清盛や後白河法皇の横暴を批判している（『山槐記』。元木泰雄『平清盛の闘い』）。そして五日に「伊豆国流人《るにん》源頼朝」追討の宣旨が出ている。平維盛・忠度・知度《とものり》を追討使《ついとうし》として派遣するので、東海《とうかい》・東山道《とうさんどう》の武士は加わるようにとのものであった。なお、維盛は嫡流を外れた重盛の嫡子、忠度は清盛の末弟、知度は清盛の末子に近い庶子（生母は不明）と、一門の傍流《ぼうりゅう》が最前線に派遣されている（元木泰雄『平清盛の闘い』）。加えて、七日には頼朝が没落したとの報が伝わり、緊張は一挙に弛緩《しかん》した。

清盛は厳島詣《いつくしまもうで》を計画していたが、甲斐《かい》源氏の武田信義《たけだのぶよし》が挙兵して甲斐を占領したとの報（『山槐記』）や、上総の上総広常が頼朝に合流したとの報が届いて、延期された。十三日には平家の地盤の一つである九州でも菊池隆直《きくちたかなお》の叛乱が起こり、清盛は私的に追討軍を派遣している（『玉葉』）。

その頃、東国の軍勢が数万にふくれあがり、七、八箇国を占領したという噂や、以仁王や頼政がまだ生存しているという噂も、八日には都に入ってきており、清盛の人望が失われたという見方もあった（『玉葉』）。

坂東平氏の動向

これらの動きのなかで、坂東においても、平氏同士の闘争が激化した。平家御家人と非御家人の対立も加わり、頼朝の蜂起をきっかけに、反平家の蜂起が続発した。

大庭景親は清盛の「私郎従」と呼ばれた側近であった。旧来の相模在庁官人であった三浦氏や中村氏に替わって、清盛や時忠の権力を背景にした景親の擡頭が、相模や武蔵において多くの平氏御家人の動員をもたらし、三浦氏以下の武士団に圧力を加えたとされる（元木泰雄『平清盛の闘い』、野口実『源氏と坂東武士』）。

土肥実平の手引きと梶原景時の恩情（？）で奇跡的に窮地を脱した頼朝は、二十九日に真《ま》鶴《な》岬《づる》（現神奈川県足柄下郡真鶴町真鶴）から安房の猟《りょう》島（現千葉県安房郡鋸南町竜島《きょなんまちりゅうしま》）に逃れ、ここで三浦義澄と合流した。さらに上総で上総広常、下総で千葉常胤が大軍を率いて加わり、反乱軍は巨大化した。ただし、秩父氏一族の江戸重長や葛西清重が合流を拒絶するなど（『吾妻鏡』）、坂東平氏もそれぞれ、独自の選択を行なっていた。頼朝のような武威《ぶい》をともなう調停者と提携することによって同族や近隣勢力との対立を克服しようとする者もいれば、かえって利害に齟齬《そご》を来たす者もいたのである（野口実『源氏と坂東武士』）。

頼朝は武蔵で秩父一族の江戸・畠山・河越氏を従え、十月七日に頼義以来の先祖ゆかりの地である相模の鎌倉《かまくら》に、はじめて入った（川合康『源頼朝』）。そして十六日に鎌倉を発ち、二〇万騎を率いて十八日に駿河《するが》の黄瀬川《きせがわ》（現静岡県沼津《ぬまづ》市大岡《おおおか》）に到った（『吾妻鏡』）。

一方、平家の方はこの坂東の動向を完全に読み誤っていた。東国追討軍は、九月二十一日に福原を出立し、二十三日に六波羅に入り、二十九日になって、やっと進発した。陰陽道《おんみょうどう》の大凶日《だいきょうじつ》を避けたためである（『玉葉』）。これまでと同様、追討軍が率いる寄せ集めの七万騎の官軍が乗り込む前に、精強な平家御家人の前衛部隊に戦果を挙げさせようとしたものと思われる。これまで平将門の乱以来、否、はるか昔の筑紫磐井《つくしのいわい》の乱以来、朝廷が派遣した追討軍はつねに勝利を収めてきたのであるから、それも致し方のないところであろう（元木泰雄『平清盛の闘い』）。

しかし、追討軍の本隊が十月十六日に駿河国高橋《たかはし》宿（現静岡市清水《しみず》区高橋）に到着した頃には、平家御家人の前衛部隊二、三千騎は十四日に甲斐源氏に大敗し（『吉記《きっき》』）、伊堤《いで》（現静岡県富士宮《ふじのみや》市上井出《かみいで》）の路頭に梟首《きょうしゅ》されていた（『吾妻鏡』『玉葉』）。

その後、戦意を失って投降や逃亡が相次いだ官軍は、一、二千騎となって、富士《ふじ》川で四万騎の甲斐源氏を中心とする反乱軍と対峙《たいじ》したが、参謀の伊藤忠清《ただきよ》は、はなから撤退を模索して維盛を説得しており、おそらくは十九日に水鳥の羽音をきっかけに敗走した（『山槐記』）。二十一日には平泉《ひらいずみ》（現岩手県西磐井《にしいわい》郡平泉町）から源義経《よしつね》が、黄瀬川に駐留していた頼朝の陣に駆けつけている（『吾妻鏡』）。

清盛の対応

維盛の敗走に清盛が激怒したことは、言うまでもない。不覚の恥を家に残したということで、維盛が京に入ることも禁止したという（『玉葉』）。しかも、宗盛以下が京都への還都を主張すると、それに従わざるを得ず、十一月二十三日から、安徳天皇・高倉上皇・後白河法皇をはじめとする一行は福原を出立し、二十六日に入京した。「敵軍がすでに充満している」（『玉葉』）という状況によるものである。これによって、平家王権は完全に権威を崩壊させたのである（元木泰雄『平清盛の闘い』）。

清盛も「一人も福原に残ってはならない」と厳命したうえで、二十九日に京に入った。そしてこれまでにない軍事行動を開始した。十二月二日からは近江《おうみ》（特に三井寺）・伊賀・伊勢を平定し（『百練抄』）、二十五日には南都《なんと》に重衡を派遣して、興福寺や東大寺《とうだいじ》をはじめとする奈良を焼き尽くした（『玉葉』）。これで清盛は「仏敵」の汚名を負うことになったのである。

年が明けて養和《ようわ》元年（一一八一）になると、高倉上皇の容体が悪化した。これでいよいよ、後白河院政の復活が現実のものとなってしまった。清盛はこれに対抗するため、正月八日に奈良時代以来の「畿内近国惣官職《きないきんごくそうかんしょく》」を設けて宗盛をこれに任じ、兵士役《へいしやく》と兵糧米《ひょうろうまい》を課すなど、総力戦態勢を築いた（『警固中節会部類記《けいごちゅうせちえぶるいき》』所引『山丞記《さんじょうき》』）。

なお、高倉上皇は三十日に死去している。二十一歳。「或る人」が中宮であった徳子を後白河法皇に入侍《にゅうじ》させるという策を考えたが、徳子が出家すると言って断わり、代わりに清盛が厳島内侍に産ませた女子（御子姫君《みこのひめぎみ》）を入侍させることとなった（『玉葉』）。この「或る人」を時忠に充てる考え（髙橋昌明『平清盛』）は、おそらく的を射たものであろう。

清盛の死

しかしながら、清盛に残された時間はなかった。養和元年二月二十二日（『養和元年記《ようわがんねんき》』）、あるいは二十五日（『吾妻鏡』）、また二十七日（『玉葉』）、清盛は「頭風《ずふう》」（頭痛）を病んだ。これによって、追討使として宗盛を東国に、重衡を九州に派遣する計画は中止となった（『玉葉』）。

閏二月に入ると、一日に「十の内の九は憑《たの》みが無い」という状態となった（『玉葉』）。『養和元年記』では、「五体は焦げるようで、雪を器に盛って頭上に置かせ、水を船（桶などの容器）に注いだ。身体は寒かったが、煙が毛穴から騰《あが》って、雪水は湯のようになった」とあるが、記主は興福寺僧であり、仏罰《ぶつばつ》による死を強調するために清盛の煩悶《はんもん》を特筆したものであろう（元木泰雄『平清盛の闘い』）。

二日に清盛は、一門への遺言を語った。後に宗盛が語ったところによると、「我が子孫は一人になっても生き残った者は、骸《むくろ》を頼朝の前に曝《さら》すように」というものであったという（『玉葉』）。また、「子孫はひとえに東国帰往《きおう》の計を営むように」という遺言も伝わっている（『吾妻鏡』）。東国には頼朝がおり、その追討を命じたものと言えようが、「帰往」という言いようは、自分たち武家平氏がもともと、東国から興ったことを意識しているのかもしれない。

四日になると、清盛は後白河法皇に、自分の死後の政務運営について、「万事は宗盛に仰せ付けておいたので、事ごとに相談して行なわれるように」と提案したが、後白河法皇の回答に清盛は怨んだ様子であったという（『玉葉』）。

そして四日の夜、清盛は八条河原口の平盛国の家で死去した（『玉葉』）。六十四歳。発病から一週間ほど、まさに頓死《とんし》と称するに相応しい。「神罰《しんばつ》・冥罰《みょうばつ》の条」（『玉葉』）、「東大寺や興福寺を焼いた現報《げんぽう》」（『百練抄』）という見方が一般的であった。八日に行なわれた葬礼の最中には、東方の法住寺殿内の最勝光院《さいしょうこういん》から、今様《いまよう》を乱舞する声が聞こえたという（『百練抄』）。後白河法皇の仕業であることは間違いなかろう。清盛の遺骨は、明石《あかし》の海を見下ろす「播磨国山田法華堂《やまだほっけどう》」（現神戸市垂水《たるみ》区西舞子《にしまいこ》）に納められた（『吾妻鏡』）。

宗盛の対応

さて、平家の未来を一身に背負うことになった宗盛は、清盛の遺言と、後白河法皇との妥協の狭間に立ってしまった。

六日、「故入道（清盛）の行ないは自分（宗盛）の思ったとおりではなかったが、諫《いさ》めることもできず、その命を守ってきた。今後は万事をひたすら院宣《いんぜん》の趣旨に沿って行なう」と後白河法皇に弁解し、頼朝をはじめとする「謀反人《むへんにん》」を追討すべきか、それとも宥《なだ》めるのかを、公卿を召して決めてほしいと申し入れた（『玉葉』）。

院御所《いんごしょ》議定では、征伐を止め、院宣で宥めるという方向に決したが、宗盛はその結果を聞いてもなお、重衡を東国に派遣すると主張し、十五日に院宣を携えた重衡が三千の兵を率いて美濃・尾張に出動した（『玉葉』）。この方面に進出した源行家を追討するためである。一行は美濃の墨俣《すのまた》川（長良川。現岐阜県大垣《おおがき》市）で行家と尾張源氏の同盟軍に圧勝した（『玉葉』）。

頼朝の方は、六月か七月には、平家との和平の道を模索し、「古昔《こせき》のように源氏と平氏が並んで召し仕われるべきである。関東は源氏の進止《しんし》とし、海西《かいせい》は平氏の任意《にんい》とする。ともに国司は朝廷から補されたい。ただ東西の乱を鎮めるため、両氏に仰せ付けられてしばらく試みられたい」という提案も行なっていたのであるが、宗盛は清盛の遺言をたてにこれを拒絶した（『玉葉』）。墨俣川での圧勝が、少なからず影響したのであろう。

北陸道での敗北

八月には源義仲《よしなか》（源為義の二男義賢《よしかた》の二男）の勢力が越中《えっちゅう》にまで迫ってきていたが、養和の大飢饉によって戦線の膠着《こうちゃく》が続いた。平家としては、寿永元年（一一八二）十一月に行なわれる安徳天皇の大嘗会《だいじょうえ》の方に関心があったためでもある。なお、十月に行なわれた大嘗会御禊《ごけい》においては、宗盛が二度も落馬して、人びとを驚かせている（『玉葉』）。

ようやく翌寿永二年（一一八三）四月、平家は北陸道に、四万余騎の追討軍を、三々五々と派遣した（『玉葉』）。それは杣工《そまく》（木こり）や人夫も動員した（「興福寺文書《こうふくじもんじょ》」）、戦闘能力や意欲、忠誠心に疑問のある「駆武者《かりむしゃ》」の集団で、兵糧米も現地で徴発《ちょうはつ》するという、掠奪《りゃくだつ》集団であった。

しかも、平家からは維盛・通盛《みちもり》・忠度・知度・経正《つねまさ》・清房《きよふさ》・行盛《ゆきもり》など一門が参加していたが、一門を構成する各家の連合というかたちをとっていて、全軍を統率する最高司令官は存在しなかった。皮肉なことに、平家がそれぞれ公卿として公的な家政機関を開き、個々の侍所を通して侍(御家人)を統制していたからだという(髙橋昌明『平家と六波羅幕府』)。なおかつ、平家の最強集団である知盛・重衡兄弟は、ここには加わっていない。彼らは東国の反乱勢力と対峙するという名目で温存されたものと推測されている(髙橋昌明『都鄙大乱』)。

はたして平家軍は、各軍が「権勢《けんせい》」(主導権)を争い、五月十一日に礪波山《となみ》(越中・加賀《かが》国境の倶利伽羅《くりから》峠。現石川県河北《かほく》郡津幡町《つばたまち》—富山県小矢部《おやべ》市)、六月一日に加賀の篠原《しのはら》(現石川県加賀市篠原町)において、五千騎に及ばない義仲・行家たちに対して、知度をはじめ「過半が死んだ」という大敗を喫し、生き残った者は京に逃げ帰ってきた(『玉葉』)。

平家一門の都落ち

七月二十四日、義仲軍が京に迫るなか、後白河法皇は御所の法住寺殿を抜け出して比叡《ひえい》山の横川《よかわ》に逐電《ちくでん》した(『吉記』『玉葉』)。これを知った宗盛は、安徳天皇や平家一門を率い、二十五日に九州に向けて出京した。

その際、公家平氏の時忠は、神鏡、天皇の倚子《いし》、玄上《げんじょう》・鈴鹿《すずか》など楽器の累代《るいだい》の名器、時の簡《ふだ》など、新帝に移される宝器《ほうき》を持ち出して随行した(『百練抄』)。つねに天皇に随伴する剣璽は、当然、安徳天皇とともに京を出た。後白河法皇が次に擁立する天皇の正統性を否定する、まことに抜かりのない措置である（高橋昌明『都鄙大乱』）。

ただ、貴族で都落ちに加わったのは、時忠とその子の時実《ときざね》くらい、武家平家でも池家の頼盛には都落ちの連絡もなく、鳥羽《とば》で追い付いたものの途中で引き返した。小松家の資盛は頼盛と行動をともにしようとしたが、後白河法皇から沙汰もなく、宗盛に追随した（『愚管抄』）。

後白河法皇は、いわゆる「三種の神器」の回収をはかり、権大納言を解官しなかった時忠を介しての交渉を模索した（『玉葉』）。朝廷の内情を熟知し、強力な政治力が期待できる相手と見込んだからというが（高橋昌明『都鄙大乱』）、時忠はこの申し出を拒絶した。「すこぶる嘲弄《ちょうろう》の様子があるようである」という体の返答であったという（『玉葉』）。

そして二十八日、義仲・行家軍が入京した。翌二十九日には、後白河法皇は両者に平家追討を命じている（『吉記』『玉葉』）。そして以仁王の遺子である北陸宮《ほくりくのみや》の即位に固執する義仲の意見を退け、八月二十日、高倉天皇四宮である尊成《たかひら》親王が、剣璽のないまま践祚した。後《ご》鳥羽天皇《とばてんのう》である。

一方、平家の方は、九月に宗盛が後白河法皇に書状を送り、和順《わじゅん》・帰京の意思を示したが（『玉葉』）、当然のこと、拒絶されている。筑前の遠賀《おんが》川河口の山鹿秀遠《やまがひでとお》の城も追われ、十月二十日に豊前《ぶぜん》の柳ケ浦《やなぎがうら》（現大分県宇佐《うさ》市）から海上に出て、阿波《あわ》の田口成良《たぐちしげよし》（粟田《あわた》氏とも）の支援によって、讃岐《さぬき》の屋島《やしま》（現香川県高松市屋島東町《やしまひがしまち》）を根拠と定めた（『吉記』）。

敗戦

九月二十日、後白河法皇から、「天下は静かではない。平氏は放逸《ほういつ》で、事ごとに便宜がない」ということで平家追討を命じられた義仲が、西国に出陣した（『玉葉』）。

後白河法皇は頼朝と妥協をはかり、「寿永二年十月宣旨」を発し（『玉葉』『百練抄』）、頼朝が東国で創出した軍事態勢を追認して東海・東山道諸国（当初は北陸道も）の事実上の支配権を与え、その軍事活動の拡大を促した（川合康『源頼朝』）。頼朝は十二月に、東国自立路線を主張した両総平氏の上総広常・良常《よしつね》父子を、相模平氏の梶原景時に謀殺させ（『愚管抄』）、王権にすり寄った。

義仲の方は閏十月一日に備中の水島《みずしま》（現岡山県倉敷《くらしき》市玉島柏島《たましまかしわじま》）で平家の水軍に大敗して十五日に帰京し、十一月十九日に院御所の法住寺殿を襲撃した。この合戦は、法皇や天皇そのものが攻撃目標となり、武者に完敗したという点で、日本史上、画期的な意義を持つものであったが、義仲の孤立はいっそう深まり、西の平家、東の頼朝に加えて、山門大衆《さんもんだいしゅ》も反義仲勢力となった。翌元暦《げんりゃく》元年（一一八四）正月、義仲は源範頼《のりより》（義朝六男）・義経（義朝九男）らに敗れ、二十日に近江《おうみ》の粟津《あわづ》で討たれた。

生田の森・一の谷故地

この間、勢力を盛り返した平家は、寿永三年正月には数万の兵を擁して摂津の福原に入った（『玉葉』）。清盛の三周忌を修するためでもある。しかし、正月二十六日には後白河法皇は頼朝に平家追討宣旨を下し、義経たちの軍は追討軍となった。

そして二月七日、生田《いくた》の森（現神戸市中央区下山手通《しもやまてどおり》）と一の谷（現神戸市須磨《すま》区一ノ谷町）で合戦が行なわれ、山陽道《さんようどう》を進軍して生田の森に向かう範頼の大手軍《おおてぐん》、山陰道《さんいんどう》から丹波路《たんばじ》と進軍して一の谷に向かう義経の搦手軍《からめてぐん》、間道《かんどう》の鵯越《ひよどりごえ》（現神戸市北区山田町藍那《やまだちょうあいな》―兵庫区鵯越町）を下った多田行綱《ただゆきつな》（摂津源氏）の別働隊《べつどうたい》は、合わせて二、三千騎で、平家軍を撃破した（『玉葉』。川合康『源頼朝』）。重衡が捕虜となり、通盛（三十二歳）・忠度（四十一歳）・経俊《つねとし》（十九歳）・経正・師盛《もろもり》（十八歳）・敦盛《あつもり》（十六歳）・知章《ともあきら》（十六歳）・業盛《なりもり》（十六歳）らが討ち取られた（『吾妻鏡』）。生き残った宗盛たち三千騎は、船に乗って屋島に撤退した（『玉葉』）。

「三種の神器」の返還交渉を進めているなかでのこの源氏方の攻撃が、後白河法皇が仕掛けた騙《だま》し討ちであるとの指摘（上杉和彦『源平の争乱』）は、心に留めておかねばなるまい。この大敗がなければ、平家の命運も違ったものとなっていたはずだからである。

捕虜となった重衡は、京都で相模平氏の土肥実平の許に禁固《きんこ》されたが、十日、屋島の宗盛に書状を送り、剣璽の返還を条件に和平を模索することを提案した。宗盛はこれに同意したが、結局は後白河法皇の判断で失敗に終わり、重衡は三月十日に鎌倉に護送された（『玉葉』）。大勝利の報を得た頼朝としては、平家との和平よりも軍事的に圧倒して追討あるいは降伏を求める終戦構想に変化したものとされる（川合康『源頼朝』）。

平家滅亡

頼朝の命によって、八月八日に範頼が鎌倉を進発し（『吾妻鏡』）、九月二日に山陽道を進撃するために、京を出立した（『百練抄』）。梶原景時や土肥実平と連携して山陽道諸国や九州諸国を制圧し、屋島の平家軍本営を包囲する作戦と見られている（金澤正大『鎌倉幕府成立期の東国武士団』）。兵糧米の不足で行軍も遅れがちであったが、頼朝からも、「急がぬように、閑《しず》かに」進撃することが命じられている（『吾妻鏡』）。それでも文治元年二月一日には筑前《ちくぜん》の葦屋浦《あしやうら》（現福岡県遠賀《おんが》郡芦屋町《あしやまち》）の合戦に勝利し、九州を平定している。

一方、在京していた義経は、文治元年正月十日、頼朝の許可を得ることなく、屋島を目指して進発した（『吉記』）。摂津の淀《よど》川河口の渡辺津《わたなべ》で兵船を整え、二月十六日に阿波に向けて渡海した（『玉葉』）。そして十八日（『玉葉』）、あるいは十九日（『吾妻鏡』）、または二十日（『平家物語』）に屋島を背後から衝き、不意を突かれた平家軍は海上に逃れた。

当時、長門《ながと》南西端の彦島《ひこしま》（現山口県下関《しものせき》市彦島塩浜町《ひこしましおはまちょう》）には、知盛が拠っていた。屋島と彦島を拠点とすれば、瀬戸内海の大半に支配力が及ぶが、彦島に合流してしまうと、平家の海上支配権は彦島周辺に局限され、これで瀬戸内の水軍勢力が一気に源氏方に付くこととなった（髙橋昌明『都鄙大乱』）。

義経は周防《すおう》の大島（現山口県大島郡周防大島町）で三浦義澄の水軍を合流させ、熊野水軍二〇〇艘、伊予の河野通信《こうのみちのぶ》の一五〇艘も傘下に収めて、三月二十二日に長門の壇ノ浦《だんのうら》（現山口県長府《ちょうふ》市満珠島《まんじゅしま》から干珠島《かんじゅしま》）に八四〇艘で集結した。一方、彦島を進発した平家軍は、豊前の田ノ浦《たのうら》（現福岡県北九州市門司《もじ》区）に五百余艘を集結させた。

二十四日の正午頃から行なわれた戦闘は数時間続き、夕方には平家の敗北で決着した（『玉葉』）。なお、この戦闘の帰趨に、潮流の変化や、義経が水手《かこ》を射たことなどは、まった

彦島・壇ノ浦故地

く関係がない。水軍も劣勢なうえ、陸では範頼の大軍が待ち構えていたのである（髙橋昌明『都鄙大乱』）。

　ともあれ、安徳天皇（八歳）は按察使局《あぜちのつぼね》伊《い》勢《せ》という女官《にょうかん》または時子（六十歳）に抱かれて入水《じゅすい》、教盛（五十八歳）・知盛（三十四歳）・経盛（六十二歳）・資盛（二十五歳）・有盛《ありもり》（二十二歳）・行盛などが入水または討ち死にした。公家平氏の時忠（五十六歳か）やその嫡男時実（二十五歳）など、また女房や僧は捕虜となった。徳子（三十一歳）と宗盛（三十九歳）・清宗（十六歳）父子は、入水したものの助けられて捕虜になったとされるが、確実な史料では確かめられない。

　とにかく、これで王権としての「平家」は、完全に滅亡したことになる。

朝廷や頼朝が重視した「三種の神器」は、鏡（の残骸《ざんがい》）と璽は回収されたが、剣は海中に没して、ついに発見されることはなかった。これも頼朝の慎重な征討命令を無視した、性急な義経の失策の一つである（髙橋昌明『都鄙大乱』）。

およそ日本の歴史のなかで、天皇がこのような最期を遂げたのは、もちろん空前絶後のことである。武家平家の武将はともかくとして、後白河法皇や頼朝が、幼少の安徳天皇や、女性である時子や徳子に対して、重い罰を与えるとは考えられないが、やはりはじめて体験した戦場の最中で、時子たちがパニックに陥ってしまったのだろうか。

そもそも、何ゆえに平家は、安徳天皇はじめ徳子や時子をも、本拠地である彦島から最前線の海上に連れ出したのであろうか。ここからは、平家王権挙げての集団自裁の様相が見て取れる。

なお、後鳥羽天皇の同母弟である守貞《もりさだ》親王は、安徳天皇の皇太子に擬されて壇ノ浦まで同行していたが、入水することなく帰京して出家した後、承久《じょうきゅう》の乱後に即位した後堀河《ごほりかわ》天皇の父として後高倉《ごたかくら》院となり、院政を行なうという数奇な生涯を送った。

坂東平氏と治承・寿永の乱

さて、これらの戦乱において、坂東平氏はどのようなはたらきを見せたのであろうか。そもそも、武家平氏の末裔として、同じ武家平氏の末裔である平家と戦うことに、何の抵抗もなかったのであろうか。とはいえ、もともと坂東の地で一族同士の抗争を繰りひろげていた彼らであってみれば、ほとんどそのような気遣いはなかったのであろう。まさに、「昔は主、今は敵。弓矢を取るのも取らないのも、恩こそ主よ」(『平家物語』)などと言い放つ連中ならではである。そもそも、実際には坂東平氏が、いかほど武家平氏の血脈を嗣《つ》いでいたかは不明なのである。

まず両総平氏では、上総氏の広常が頼朝に随従してこれを助けたものの、寿永二年に子の良常とともに謀殺された。千葉氏では常胤は源頼朝の挙兵に加わり、国内支配を強化して同国守護《しゅご》の座を得た。

秩父平氏では、秩父氏ははじめは平氏方として行動していたが、頼朝挙兵後は源氏方となった。畠山氏の重能と弟の小山田有重は頼朝の挙兵には平氏方として北陸道追討軍に加わった。後に武蔵に下向し、以後は頼朝に従って、特に畠山重忠は義仲や平家追討に活躍した。葛西氏の清重は鎌倉政権の草創に功績を立てた。豊島氏の清光、江戸氏の重長も同様である。

相模平氏では、中村氏の宗平は一族をあげて積極的に頼朝に荷担した。土肥氏の実平は、石橋山の合戦後、頼朝を安房に脱出させ、上総広常に参向を催促する使者となり、頼朝軍が武蔵に進出するに際して、武蔵武士団への対応を進言したり、義経や梶原景時を頼朝に取り次ぐなど、頼朝側近の中心として活躍した。三浦氏も頼朝挙兵に積極的に関わり、義明は討ち死にしたものの、子の義澄が勲功を重ねた。和田氏も義盛が頼朝に近侍した。大庭氏の景義・景親兄弟は、景義は頼朝軍に従い、景親は石橋山で頼朝軍を破り、後に平家の頼朝追討軍に合流しようとしたものの、前途をさえぎられ、頼朝に降り、処刑された。梶原氏の景時は石橋山で頼朝の危急を救い、後に頼朝に従って、義仲や平家の追討に大功を立てた。

このように、坂東平氏もそれぞれの事情で、頼朝に属した者、平家に尽くした者と、さまざまな動きを見せた。治承・寿永の乱は坂東において長く続いた動乱の集大成でもあったのである。

この未曾有の大乱が、「源平合戦」などと単純に理解できないことは、明らかであろう。むしろ義経や範頼が率いた平家追討軍には、多くの坂東平氏がその主軸として含まれていたことにこそ、平氏という氏族の持つ本質の一つが表われていると考えるべきである。

おわりに——その後の平氏

それぞれの最期

文治《ぶんじ》元年（一一八五）四月二十六日、平宗盛・清宗父子や、平時忠などの捕虜が入京し、見物の輩《やから》は群れを成したという（『百練抄《ひゃくれんしょう》』）。

五月七日、宗盛・清宗は京を引き回された後、源義経に率いられて鎌倉《かまくら》に護送され、源頼朝と対面したが、宗盛は弁明もできず、ひたすら出家と助命を求めたので、これが清盛の子かと非難を浴びている（『吾妻鏡《あずまかがみ》』）。そして京都に送還される途中、六月二十一日に宗盛は近江《おうみ》国篠原《しのはら》（現滋賀県野洲《やす》市大篠原）、清宗は近江国野路口《のじぐち》（現滋賀県草津《くさつ》市野路）で斬られ、二十三日に検非違使《けびいし》に引き渡されて、獄門に懸けられた。宗盛は三十九歳、清宗は十六歳。

先に一の谷で生虜となった平重衡も、鎌倉で頼朝と対面し、その堂々たる態度が人びとを感嘆させた（『吾妻鏡』）。宗盛らとともに帰京したが、六月二十三日に木津川河畔の泉木津《いずみきっ》（現京都府木津川市木津宮ノ裏）で斬首され、首は南都大衆《なんとだいしゅ》に引き渡されて奈良坂《ならさか》の般若寺《はんにゃじ》門前に梟された。二十九歳。「武勇の器量に堪える」と賞された人物であった（『玉葉《ぎょくよう》』）。

その一方で、清盛の異母弟ながら、池禅尼所生の平頼盛は、寿永《じゅえい》二年（一一八三）の平家都落ちに際しても途中から京に引き返して八条院の許に身を寄せ、鎌倉の頼朝を訪れて没官《もっかん》された旧領の返付を受けた。翌年には本位本官の正二位権大納言に復し、平家滅亡後の文治元年五月に、病のために出家した。翌文治二年（一一八六）六月に死去した。五十五歳。

また、小松家の維盛は元暦《げんりゃく》元年（一一八四）三月に屋島を抜け出した。三〇艘を率いて紀伊《きい》を指して去ったとか（『玉葉』）、高野山《こうやさん》から熊野《くまの》に入り、那智《なち》の海で入水したとか（『平《へい》家物語《けものがたり》』『建礼門院右京大夫集《けんれいもんいんうきょうのだいぶしゅう》』）、那智の山中で生き延びたり鎌倉に送られる途中で絶食死したりと（ともに『源平盛衰記《げんぺいじょうすいき》』）、さまざまに伝えられている。元暦元年で二十六歳。

維盛の子の高清《たかきよ》（六代《ろくだい》。出家して妙覚《みょうがく》）は都落ちに同行しなかったが、文治元年十二月に捕らえられた。文覚《もんがく》の嘆願で助命されて出家し、神護寺《じんごじ》に住したが、後に斬られたとも伝えられる（『平家物語』）。

女性でいうと、徳子は出家して大原に籠ったが、後に京に戻って白河や東山に住んで、建《けん》保《ぽう》元年（一二一三、『皇代歴《こうだいれき》』）または貞応《じょうおう》二年（一二二三、『平家物語』）に亡くなったらしい。

建保元年だと五十九歳、貞応二年だと六十九歳になる。『平家物語』末尾の後白河法皇の大原御幸は史実とは考えられないものの、高橋氏が指摘された、徳子が後白河法皇の御所である六波羅池殿に「最密の儀」として行啓《ぎょうけい》し、後白河法皇が夕刻に徳子の許に渡御したという『山丞記《さんじょうき》』の記事（髙橋昌明『平家の群像』）は、気になるところである。

時忠たちのその後

これら武家平家とは異なり、文官《ぶんかん》の公家平家である平時忠・時実父子には、異なる運命が待っていた。時忠は神鏡を守った功績によって減刑され（『玉葉』『吾妻鏡』）、能登《のと》に配流《はいる》と決した。しかし京に留まり、女《むすめ》の蕨姫《わらびひめ》を義経と結婚させたと伝えられる（『尊卑分脈《そんぴぶんみゃく》』）。九月にようやく能登に赴き、文治五年（一一八九）二月二十四日に配所で死去した。六十歳あるいは六十二歳。

『吾妻鏡』は、「智臣の誉《ほま》れがあったので、先帝（安徳天皇）の朝廷で、平家が世にあった時に、諸事を輔佐した」と評し、頼朝が、「現在であっても、朝廷のために惜しむべきであろう」と語ったとある。実際には国府（現石川県七尾《ななお》市古府町《ふるこまち》、府中町《ふちゅうまち》か）近辺に居住したのであろうが、何故か奥能登に時忠の墓と伝える供養塔があり（石川県珠洲《すず》市大谷町則貞《おおたにまちのりさだ》。実は室町時代後期のもの）、豪農時国《ときくに》家・上時国《かみときくに》家は時忠の子孫を称している。

伝平時忠墓

時忠嫡男の平時実は、捕虜となった後、周防《すおう》への流罪《るざい》が決まったが、父とともに義経に接近して配所に赴かなかった。十一月に義経が頼朝と対立して都を退去した際に同行したが離散し、都に潜伏した。ふたたび捕らえられて鎌倉に護送され、文治二年正月、改めて上総《かずさ》国に配流された。文治五年に後白河法皇の要請を受けた頼朝の奏請《そうせい》により赦免されて帰京し、建暦《けんりゃく》元年（一二一一）には従三位に叙された。建保元年に死去した。六十三歳。

時忠二男の平時家は、治承《じしょう》三年（一一七九）に上総国に配流されたが、千葉広常の知遇を得て婿となり、寿永元年（一一八二）にその推挙で頼朝に近侍した。信時《のぶとき》と改名し、幕府《ばくふ》の諸行事に参会することも多く、建久四年（一一九三）に死去した。

なお、時忠の女の平宣子《せんし》は、後鳥羽天皇の典侍《ないしのすけ》となっている。

時忠の弟では、平親宗は右少弁《うしょうべん》から蔵人頭《くろうどのとう》を経て、寿永二年正月に参議《さんぎ》に任じられたものの十二月に解官《げかん》された。元暦元年に参議に還任《げんにん》したが元暦二年に解官、文治三年（一一八七）にみたび参議に還任し、文治五年に権中納言《ごんちゅうなごん》、正治《しょうじ》元年（一一九九）六月に中納言《ちゅうなごん》に上り、七月に死去した。五十六歳。『親宗卿記《ちかむねきょうき》』を記録し、家集『中納言親宗集《ちゅうなごんちかむねしゅう》』を残しているのは、先祖以来の伝統か。

親宗の子孫も、詳細は次ページの系図に示したが、公卿《くぎょう》を輩出し続けている。王権としての平家は滅びたが、平氏はけっして滅びてはいなかったのである。

坂東平氏の行く末

一方、平家を滅ぼした坂東平氏《ばんどう》は、その後、どうなったのであろうか。そのほとんどは頼朝の創出した鎌倉幕府《かまくらばくふ》の御家人《ごけにん》として枢要《すうよう》の地位を占めたものの、北条氏によって次々と滅ぼされ、歴史の第一線から姿を消していく。詳細は鎌倉政治史に譲るが、年代順にざっと述べると、以下のようになろう。

すでに寿永二年に上総広常・良常父子が謀殺され、文治三年に畠山重忠が所領を没収され（後に赦される）、建久四年（一一九三）に大庭景義が鎌倉を追放される事件が起こるなど、頼

桓武平氏（高棟流）系図⑤

＊□は大臣、□は議政官、⬚は三位に上った者

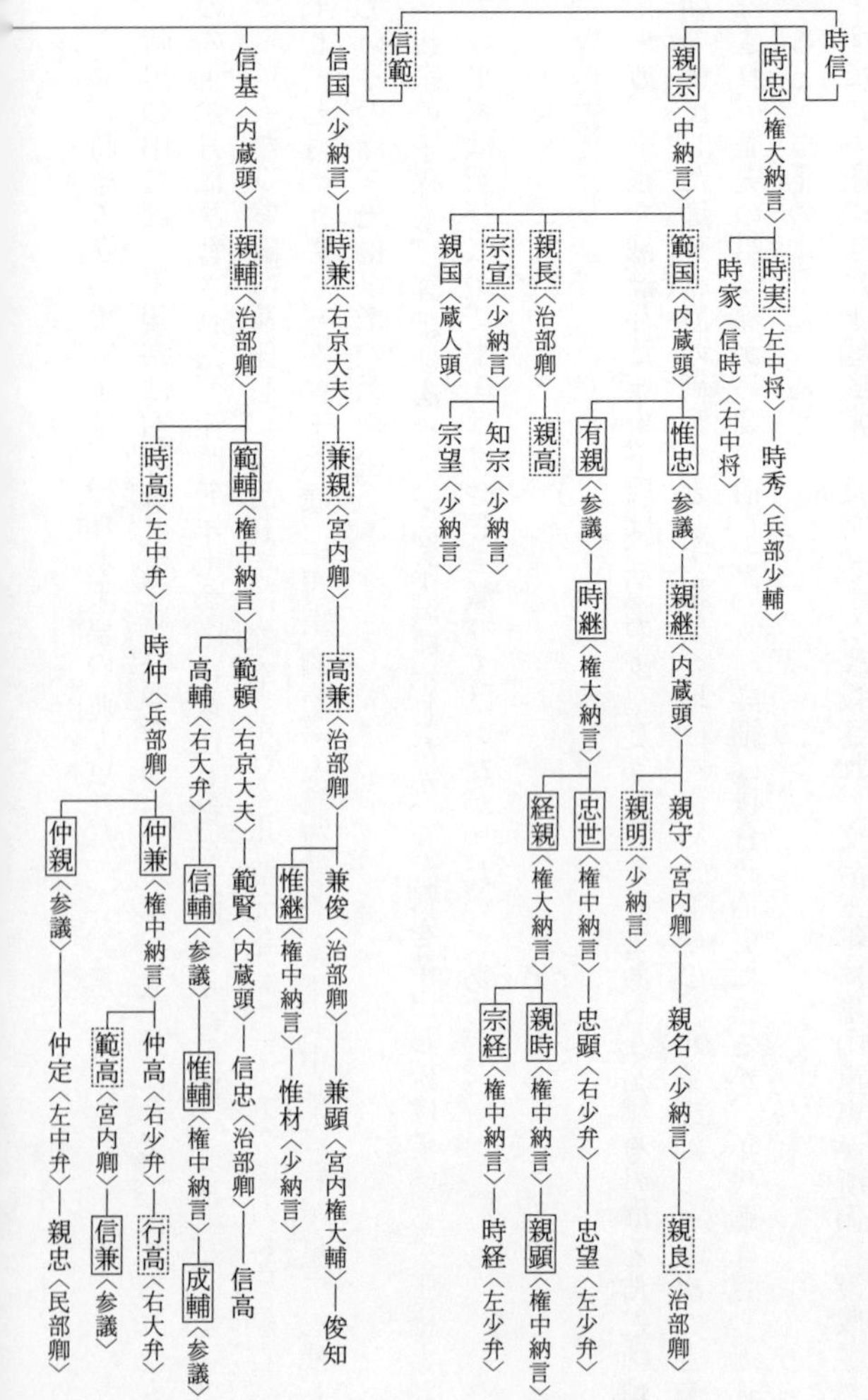

┌信実〈少納言〉——宗清〈右京大夫〉—時輔〈少納言〉—輔兼〈少納言〉—兼有〈宮内卿〉—清有〈春宮大進〉—惟清〈宮内卿〉
└信広〈右京大夫〉—信継〈兵部少輔〉

朝在世中から彼らの粛清が始まっていたが（他に文治二年に源行家、文治五年に源義経、建久四年に源範頼・安田《やすだ》義資《よしすけ》、建久五年に安田義定《よしさだ》など、兄弟や一族も葬っている）、それがより先鋭化したのは、正治元年（一一九九）正月に頼朝が「急死」した後の、北条氏を軸とした数々の政変や戦乱であった。

頼朝嫡子の源頼家《よりいえ》が鎌倉殿《かまくらどの》となると、有力御家人一三人による「合議制」が成立した。そのなかには、梶原景時・北条時政・北条義時《よしとき》・三浦義澄・和田義盛という五人の坂東平氏出身の御家人が含まれていた。しかし、時政・義時父子は、他の有力御家人を次々と滅ぼしていったのである。

梶原景時は、源義仲・平家追討に活躍し、また義経追放に尽くし、鎌倉幕府で侍所《さむらいどころ》所司《し》・厩別当《うまやべっとう》など要職を占めた。頼朝の死後は頼家の後見《こうけん》を務めたが、正治元年十一月に有力御家人六六名の弾劾を受けて鎌倉を追放され、翌正治二年（一二〇〇）正月に上洛の途中、駿河《するが》国の在地武士に討たれ、一族とともに敗死した。

元久《げんきゅう》二年（一二〇五）には、時政の後妻である牧《まき》の方が将軍実朝《さねとも》を廃そうとする陰謀が発覚し（平賀《ひらが》朝雅《ともまさ》の乱）、時政が失脚した。その際、畠山重保《しげやす》は殺害され、父の重忠も二俣川《ふたまたがわ》

（現横浜市旭《あさひ》区二俣川）で討ち死にした。

和田義盛は鎌倉幕府の侍所《さむらいどころ》別当《べっとう》に就いたが、建保元年（一二一三）、執権《しっけん》義時の挑発を受けて挙兵し、敗死した（和田合戦）。六十七歳。この時、一族はほぼ全滅した。同族の三浦義村は北条氏に通じたが、大庭景兼《かげかね》や土肥惟平《これひら》は和田側に付き、一族は滅亡もしくは衰微した。

宝治《ほうじ》元年（一二四七）、三浦泰村《やすむら》の代に、北条時頼《ときより》は策謀を用いて一族のほとんどを滅亡させた（三浦氏の乱）。上総秀胤《ひでたね》も居館《きょかん》を攻められ、四子とともに自殺した。

日ごろ平安貴族を研究している身としては、「おおこわ」といった感があるが、これも自力救済を旨として、坂東で何百年もの間、同族同士の武力抗争を続けてきた彼らが、公的な権力を手に入れてしまった当然の結末なのであろう。その後も武蔵の秩父氏一族、相模の中村氏一族、他に常陸・上野の平氏などが集結した国人一揆《こくじんいっき》である平一揆《へいいっき》が、河越直重《なおしげ》を中心として応安《おうあん》元年（一三六八）に蜂起したが、上杉憲顕《うえすぎのりあき》によって鎮圧されたりしている。

堂上家としての平氏

一方、公家平氏の方で後世にまで門流を伝えたのは、先に挙げた時忠弟の親宗たち時信の系統ではなく、時信弟の信範の系統であった。いかにも父祖の日記を書写し、『平記《へいき》』の形成に努めた信範の子孫に相応しい。彼らは堂上《とうしょう》家として「明治維新《めいじいしん》」までそれぞれの家を存続させ、日本文化の伝承に独自の光芒《こうぼう》を放ったのである。

なお、堂上家というのは公家《くげ》の家格の一つで、内裏清涼殿南廂《だいりせいりょうでんみなみびさし》にある殿上間《てんじょうのま》に昇殿《しょうでん》する資格を世襲した家柄の中流貴族のことである。摂家《せっけ》・清華家《せいがけ》・大臣家《だいじんけ》に次ぐ、羽林家《うりんけ》・名家《めいか》・半家《はんけ》を指した。平氏には羽林家に含まれるものはなく、名家に西洞院《にしのとういん》家庶流《しょりゅう》の平松《ひらまつ》家・長谷《ながたに》家・交野《かたの》家、半家に嫡流の西洞院家と庶流の石井《いわい》家があった。

堂上平氏系図

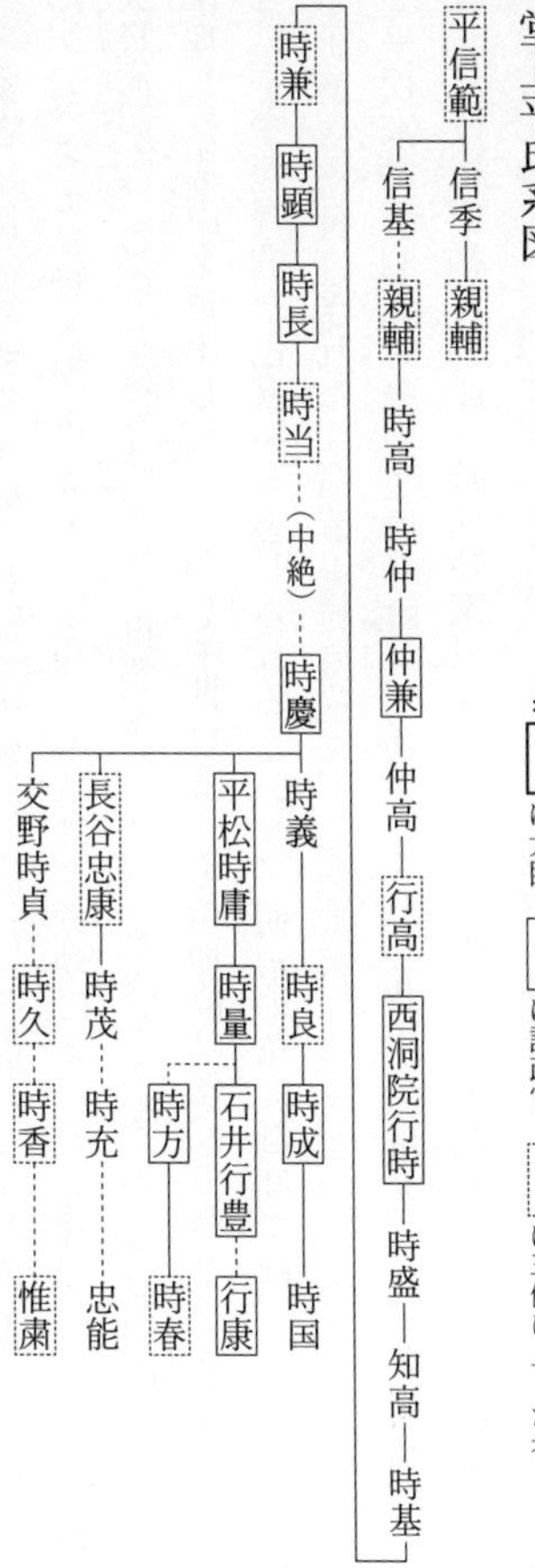

＊□は大臣、□は議政官、□は三位に上った者、……は養子関係

名家とは侍従《じじゅう》や弁官《べんかん》・蔵人《くろうど》を経て大納言《だいなごん》にいたる家柄で、すでに正応《しょうおう》五年（一二九二）に、「およそ日野《ひの》・勧修寺《かじゅうじ》・平家などの輩《やから》は、労効《ろうこう》によって立身起家する」とある（『伏見《ふしみ》天皇宸記《てんのうしんき》』）。この三流の諸家は、摂関家に仕えて家政を差配し、院政《いんせい》期以降は院中の庶務を掌理した権臣《ごんしん》を輩出した。しかし中世以降、その地位は低く見られ、「名家輩《めいかはい》」という語には、やや蔑視的な色合いも感じられるという。明治の華族《かぞく》制度では、名家諸家は伯爵《はくしゃく》ないし子爵《ししゃく》に格付けされた（『国史大辞典』）。

平松家は西洞院時慶《ときよし》の次男時庸《ときつね》（一五九九～一六五四）を祖とする。歴代当主の極位極官《ごくいごっかん》は正二位権中納言。江戸時代の家禄《かろく》は二〇〇石。代々右衛門督《えもんのかみ》を勤めたほか、近衛家の家《け》礼《らい》でもあった。有職故実《ゆうそくこじつ》に詳しく、古記録《こきろく》の収拾・整理に力を尽くした。

近衛基熙《もとひろ》の女熙子《ひろこ》が甲府徳川《こうふとくがわ》家の徳川綱豊《つなとよ》（後に六代将軍徳川家宣《いえのぶ》）と結婚した際には、二代時量が形式的に熙子を養女に迎えている。その際、遠祖信範の『兵範記《へいはんき》』の一部を基熙から譲られている。近衛家と島津《しまづ》家とのパイプ役として活躍し、また平松家の女子は、多く上臈《じょうろう》として将軍家に仕えた。

戊辰《ぼしん》戦争の戦功によって賞典禄《しょうてんろく》五〇石が与えられ、後に時厚《ときあつ》は華族有志の団体である通《つう》款社《かんしゃ》の発起に参加し、これが華族会館（後の霞会館）の前身となった。明治維新後は子爵に叙された。

平松家に伝わった朝廷関係の記録文書や写本《しゃほん》は、近衛家の陽明文庫に所蔵されているほか、京都大学附属図書館に「平松文庫《ひらまつぶんこ》」として所蔵されている。なかでも藤原道長の『御堂関白《みどうかんぱく》記《き》』で自筆本《じひつぼん》も古写本《こしゃほん》も陽明文庫に残っていない年について、「平松本《ひらまつぼん》」と称される新写本《しんしゃほん》を残してくれているのは、きわめて貴重なものである。

長谷家は時慶の五男忠康《ただやす》（一六一二～六九）を祖とする。極位極官は従二位参議。江戸時代の家禄は三〇石。明治維新後は信篤《のぶあつ》が子爵に叙された。

交野家は時慶の末子時貞《ときさだ》（一六一四～八一）を祖とする。極位極官は従二位参議。江戸時代の家禄は三〇石。明治維新後は時万《ときつむ》が子爵に叙された。

半家は最下位の貴族で、さまざまな技能で朝廷に仕えた。公卿となっても非参議《ひさんぎ》に留まる者が多かった。平氏では、嫡流の西洞院家と庶流の石井《いわい》家があった。

西洞院家は、桓武平氏の嫡流となった。南北朝時代の行時《ゆきとき》（一三二四～六九）を祖とする。戦国時代に時当《ときまさ》（一五三一～六六）の代で中絶したが、河鰭《かわばた》家（藤原北家閑院《かんいん》流の滋野井《しげのい》家支流）から時慶《ときよし》（一五五二～一六三九）が入って復興した。その子から平松家・長谷家・交野家が分家している。歴代当主の極位極官は従二位参議。当主の多くは日記を記しており、特に西洞院時慶が記録した『時慶卿記《ときよしきょうき》』は、豊臣《とよとみ》政権から江戸幕府創設期にかけての宮中や公家社会の様子を知る貴重な史料である。また、女子の多くは後宮《こうきゅう》に勤めている。江戸時代

五箇山（富山県南砺市）

の家禄は二七三石（後に二六〇石）。明治維新後は信愛《のぶなる》が子爵に叙された。

石井家は、東福門院《とうふくもんいん》徳川和子《かずこ》の女官《にょうかん》で時慶の女であった行子《ゆきこ》（石井局《いわいのつぼね》）の養子となった行豊《ゆきとよ》（一六五三～一七一三）を祖とする。極位極官は正二位権中納言。江戸時代の家禄は一三〇石。明治維新後は行昌《ゆきまさ》が子爵に叙された。

以上、平家滅亡後も、堂上平氏は粘り強く本来の職務に専念しながら（朝廷自体が大きく変質してしまったが）、源氏（や源氏を称する家）を頂点とする武家社会をしぶとく生き抜き、現在にまでいたっているのである。

平氏という存在

これまで、天長《てんちょう》二年（八二五）に始まった平氏について、さまざまな角度から眺めてきた。

いわゆる平家がすでに八〇〇年以上も前の文治元年に滅びているにもかかわらず、祖谷渓《いやだに》（現徳島県三好《みよし》市東祖谷阿佐《ひがしいやあさ》）や五家庄《ごかのしょう》（現熊本県八代《やつしろ》市泉町《いずみまち》五家荘）をはじめ全国各地（青森県から沖縄県）の山間部や離島で、「平家落人伝説《へいけおちゅうどでんせつ》」が現代まで語り継がれてきていることからもわかるように、さらには平家が船団で南下して琉球《りゅうきゅう》に渡り、琉球王朝の初代となる舜天《しゅんてん》王統となったという「南走平家伝説《なんそうへいけでんせつ》」など、平氏という存在は、人びとの記憶に強く刻印され続けてきたのである。

実際に平家が日本史の主役を務めていたのは、ほんの十数年のことに過ぎなかったのに、また生き残った堂上平氏がそれほど枢要の地位を占めていたわけでもないのに、後世の人びとにとって、平氏は特別な存在だったのである。それはあまりに唐突で型破りな権力掌握、また突然の滅亡がもたらす美意識、あるいは仏教の無常観《むじょうかん》、それとも京都で貴族化したことによる堕落という誤った歴史観と合致した結果なのであろうか。

それだけではあるまい。平兼盛や平将門、はては平氏を称し、平忠常と同じ上総権介《かずさのごんのすけ》を称した織田信長《おだのぶなが》など、平氏に関わった人びとの多面性と魅力にもよるものなのであろう。

鵺《ぬえ》というのは、猿の顔、狸《たぬき》の胴体、虎の手足を持ち、尾は蛇《へび》であるという妖怪であるとされる（『平家物語』）。このさまざまな側面を持った妖怪を、天皇を護るべき大内守護《おおうちしゅご》であった摂津《せっつ》源氏の源頼政が討ったとされるわけであるが、頼政は後年、以仁王に誘われて平家打倒の兵を挙げる。もしかしたら、頼政が討とうとした鵺は、さまざまな顔を持つ平氏そのものだったのかもしれない。

略年表

天皇	年次	西暦	平氏関連事項	参考事項
淳和	天長二	八二五	高棟王ら葛原親王の男女が平朝臣姓を賜わる	冬嗣が左大臣に任じられる
清和	貞観四	八六二	桓武皇子万多親王の子が平朝臣姓を賜わる	参議以上が時世の得失を論じる
	五	八六三	桓武皇子仲野親王の子が平朝臣姓を賜わる	初めて神泉苑御霊会を行なう
	十五	八七三	桓武皇子賀陽親王の孫が平朝臣姓を賜わる	新羅人が対馬に漂着する
光孝	仁和二	八八六	光孝天皇三世孫が平朝臣姓を賜わる	伊勢斎王が阿須波新道を通る
宇多	寛平元	八八九	高望王が平朝臣姓を賜わり、上総に下向する	東国で群盗が蜂起する
醍醐	延喜二	九〇二	この頃、仁明天皇曾孫が平朝臣姓を賜わる この頃、文徳天皇三世孫が平朝臣姓を賜わる	延喜の荘園整理令が出される 院宮王臣家の土地占有を禁じる

朱雀	承平五	九三五	将門が同族と抗争を始める	紀貫之が土佐から帰京する
	天慶三	九四〇	将門が秀郷・貞盛らに討たれる	東海・東山・山陽道追捕使が任命される
一条	長徳四	九九八	維衡と致頼が伊勢国で合戦する	京中に疱瘡が大流行する
三条	長和四	一〇一五	親信が参議に任じられる	道長が三条天皇に退位を迫る
後一条	寛仁三	一〇一九	致頼が兵船で刀伊を追撃する	道長が出家する
	長元元	一〇二八	平忠常の乱が起こり、直方が追討使となる	台風で京中に甚大な被害がある
	三	一〇三〇	正輔と致経が伊勢国で合戦する	上野国交替実録帳が作成される
白河	承保二	一〇七五	正衡が多度神社神宮寺領を押妨する	師実が関白に補される
鳥羽	天仁元	一一〇八	正盛が源義親を追討する	浅間山が大噴火する
崇徳	長承元	一一三二	忠盛が内昇殿を許される	忠実が再び内覧に補される
	二	一一三三	この頃、信範が『平記』を書写する	延暦寺西塔と中堂の学徒が闘争する
後白河	保元元	一一五六	清盛が保元の乱に勝利する	源為義らが斬首される
二条	平治元	一一五九	清盛が平治の乱に勝利する	後白河上皇が法勝寺に御幸する
	応保元	一一六一	滋子が憲仁親王（後の高倉天皇）を産む	暲子内親王が八条院となる

天皇	年次	西暦	平氏関連事項	参考事項
六条	仁安二	一一六七	清盛が太政大臣に任じられる	明雲が天台座主となる
高倉	治承二	一一七八	徳子が言仁親王（後の安徳天皇）を産む	大火（次郎焼亡）が起こる
安徳	四	一一八〇	安徳天皇が践祚する／治承・寿永の乱が始まる	辻風が発生する
	寿永二	一一八三	平家が都落ちする	寿永二年十月宣旨が出される
後鳥羽	文治元	一一八五	壇ノ浦で平家が滅亡する	守護地頭が設置される
霊元	延宝五	一六七七	『平記』古写本が平松家に返還される	延宝房総沖地震が起こる
明治	明治四	一八七一	華族制度が創設される	廃藩置県が断行される

参考文献

太田 亮編『姓氏家系大辞典』角川書店 一九六三年（初版一九三四～三六年）

倉本一宏訳『藤原道長「御堂関白記」全現代語訳』講談社 二〇〇九年

倉本一宏訳『藤原行成「権記」全現代語訳』講談社 二〇一一～一二年

倉本一宏訳『現代語訳 小右記』吉川弘文館 二〇一五～二三年（予定）

国際日本文化研究センター「摂関期古記録データベース」(https://db.nichibun.ac.jp/ja/)

東京大学史料編纂所編纂『大日本古記録 平記』岩波書店 二〇二二年～

陽明文庫編『陽明叢書 平記 大府記 永昌記 愚昧記』思文閣出版 一九八八年

陽明文庫編『陽明叢書 人車記』思文閣出版 一九八六～八七年

京都大学文学部日本史研究室編『京都大学史料叢書 兵範記四・範国記・知信記』思文閣出版 二〇二〇年

木本好信・中丸貴史・樋口健太郎編『時範記逸文集成』岩田書院 二〇一八年

佐藤宗諄先生退官記念論文集刊行会編『『親信卿記』の研究』思文閣出版 二〇〇五年

東京大学史料編纂所編『大日本史料』第一篇 東京大学出版会 一九二二年～

東京大学史料編纂所編『大日本史料』第二篇 東京大学出版会 一九二八年～

東京大学史料編纂所編『大日本史料』第三篇 東京大学出版会 一九二五年～

国史大辞典編集委員会編『国史大辞典』吉川弘文館 一九七九～九七年

角田文衞監修、古代學協會・古代學研究所編『平安時代史事典』角川書店　一九九四年
角田文衞総監修、古代學協會・古代學研究所編『平安京提要』角川書店　一九九四年
林屋辰三郎・村井康彦・森谷尅久監修『日本歴史地名大系　第二七巻　京都市の地名』平凡社　一九七九年
槙野廣造編『平安人名辞典　長保二年』高科書店　一九九三年
槙野廣造編『平安人名辞典　康平三年』和泉書院　二〇〇七〜〇八年
村井康彦編『よみがえる平安京』淡交社　一九九五年
石井　進『日本の歴史　第12巻　中世武士団』小学館　一九七四年
石井　進『鎌倉武士の実像　合戦と暮しのおきて』平凡社　一九八七年
上杉和彦『戦争の日本史6　源平の争乱』吉川弘文館　二〇〇七年
上横手雅敬「範国記・知信記・兵範記」『静脩』三〇一九九三年
江谷　寛「山間寺院の特質」『金沢大学文化財学研究』三・四　二〇〇二年
金澤正大『鎌倉幕府成立期の東国武士団』岩田書院　二〇一八年
川合　康「生田の森・一の谷合戦と地域社会」『院政期武士社会と鎌倉幕府』吉川弘文館　二〇一九年（初出二〇〇七年）
川合　康『源頼朝　すでに朝の大将軍たるなり』ミネルヴァ書房　二〇二一年
川尻秋生『戦争の日本史4　平将門の乱』吉川弘文館　二〇〇七年
倉本一宏「藤原兼通の政権獲得過程」笹山晴生編『日本律令制の展開』吉川弘文館　二〇〇三年
倉本一宏『一条天皇』吉川弘文館　二〇〇三年
倉本一宏編『日本人にとって日記とは何か』臨川書店　二〇一六年
倉本一宏『『御堂関白記』の研究』思文閣出版　二〇一八年
倉本一宏『内戦の日本古代史　邪馬台国から武士の誕生まで』講談社　二〇一八年
倉本一宏『公家源氏　王権を支えた名族』中央公論新社　二〇一九年
倉本一宏『皇子たちの悲劇　皇位継承の日本古代史』KADOKAWA　二〇二〇年

倉本一宏編『古事談』KADOKAWA　二〇二〇年
五味文彦『平清盛』吉川弘文館　一九九九年
佐伯有清『新撰姓氏録の研究　考證篇　第六』吉川弘文館　一九八三年
佐藤進一『日本の中世国家』岩波書店　一九八三年
下郡　剛『後白河院政の研究』吉川弘文館　一九九九年
下向井龍彦『日本の歴史07　武士の成長と院政』講談社　二〇〇一年
杉本　宏『日本の遺跡6　宇治遺跡群』同成社　二〇〇六年
関　幸彦『武士の誕生　坂東の兵どもの夢』日本放送出版協会　一九九九年
関　幸彦『刀伊の入寇　平安時代、最大の対外危機』中央公論新社　二〇二一年
曽我良成『物語がつくった驕れる平家　貴族日記にみる平家の実像』臨川書店　二〇一七年
高橋昌明『清盛以前　伊勢平氏の興隆』平凡社　一九八四年
高橋昌明『武士の成立　武士像の創出』東京大学出版会　一九九九年
高橋昌明『平清盛　福原の夢』講談社　二〇〇七年
高橋昌明『平家の群像　物語から史実へ』岩波書店　二〇〇九年
高橋昌明『平家と六波羅幕府』東京大学出版会　二〇一三年
高橋昌明『都鄙大乱　「源平合戦」の真実』岩波書店　二〇二一年
竹内理三『日本の歴史6　武士の登場』中央公論社　一九六五年
竹内理三「平氏政権成立の諸条件」『竹内理三著作集　第六巻　院政と平氏政権』角川書店　一九九九年（初出一九六二年）
田中文英『平氏政権の研究』思文閣出版　一九九四年
西井芳子「若狭局と丹後局」古代學協會編『後白河院動乱期の天皇』吉川弘文館　一九九三年
野口　実『坂東武士団の成立と発展』弘生書林　一九八二年
野口　実『中世東国武士団の研究』高科書店　一九九四年
野口　実『武家の棟梁の条件　中世武士を見なおす』中央公論社　一九九四年
野口　実『源氏と坂東武士』吉川弘文館　二〇〇七年
林　陸朗「賜姓源氏の成立事情」『上代政治社会の研究』吉川弘文館　一九六九年（初出一九六二年）

林 陸朗「桓武平氏の誕生」小川信先生古稀記念会編『日本中世政治社会の研究』続群書類従完成会 一九九一年
福田豊彦『平将門の乱』岩波書店 一九八一年
松薗 斉『日記の家 中世国家の記録組織』吉川弘文館 一九九七年
松薗 斉「平時忠と信範 「日記の家」と武門平氏」元木泰雄編『中世の人物 京・鎌倉の時代編 第一巻 保元・平治の乱と平氏の栄華』清文堂出版 二〇一四年
美川 圭『院政 もうひとつの天皇制』中央公論新社 二〇〇六年
元木泰雄『武士の成立』吉川弘文館 一九九四年
元木泰雄『院政期政治史研究』思文閣出版 一九九六年
元木泰雄『平清盛の闘い 幻の中世国家』角川書店 二〇〇一年
元木泰雄『保元・平治の乱を読みなおす』日本放送出版協会 二〇〇四年
森 公章『平安時代の国司の赴任 『時範記』をよむ』臨川書店 二〇一六年
安田政彦「平氏賜姓」『平安時代皇親の研究』吉川弘文館 一九九八年（初出一九八七年）
安田元久『平家の群像』塙書房 一九六七年
安田元久『武蔵の武士団 その成立と故地をさぐる』有隣堂 一九八四年
山本信吉「『親信卿記』の研究」『摂関政治史論考』吉川弘文館 二〇〇三年（初出一九六九年）
米谷豊之祐『平信範 傍流伊勢平氏の興亡を余所目に、摂関家の家司の立場を守り続けた人物』新風書房 二〇〇六年

倉本一宏（くらもと・かずひろ）

1958年（昭和33年），三重県津市に生まれる．東京大学大学院人文科学研究科国史学専門課程博士課程単位修得退学．現在，国際日本文化研究センター教授．博士（文学，東京大学）．専門は日本古代政治史，古記録学．
著書『蘇我氏——古代豪族の興亡』（中公新書，2015）
『藤原氏——権力中枢の一族』（中公新書，2017）
『公家源氏——王権を支えた名族』（中公新書，2019）
『人物叢書　一条天皇』（吉川弘文館，2003）
『戦争の日本史2　壬申の乱』（吉川弘文館，2007）
『藤原道長の日常生活』（講談社現代新書，2013）
『藤原道長の権力と欲望』（文春新書，2013）
『平安朝 皇位継承の闇』（角川選書，2014）
『「旅」の誕生』（河出ブックス，2015）
『藤原伊周・隆家』（ミネルヴァ日本評伝選，2017）
『戦争の日本古代史』（講談社現代新書，2017）
『内戦の日本古代史』（講談社現代新書，2018）
『皇子たちの悲劇　皇位継承の日本古代史』（角川選書，2020）
『平安京の下級官人』（講談社現代新書，2022）
ほか

平氏《へいし》
—公家《くげ》の盛衰《せいすい》、武家《ぶけ》の興亡《こうぼう》
中公新書 *2705*

2022年7月25日発行

著　者　倉本一宏
発行者　安部順一

本文印刷　暁印刷
カバー印刷　大熊整美堂
製　　本　小泉製本

発行所　中央公論新社
〒100-8152
東京都千代田区大手町1-7-1
電話　販売 03-5299-1730
　　　編集 03-5299-1830
URL https://www.chuko.co.jp/

Published by CHUOKORON-SHINSHA, INC.
Printed in Japan　ISBN978-4-12-102705-4 C1221

中公新書刊行のことば

一九六二年一一月

いまからちょうど五世紀まえ、グーテンベルクが近代印刷術を発明したとき、書物の大量生産は潜在的可能性を獲得し、いまからちょうど一世紀まえ、世界のおもな文明国で義務教育制度が採用されたとき、書物の大量需要の潜在性が形成された。この二つの潜在性がはげしく現実化したのが現代である。

いまや、書物によって視野を拡大し、変りゆく世界に豊かに対応しようとする強い要求を私たちは抑えることができない。この要求にこたえる義務を、今日の書物は背負っている。だが、その義務は、たんに専門的知識の通俗化をはかることによって果たされるものでもなく、通俗的好奇心にうったえて、いたずらに発行部数の巨大さを誇ることによって果たされるものでもない。現代を真摯に生きようとする読者に、真に知るに価いする知識だけを選びだして提供すること、これが中公新書の最大の目標である。

私たちは、知識として錯覚しているものによってしばしば動かされ、裏切られる。私たちは、作為によってあたえられた知識のうえに生きることがあまりに多く、ゆるぎない事実を通して思索することがあまりにすくない。中公新書が、その一貫した特色として自らに課すものは、この事実のみの持つ無条件の説得力を発揮させることである。現代にあらたな意味を投げかけるべく待機している過去の歴史的事実もまた、中公新書によって数多く発掘されるであろう。

中公新書は、現代を自らの眼で見つめようとする、逞しい知的な読者の活力となることを欲している。

日本史

2189 歴史の愉しみ方 磯田道史
2455 日本史の内幕 磯田道史
2295 天災から日本史を読みなおす 磯田道史
2579 米の日本史 佐藤洋一郎
2389 通貨の日本史 高木久史
2321 道路の日本史 武部健一
2494 温泉の日本史 石川理夫
2671 親孝行の日本史 勝又基
2500 日本史の論点 中公新書編集部編
1617 歴代天皇総覧（増補版） 笠原英彦
2302 日本人にとって聖なるものとは何か 上野誠
2619 もののけの日本史 小山聡子
1928 物語 京都の歴史 脇田修 脇田晴子
2345 京都の神社と祭り 本多健一
2654 日本の先史時代 藤尾慎一郎

482 倭国 岡田英弘
147 騎馬民族国家（改版） 江上波夫
2164 魏志倭人伝の謎を解く 渡邉義浩
1085 古代朝鮮と倭族 鳥越憲三郎
2533 古代日中関係史 河上麻由子
2470 倭の五王 河内春人
2462 大嘗祭―天皇制と日本文化の源流 工藤隆
2095 『古事記』神話の謎を解く 西條勉
1502 日本書紀の謎を解く 森博達
2362 六国史《りっこくし》―日本書紀に始まる古代の「正史」 遠藤慶太
2673 国造―大和政権と地方豪族 篠川賢
804 蝦夷《えみし》 高橋崇
1041 蝦夷《えみし》の末裔 高橋崇
2699 大化改新（新版） 遠山美都男
1293 壬申の乱 遠山美都男
2636 古代日本の官僚 虎尾達哉
1568 天皇誕生 遠山美都男

2371 カラー版 古代飛鳥を歩く 千田稔
2168 飛鳥の木簡―古代史の新たな解明 市大樹
2353 蘇我氏―古代豪族の興亡 倉本一宏
2464 藤原氏―権力中枢の一族 倉本一宏
2563 持統天皇 瀧浪貞子
2457 光明皇后 瀧浪貞子
2648 藤原仲麻呂 仁藤敦史
2452 斎宮―伊勢斎王たちの生きた古代史 榎村寛之
2441 大伴家持 藤井一二
2510 公卿《くぎょう》会議―論戦する宮廷貴族たち 美川圭
2536 天皇の装束 近藤好和
2559 菅原道真 滝川幸司
2281 怨霊とは何か 山田雄司
2662 荘園 伊藤俊一
2705 平氏―公家の盛衰、武家の興亡 倉本一宏
2709 縄文人と弥生人 坂野徹

中公新書

日本史

d3

- 2675 江戸―平安時代から家康の建設へ　齋藤慎一
- 476 江戸時代　大石慎三郎
- 2552 藩とは何か　藤田達生
- 2565 大御所　徳川家康　三鬼清一郎
- 1227 保科正之《ほしなまさゆき》　中村彰彦
- 740 元禄御畳奉行の日記　神坂次郎
- 2531 火付盗賊改《ひつけとうぞくあらため》　高橋義夫
- 853 遊女の文化史　佐伯順子
- 2376 江戸の災害史　倉地克直
- 2584 椿井文書―日本最大級の偽文書　馬部隆弘
- 2380 ペリー来航　西川武臣
- 2047 オランダ風説書　松方冬子
- 1958 幕末維新と佐賀藩　毛利敏彦
- 2497 公家たちの幕末維新　刑部芳則
- 1754 幕末歴史散歩　東京篇　一坂太郎
- 1811 幕末歴史散歩　京阪神篇　一坂太郎
- 2617 暗殺の幕末維新史　一坂太郎
- 1773 新選組　大石学
- 2040 鳥羽伏見の戦い　野口武彦
- 455 戊辰戦争　佐々木克
- 1235 奥羽越列藩同盟　星亮一
- 1728 会津落城　星亮一
- 2498 斗南藩《となみはん》―「朝敵」会津藩士たちの苦難と再起　星亮一

現代史

中公新書

現代史